Dipl.-Ing. Dr. Reinhard Eder

Weinfehler

Österreichischer Agrarverlag

Abbildungsnachweis

Umschlag: Manfred Pastler, Walter Kaltzin

Alle anderen Abbildungen: Falls nicht anders in der Bildlegende vermerkt, ist der Textautor auch Bildautor.

Impressum

© 2003 Österreichischer Agrarverlag, Druck- und Verlagsges.m.b.H. Nfg.KG, Achauer Straße 49 A, Leopoldsdorf, E-mail: office@agrarverlag.at, Internet: www.agrarverlag.at

Das Werk ist einschließlich aller seiner Teile urheberrechtlich geschützt. Jede Verwertung außerhalb der engen Grenzen des Urheberrechtsgesetzes ist ohne Zustimmung der Verlage unzulässig und strafbar. Das gilt insbesondere für Vervielfältigungen, Übersetzungen, Mikroverfilmungen und die Einspeicherung und Verarbeitung in elektronischen Systemen.

Projektleitung: Mag. Alexandra Mlakar, Österreichischer Agrarverlag
Satz: Hantsch & Jesch PrePress Services OEG, Leopoldsdorf
Druck: Landesverlag Druckservice, Linz

Printed in Austria

ISBN 3-7040-1957-7

Inhalt

Vorwort   4
Die Autoren   4
Einleitung
Dipl.-Ing. Dr. Reinhard EDER   7
Weinfehler-Übersichtstabelle
Dipl.-Ing. Dr. Reinhard EDER   10

1 Traubenwelke   14
Dipl.-Ing. Dr. Reinhard EDER

2 Frostgeschmack   18
Dipl.-Ing. Robert STEIDL

3 Faulton   20
FL Ing. Herbert SCHÖDL

4 Gerbstoff-assoziierte Fehler   24
Dipl.-Ing. Dr. Reinhard EDER

5 Gärfehler   38
Hofrat Dipl.-Ing. Dr. Josef BARNA

6 Mangelhafte Rotweinfarbe   44
Dipl.-Ing. Robert STEIDL

7 Geranienton   59
Dipl.-Ing. Robert STEIDL

8 Fremdtöne   61
Dipl.-Ing. Manfred GÖSSINGER

9 SO$_2$-Stich, Firne, Hochfärbigkeit   69
Dipl.-Ing. Robert STEIDL

10 Böckser   78
Dipl.-Ing. Manfred GÖSSINGER

10a Böckserursachen – Ergebnisse einer empirischen Studie   88
Dipl.-Ing. Manfred GÖSSINGER

11 Untypische Alterungsnote (UTA)   101
Dipl.-Ing. Dr. Reinhard EDER

12 Aldehydton, Kahmgeschmack, Luftgeschmack   108
Dipl.-Ing. Robert STEIDL

13 Essigstich – flüchtige Säure   115
FL Ing. Herbert SCHÖDL

14 Milchsäureton, Buttersäureton, Mannitstich, Bitterton   122
Dipl.-Ing. Dr. Susanne BERGER

15 Biogene Amine   134
Dipl.-Ing. Dr. Reinhard EDER

16 Zähwerden, Lindwerden   142
Dipl.-Ing. Manfred GÖSSINGER

17 Mäuseln   146
Dipl.-Ing. Manfred GÖSSINGER

18 Pferdeschweißton   149
Dipl.-Ing. Dr. Reinhard EDER

19 Schönungsfehler, Bittermandelton   162
Dipl.-Ing. Robert STEIDL

20 Schimmelgeschmack   165
FL Ing. Herbert SCHÖDL

21 Pinking effect   168
Dipl.-Ing. Dr. Reinhard EDER

22 Korkgeschmack   172
FL Ing. Herbert SCHÖDL

23 Kristalline Ausscheidungen   174
Ing. Veronika SCHOBER

24 Metallgeschmack und Metalltrübungen   185
Dipl.-Ing. Dr. Reinhard EDER

25 Biologische Trübungsursachen   200
Dipl.-Ing. Dr. Susanne BERGER

26 Eiweißtrübungen   210
Ing. Veronika SCHOBER

Fehlererhebung des Lesejahrganges 1997 hinsichtlich Qualitätswein in Österreich
Dipl.-Ing. Sigrid TEUSCHLER   222

Verzeichnis der zugelassenen önologischen Verfahren und Behandlungen   227
EU-Weinmarktordnung 1493/99, Anhang VI

Glossar   233
Literaturquellen   256
Stichwortverzeichnis   260

Vorwort

Ing. Josef Pleil

Obwohl der Wein seit Jahrhunderten bekannt ist und viel Fachliteratur zum Thema „Weinbereitung" vorhanden ist, gibt es trotzdem immer wieder Überraschungen im Keller.

Die neuen Verarbeitungstechnologien, wie auch die Jahrgangsunterschiede stellen den Kellermeister immer wieder vor neue Aufgaben, welche es zu lösen gilt.

Der heutige Markt stellt höchste Ansprüche an die Qualität im weitesten Sinn des Wortes. Auch kleinste Fehler oder die kleinste Unachtsamkeit wird nicht mehr toleriert. Es ist daher oberstes Gebot, all diese Ansprüche zu befriedigen.

Der vorliegende Ratgeber soll als Beitrag zum Erkennen und Beheben von diversen Problemen dienen.

Ein Dankeschön den Autoren! Viel Erfolg den Winzern!

Die Autoren

Oberrat Dipl.-Ing. Dr. Reinhard EDER (Herausgeber)
Nach Absolvierung der Höheren Bundeslehranstalt und Bundesamt für Wein- und Obstbau Studium der Lebensmittel- und Biotechnolgie an der Universität für Bodenkultur, Wien. Seit 1988 an der HBLAu.BA für Wein- und Obstbau in Klosterneuburg, Leiter des Institutes für Chemie und Biologie und der Abteilung Chemie mit den Forschungsschwerpunkten Phenole, Stickstoffverbindungen und Qualitätsforschung. Unterricht und Beratung im Bereich Weinchemie. Seit 2000 Universitätslektor

für Technologie des Weines an der Universität für Bodenkultur, in Wien. Umfangreiche nationale und internationale Vortrags- und Publikationstätigkeit, Mitglied in verschiedenen internationalen Kommissionen und bei offiziellen Weinbewertungen.

Hofrat Dipl.-Ing. Dr. Josef BARNA

Von 1970 bis 2000 an der Höheren Bundeslehranstalt und Bundesamt für Wein- und Obstbau, Klosterneuburg tätig. Ehemaliger Leiter des Institutes für Chemie und Biologie und Universitätslektor für Technologie des Weines an der Universität für Bodenkultur in Wien

Dipl.-Ing. Dr. Susanne BERGER

Studium der Lebensmittel- und Biotechnolgie an der der Universität für Bodenkultur in Wien. Seit 1991 an der HBLAu.BA für Wein- und Obstbau, Klosterneuburg zunächst in der Abteilung Rebzüchtung, dann in der Abteilung Biologie-Mikrobiologie, welche sie seit dem Jahr 2000 leitet. Mitglied in verschiedenen internationalen Kommissionen. Neben der Lehr- und Beratungstätigkeit liegen die Forschungsschwerpunkte im Bereich Selektion und Charakterisierung von Hefen und Bakterien.

Dipl.-Ing. Manfred GÖSSINGER

Studium der Lebensmittel- und Biotechnolgie an der Universität für Bodenkultur in Wien. Seit 1996 an der HBLAu.BA für Wein- und Obstbau, Klosterneuburg zunächst in der Abteilung Kellerwirtschaft, seit dem Jahr 1999 Leiter der Abteilung Obstverarbeitung. Neben der Lehr- und Beratungstätigkeit liegen die Forschungsschwerpunkte im Bereich Böckser, Obstwein, Pasteurisation, Klärgrad und Presssysteme.

Oberrat Dipl.-Ing. Robert STEIDL

Seit 1988 an der Höheren Bundeslehranstalt und Bundesamt für Wein- und Obstbau tätig. Als Leiter der Abteilung Kellerwirtschaft zuständig für Forschung und Versuch, Kellereibetrieb und Fachunterricht. Im Zuge der Aus- und Fortbildungstätigkeit regelmäßig Publikationen in „Der Winzer". Autor von kellerwirtschaftlichen Fachbüchern z.B. Kellerwirtschaft, Rotweinbereitung u.a.

Amtsrätin Ing. Veronika SCHOBER

Absolventin der Höheren Bundeslehranstalt und Bundesamt für Wein- und Obstbau; seit 1994 an der HBLAu.BA Klosterneuburg zunächst in der Abteilung Biologie, seit 2000 in der Abteilung Chemie-Qualitätskontrolle. Tätig in den Bereichen Beratung, Weinanalysen, Weinverbesserung durch Schönung und sensorische Weinbewertung.

FL Ing. Herbert SCHÖDL

Absolvent der Höheren Bundeslehranstalt und Bundesamt für Wein- und Obstbau. Seit 1982 an der Höheren Bundeslehranstalt und Bundesamt für Wein- und Obstbau in Klosterneuburg als Versuchstechniker tätig, beginnend mit dem Jahr 1987 Fachlehrer für Kellerwirtschaft und Technologie – Laboratorium. Umfangreiche Beratungstätigkeit für die Winzerpraxis. Mitglied von nationalen und internationalen Weinkostkommissionen.

Oberrätin Dipl.-Ing. Sigrid TEUSCHLER

Studium der Lebensmittel- und Biotechnologie an der Universität für Bodenkultur. Seit 1991 am Bundesamt für Weinbau, Eisenstadt. Seit 1994 Institutsleiterin für Staatliche Prüfnummer und Amtliche Weinkontrolle. Mitglied in verschiedenen internationalen Kommissionen.

Einleitung

Bereits während des Weinausbaues oder erst nach erfolgter Durchführung der Klärung und Stabilisierung zeigt sich in einigen Fällen, dass der Wein nicht die Beschaffenheit aufweist, die man sich gewünscht hätte. Die sensorisch erkennbaren Qualitätsmängel äußern sich beispielsweise durch eine nachteilige Veränderung des Aussehens, der Farbe, des Geruches und/oder des Geschmackes.

Qualitätsmängel

Da während der Weinbereitung vielfache chemische, physikalische und mikrobiologische Vorgänge stattfinden (können), besteht laufend die Gefahr, dass das Produkt geschädigt oder sogar vollständig ungenießbar wird. Diese negativen Veränderungen werden entsprechend der Art ihres Entstehens als Mängel, Fehler oder Krankheiten bezeichnet, wobei zwischen mangelhaften, fehlerhaften und kranken Weinen, aber auch hin zu Weinen mit normaler Beschaffenheit, fließende Übergänge bestehen.

Mängel, Fehler, Krankheiten

Begriffsdefinitionen

Die Bezeichnung Mangel wird für Weine mit unharmonischer Zusammensetzung angewandt. Die Ursachen für einen mangelhaften Wein liegen in der Regel im ungenügenden Weingartenmanage-

Mangel

Bei zu hohen Erträgen werden die Weine oft mangelhaft, dünn und ausdruckslos.

ment, beispielsweise durch Wahl minderwertiger oder nicht standortgerechter Rebsorten sowie ungenügender Reife aufgrund einer schlechten Weingartenlage, eines ungünstigen Witterungsverlaufes oder einer Überlastung der Reben. In der Folge weisen die Weine einen zu niedrigen Alkoholgehalt, zu viel aber auch manchmal zu wenig Säure sowie zu geringe Ausprägungen der Farbe, des Buketts und des Weinkörpers auf. In der Regel handelt es sich hierbei jedoch um behebbare Qualitätsverminderungen, die durch Verschnitt, Anreicherung, Entsäuerung sowie durch andere Behandlungsmaßnahmen abgeschwächt werden können.

Fehler Chemische und physikalische Reaktionen sowie die Aufnahme weinfremder Stoffe können zu Fehlern der Weine führen (z. B. Böckser, Metall-Brüche, Gerbstoff- und Korkgeschmack). Fehlerhafte Weine weisen zumeist eine nachteilige Veränderung des Aussehens, des Geruches und des Geschmackes auf. Die verursachenden Handlungen können bereits bei der Traubenproduktion (z. B. Trockenstress, Stickstoffmangel), Lese (z. B. Traubentransport, Standzeiten), Verarbeitung (z. B. mechanische Belastung durch Pumpen, Metalleintrag) und/oder Vergärung (z. B. Fehlgärung, Versieden) stattgefunden haben, sodass eine eindeutige Ursachendefiniton nicht immer leicht möglich ist. Eine Abschwächung und im beschränkten Umfang auch Behebung der Weinfehler ist zumeist mit entsprechenden Weinbehandlungsmitteln möglich. Auch eine „Verdünnung" des Fehlers durch Verschnitt mit geeigneten Weinen ist möglich jedoch nicht immer ratsam.

Krankheiten Krankheiten der Weine werden durch Mikroorganismen verursacht. Die Qualitätsverminderungen entstehen hauptsächlich durch die mikrobiell bedingte Bildung von Stoffwechselprodukten (z. B. Essigsäure, Ethylphenole, Diazetyl, Mannit), aber auch durch die Veränderung und Zerstörung originärer Weininhaltsstoffe (z. B. Glyzerin, Weinsäure, Zitronensäure) durch die Befallsorganismen. Zusätzlich weisen die geschädigten Weine zumeist unattraktive visuelle und physikalische Eigenschaften (z. B. Bräunung, Trübung, Zähwerden) auf. Besonders kennzeichnend bei Weinkrankheiten ist, dass die Veränderungen noch nicht abgeschlossen sind, sondern weitergehen und den Wein schließlich bei Nichtbekämpfung der Schadorganismen vollständig ungenießbar machen können. Da die weinschädigenden Mikroorganismen relativ leicht auch auf gesunde Weine übertragen werden können, sollten spätestens bei vermehrtem Auftreten von Weinkrankheiten beim Winzer alle Alarmsirenen aufheulen und wirkungsvolle Strategien zur Bewältigung der Krise überlegt werden.

Wie bereits besprochen wurde, können die meisten Mängel, Fehler und Krankheiten auf verschiedene Ursachen zurückgeführt werden, wie beispielsweise minderwertige Beschaffenheit des Lesegutes (z. B. Essigstich, „Oidiumton"), Fehler bei der Gärführung (z. B. Esterton, Essigstich), Nachlässigkeiten und Fehler beim Ausbau und der Pflege der Weine (z. B. Luftgeschmack, Zähwerden, Schimmel) sowie Kontamination mit weinfremden, unangenehm riechenden und schmeckenden Substanzen (z. B. Wildverbissmittel, Kork, Styrol, Chloroform). Da bei diesen Qualitätsverminderungen die verursachenden Faktoren im Wesentlichen bekannt sind, können diese durch gezielte Verbesserungen beispielsweise im Bereich der Weingartenpflege, der Kellertechnologie und der Betriebshygiene effizient vermieden werden. Jedoch treten aber auch immer wieder Weinfehler auf, die einerseits für den betroffenen Winzer schwer ansprechbar sowie identifizierbar sind und deren stoffliche Ursachen und Vermeidungsmöglichkeiten (noch) nicht vollständig erforscht worden sind (z. B. „untypischer Alterungston", Mäuseln). Zusätzlich sind bei einigen sehr bedeutenden Qualitätsbeeinträchtigungen (z. B. Böckser, Pharmazietöne) trotz vielfältiger wissenschaftlicher Untersuchungen, die verschiedenen Faktoren, die deren Entstehung bewirken, noch nicht eindeutig und schlüssig bewiesen worden. Schließlich gibt es zufällige Weinfehler (z. B. Kork, „untypischer Alterungston"), deren Bildung für den Weinbauern kaum vorhersehbar und daher auch kaum vermeidbar sind.

Bereits im Weingarten induzierter Essigstich durch Wespenfraß

Ursachen, Verbesserungen

zufällige Weinfehler

Da für den qualitätsorientierten Winzer das unerwünschte Auftreten von mangelhaften, fehlerhaften und kranken Weinen sowohl persönlich wie auch finanziell eine starke Belastung darstellt, werden in diesem Buch die Ursachen von Mängeln, Fehlern und Krankheiten des Weines beschrieben sowie Möglichkeiten zur Vermeidung und Behebung derselben vorgestellt.

Dipl.-Ing. Dr. Reinhard EDER

Weinfehler-Übersichtstabelle

MANGEL FEHLER KRANKHEIT	AUSSEHEN	GERUCH	GESCHMACK
Wein aus welken Trauben (Kaliummangel)	hellfärbig, dünn	Neutral, unreif, untypisch	Dünn, sauer, im Abgang bitter
Frostgeschmack	hochfärbig, rostig, gelb-braun, orangerot	eigentümlich, grasig, firnig, schwarze Brotrinde	grasig-süßlich, widerlich
Gerbstoff assoziierte Fehler -Unreifeton, Rappenton, Maischeton, Bitterton	hell bzw. hochfärbig, dunkel, matt	grasig, dumpf	hart, kratzig, bitter, pelzig, trestrig, adstringierend, krautig
Schimmelgeschmack, Faulton	unauffällig – hochfärbig	scharf, muffig, schimmelig, Sortenaroma maskiert, Essig	Schimmelkäse, Gorgonzola, Karamelton, Apfelmus
Gärverzögerung, Gärstockungen	unauffällig	Gärgeruch, fruchtig, estrig, aldehydig, säuerlich	prickelnd, unharmonisch, süß
Farbprobleme beim Rotwein	hellfärbig, blass, wenig gedeckt, orange-braun	unreif, grasig-krautig oder aldehydig-schal, breit, stichig	dünn, sauer, spitz, mostig, weich, muffig, flüchtige Säure
Hochfärbigkeit, Rahnwerden, Braunstich, Brauner Bruch, Schwarzer Bruch	gelb- orangerot,- braun-rot, braune Flocken Braunfärbung an der Oberfläche, russischer Tee	rahn, Nuss, Birne, Brotrinde, gedörrtes Obst	Nußton, schal, ölig, leer
Aldehydton, Kahmgeschmack, Luftgeschmack	fahl, hochfärbig, stumpf	schal, aldehydig, oxidativ, sherryartig, Apfel, Dörrobst,	sherryartig, fad
Kahmigwerden	weiße kahmhaut auf der Oberfläche	muffig	dünn, leer, schal, ranzige Butter, essigsauer

MANGEL FEHLER KRANKHEIT	AUSSEHEN	GERUCH	GESCHMACK
Essigstich, flüchtige Säure	hochfärbig, gelegentlich feine schleimige Kahmhaut, leicht trüb	säuerlich nach Essig, stechend	sauer-scharf
Filter-, Papiergeschmack, Behandlungsmittelfehlton	unauffällig	pappig, staubig, dumpf, chemisch	pappig, fad, fremdartig
Geranienton	unauffällig	Erdig, blumig nach Pelargonien	bitter, Pelargonien
Medizinalton, Lösungsmittelton, Styrolgeschmack, Mineralölgeschmack	unauffällig	scharf, stechend, Diesel, Aceton, Lack, Kunststoff, Gummi, Jodoform	chemisch, scharf, weinfremd, Jodoform
SO_2-Stich	wasserhell, licht, blaßrot	stechend, SO_2	stahlig, hart, schaft
Böckser	unauffällig	faule Eier, verbrannter Gummi, Kohl, Zwiebel	breit, faulig, käsig, Kohl, Faulgeschmack
Untypische Alterungsnote (UTA)	blaß, wasserhell	stumpf, unsauber, Naphtalinnote, Mottenkugel, Seife, Seifenton, Foxton	bitter, gerbend, am Gaumen haftend
Unsauberen BSA; Milchsäurestich, Buttersäureton	matt, schleierartige Trübung	Sauerkrautton, buttrig, Joghurtton, buttrig	schleimig, viskos, säuerlich
Mannitstich, Mannitgärung	seidenartige, schleierartige Trübung	essigstichig	kratzend, säuerlich-süß, leicht viskos, säurearm, lind
Käseln	unauffällig	käseartig	Faulgeschmack durch Lichteinwirkung

MANGEL FEHLER KRANKHEIT	AUSSEHEN	GERUCH	GESCHMACK
Zähwerden, Lindwerden	leicht trüb, CO_2-Bläschen bleiben stecken, Fäden ziehend, dickflüssig, schleimig	breit, oxidativ, essigstichig, krautig, unsauber	fad, lind, unsauber, viskos, schleimig, nicht frisch, Sortencharakter maskiert
Mäuseln	matt	dumpf, oxidativ, häufig essigstichig	langanhaltender, kratziger, an Mäuseharn erinnernder Abgang
Pferdeton – Pferdeschweiß – Pferdestall	unauffällig	süßlich-scharf, schweißig, teerig	bitumenartig, speckig-animalisch, essigsauer
Schönungsfehler	unauffällig	weinfremd, chemisch, dumpf, modrig	weinfremd, chemisch
Pinking	bräunlich-gelb-rosa-rot	anfangs unverändert, später oxidativ schal	anfangs unverändert, später breit, herb, plump
Holzton, Faßgeschmack (Neuel)	unauffällig, gelb-bräunlich	holzig, herb-streng, Tischlereiton, nach Faßholz	kratzig, Sägespäne, Lohe, Holzgeschmack, grünlich-sauer
Altersfirn („Altel")	goldgelb, orange-rot bzw. unauffällig	Petrolton, gegerbtes Juchtenleder	musig, breit, bitter, Alterston
Bittermandelton	unauffällig, grünlich-blau	unauffällig	bitter
Schwefelsäurefrin	unauffällig	hart	hart sauer, Rauhwerden der Zähne
Korkgeschmack	unauffällig	dumpf, muffig, modrig, stumpf, Sortenaroma maskiert	dumpf, chemisch, schimmelig

MANGEL FEHLER KRANKHEIT	AUSSEHEN	GERUCH	GESCHMACK
Kristalline Ausscheidungen	definierte Kristalle: Weinstein: unregelmäßige Kristalle, Calciumtartrat: sechseckige Kristalle („Sargdeckel")	unauffällig	unauffällig
Metallgeschmack, Metalltrübungen, Weißer, grauer oder schwarzer Bruch	unauffällig bzw. opalisierende weißgraue bis bläulichgrüne Trübung an der Luft, schwärzliche Gerinnsel	unauffällig, rauh-grasig	metallisch-bitter, rauh zusammenziehend
Hefe-Bakterientrübung	opalisierend, trüb, Hefen, Bakterinen: grober Trub, Gasbläschen, Schaumrand	gärig, mostig, stechend nach Kohlensäure, estrig	spritzig, prickelnd, spitz, unharmonisch
Eiweißtrübung	Eiweiß: schleierartig, graue Streifen, in verd. Säure nicht löslich	unauffällig	breit, unsauber

Dipl.-Ing. Dr. Reinhard EDER

1 Weine aus welken Trauben – Kaliummangel

Beschreibung des Fehlers:

Welkwerden

Seit einigen Jahren wird in österreichischen Weinbaugebieten immer stärker das vorzeitig Welkwerden ganzer Trauben oder Traubenteile beobachtet. Beginnend mit der Traubenverfärbung („veraison") schrumpfen ursprünglich normal entwickelte Traubenpartien plötzlich ein und bleiben in ihrer Entwicklung (Färbung, Zuckereinlagerung, Säureabbau) stehen. Häufig sind auch

violett-braune Verfärbungen

auf den Blättern der Traubenzone die charakteristischen violettbraunen Verfärbungen der Blattspreiten mit nach oben gewölbten Rand erkennbar. Diese auffälligen Blattsymptome sind ein deutlicher Hinweis auf den die Traubenwelke verursachenden Kaliummangel. In der Vergangenheit waren insbesondere Reben der Sorte „Zweigelt" betroffen, sodass sich als Synonym der Name

„Zweigelt-Krankheit"

„Zweigelt-Krankheit" eingebürgert hat, welcher aber unzutreffend ist, da in den letzten Jahren vermehrt auch bei anderen Sorten diese Symptome festgestellt wurden.

Auf einfache Weise kann man sich durch Verkosten welker Trauben über die dramatischen Auswirkungen des Welkwerdens auf Inhaltsstoffe und Qualität der Beeren informieren. Die Beeren schmecken sauer, bitter und leer. Vergleichende chemische Unter-

chemische Untersuchungen

suchungen gesunder und welker Trauben vom gleichen Standorten haben ergeben, dass in welken Trauben das Mostgewicht um 3–7°KMW geringer, der Gehalt an titrierbaren Säuren um 2–5 g/l höher, dementsprechend der pH-Wert um ca. 0,2 Einheiten niedriger und der Gehalt an hefeverfügbaren Stickstoff um ca. 50% niedriger ist als in gesunden Trauben. Obwohl die Weine aus gewelkten Trauben deutlich bitter schmecken, sind die Phenolgehalte bei Weißweinen aber auch bei Rotweinen niedriger als in den

steckengebliebene Reife

Vergleichsweinen. Infolge der steckengebliebenen Reife ist die Farbintensität und der Farbstoffgehalt von Weinen aus geschädigten Trauben oftmals um 50% verringert. Auffällig ist auch die

Mineralstoffzusammensetzung der Beeren und Weine aber auch Blätter und Holzteile: Bei gewelkten Varianten sind die Kaliumgehalte um 20–50 niedriger als bei den gesunden Reben und auch deutlich unterhalb der empfohlenen Richtwerte. Demgegenüber sind die Magnesiumgehalte in den Reben mit gewelkten Trauben deutlich gegenüber den Vergleichsvarianten erhöht. Da einige Magnesiumsalze einen bitteren Eigengeschmack haben, kann angenommen werden, dass der Bitterton auf diese Nährstoffungleichgewicht und die geringe Abpufferung durch andere Weininhaltsstoffe zurückzuführen ist.

Kaliumgehalte

Magnesiumgehalte

Aussehen: schwach hellrote Weine, fahl, geringe Farbdeckung
Geruch: neutral, unreif, keine Sortenaromatik
Geschmack: dünn, leer und extrem sauer, im Abgang bitter

Fehlerursachen:

Über die Ursachen der Traubenwelke wurde längere Zeit diskutiert, inzwischen erscheint es aber als erwiesen, dass eine unzureichende Versorgung der Weingartenböden mit Kalium die Hauptursache ist. Wahrscheinlich sind auch Pilze, möglicherweise als Sekundärschädlinge an dieser Rebschädigung beteiligt. Bodenun-

Versorgung der Weingartenböden

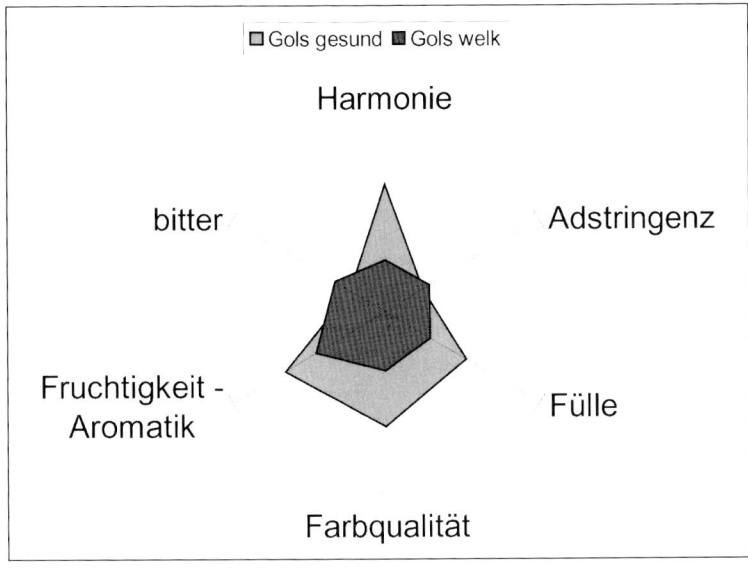

Vergleich der sensorischen Beurteilung von Weinen aus gesunden bzw. welken Trauben am gleichen Standort (z. B. Gols).

tersuchungen betroffener Weingärten haben gezeigt, dann besonders häufig die Symptome durch einen Kaliummangel bei gleichzeitigem Magnesiumüberschuss im Unterboden ausgelöst werden. Wenn die charakteristischen Verfärbungen an den Blättern und das Welkwerden der Trauben auftritt ist es für kurative Maßnahmen bereits zu spät. Damit aber in den nachfolgenden Jahren wieder qualitativ ansprechenden Ernten eingebracht werden können, ist eine Düngung der Weingärten unbedingt erforderlich. Daher sollten unbedingt Analysen des Ober- und Unterboden durchgeführt und dementsprechend die Mineralstoffmängel ausgeglichen werden. Je nach Mangelsituation kann es mehrere Jahre bis zur endgültigen Beseitigung der Welkesymptome dauern.

Bodenuntersuchung

Analysen des Ober- und Unterbodens

Fehlervermeidung

schlechte sensorische Qualität

Auslese der welken Trauben

Aufgrund der extrem schlechten sensorischen Qualität der Trauben dürfen geschädigte Trauben und Beeren keinesfalls bei der Herstellung von Qualitätswein mitverarbeitet werden. Bei der Lese ist daher peinlichst auf Auslese der welken Trauben zu achten, da eine profitable Nutzung kaum möglich ist, empfiehlt es sich die welken Trauben gleich am Boden fallen zu lassen. Auch bei der Übernahme von Trauben sollte genauest untersucht werden, ob welke Trauben dabei sind und das Material dann von einer Weiterverarbeitung ausgeschlossen oder nur für die Herstellung von Tafel- oder Brennwein verwendet werden. Aufgrund dieser drastischen Konsequenzen wird der durch Traubenwelke verursachte

Weingarten mit typischen Blattsymptomen und gewelkten Trauben.

Infolge Kaliummangel gewelkte Trauben sind für die Weinherstellung nicht geeignet.

Schaden bei den Rotweinsorten in Österreich derzeit mit ca. 15% der Gesamterntemenge (ca. 150.000 hl) angenommen.

Schaden

Fehlerbehandlung

Bei einem Mitverarbeiten welker Trauben kommt es aufgrund der extrem niedrigen Gehalte an Farbstoffen, Zucker und Kalium zu einer deutlichen Verdünnung und Verschlechterung der Weine. Als noch problematischer ist aber die nachhaltigen Schädigung der sensorischen Qualität aufgrund der hohen Gehalte an Säuren und Bitterstoffe (Magnesium, bittere Phenole) einzustufen. Im Rahmen von Versuchen wurde bereits bei Mitverarbeitung von 5% welker Trauben eine deutliche und irreversible Qualitätsverminderung festgestellt. Durch Anwendung verschiedener Schönungsmittel kann der Bittergeschmack nicht entfernt werden, da dieser unter anderem auf den verhältnismäßig erhöhten Magnesiumgehalt zurückzuführen ist.

Mitverarbeiten welker Trauben

irreversible Qualitätsverminderung

Bittergeschmack

> Aus welken Trauben hergestellt Weine sind in vielerlei Hinsicht mangelhaft und nicht entsprechend und können auch durch Schönungen und Zusätze nicht wieder hergestellt werden. Es wird daher dringendst empfohlen solch mangelhafte Trauben nicht für die Weinherstellung zu verwenden.

Dipl.-Ing. Robert STEIDL

2 Frostgeschmack

Beschreibung des Fehlers

unreife Trauben
Zerreißen der Zellverbände
Gefrieren Trauben vor allem bei noch nicht ausreichender Reife, kommt es durch das Zerreißen der Zellverbände innerhalb der Beeren zu negativen Veränderungen. Die Trauben werden unansehnlich braun bis violett, bereits im Most ist ein fremdartiger, eigentümlicher Geruch festzustellen. Auch der Wein wirkt grasig und etwas süßlich und zeigt eine leicht gelblich bräunliche Hochfärbigkeit.

reife Trauben
Sind die Trauben bereits ausreichend reif, so sind die Zellen wesentlich elastischer und werden durch die Volumsvergrößerung aufgrund der sich bildenden Eiskristalle nicht mehr so leicht zerstört. Es kommt zu einer Aufkonzentrierung der Inhaltsstoffe, die geschmackliche Beeinträchtigung ist nicht mit der vorherig beschriebenen vergleichbar.

Fehlervermeidung/-behebung

Aktivkohle
• Günstig ist bereits eine Behandlung des Mostes mit Aktivkohle. Damit vermeidet man eine weitere geschmackliche Ausbildung und durch die frühe Behandlung eine möglichst geringe Belastung des sonstigen Aromas. An die gesetzliche Anwendungsobergrenze von 100 g Aktivkohle/hl wird hiermit erinnert.

Blauschönung
• Für die Entfernung eines Frostgeschmacks im Wein hat sich die Durchführung einer Blauschönung als günstig erwiesen. Sie entfernt den typischen Beiton und wirkt glättend auf den Wein.

• Dabei ist zu beachten, dass es zur Durchführung einer Blauschönung gesetzliche Vorschriften gibt:
– Untersuchung nur durch befugte Personen
– Anstellen von Vorproben
– Nach erfolgter Schönung Rückprobe
– Führen von Aufzeichnungen

Die Voraussetzung (und üblicherweise der Grund) für die Durchführung einer Blauschönung ist das Vorhandensein von Eisen im Wein als Reaktionspartner.

Eisen

Bei stark frostgeschädigtem Lesegut ...

... sollte man sich schon zu diesem Zeitpunkt über Schönungsmaßnahmen im Klaren sein.

FL Ing. Herbert SCHÖDL

3 Faulton

Beschreibung des Fehlers

Grauschimmel

Sauerfäule

Traubenfäule kann durch verschiedene Pilzarten entstehen. Hauptbeteiligt ist dabei Grauschimmel (Botrytis cinerea). Je nach Witterung und Zeitpunkt des Auftretens unterscheidet man zwischen Nass-, Roh- oder Sauerfäule vor der Vollreife der Beeren und Edelfäule ab etwa 70° Oechsle (ca. 14° KMW). Herrscht im Spätsommer und Herbst ständig nasse Witterung bei lauen Temperaturen und hoher Luftfeuchtigkeit, so kommt es zu einer rasanten Pilzentwicklung. Folgen nach solchen Perioden längere Schönwetterabschnitte kommt es zu starkem Mengenverlust, da der Botrytispilz Wasser aus den Beeren zieht und gleichzeitig eine Konzentrierung der Mostinhaltsstoffe erfolgt. Wir verdanken der Edelfäule daher all die großen Beerenauslesen, Ausbruchweine und Trockenbeerenauslesen.

Edelfäule

Beginnende Edelfäule bei Trauben der Sorte Grüner Veltliner. (Foto: R. Eder)

Starke Edelfäule bei Trauben der Sorte Zierfandler.
(Foto: R. Eder)

Sauerfäule

Bei Nass-, Roh- oder Sauerfäule wächst Botrytis in einem zu frühen Stadium. Durch anhaltende Regenfälle wird der Zuckergehalt weiter vermindert, die Traubenhäute werden dünn und platzen. Essigsäurebakterien und Schimmelpilze gedeihen und bilden flüchtige Säuren bzw. das primäre Sortenbukett wird abgeschwächt, ein fauliger nicht reintöniger Charakter verbleibt dem daraus entstehenden Wein. Befällt der Pilz auch die Kämme, spricht man von Stielfäule. In diesem Fall wird der Saftstrom zwischen Trieben und Beeren vorzeitig unterbunden, eine Art Notreife tritt ein.

Stielfäule

Für die Erzeugung hochwertiger Rotweine sollten keine faulen Trauben verwendet werden. Das bei botrytisfaulen Trauben verstärkt auftretende Enzym p-Diphenol-Oxidase (Laccase) verändert die Rotweinfarbstoffe. Botrytisbehaftete Rotweine bekommen sehr rasch einen Braunton.

Rotweine

Neben Botrytis können andere, wesentlich gefährlichere Pilze das Traubengut befallen. Neben Oidium und Peronospora sieht man immer wieder Penicillium und Aspergillusarten auf Trauben. Sie können Weinen starken muffigen Charakter vermitteln. Je nach

Oidium und Peronospora

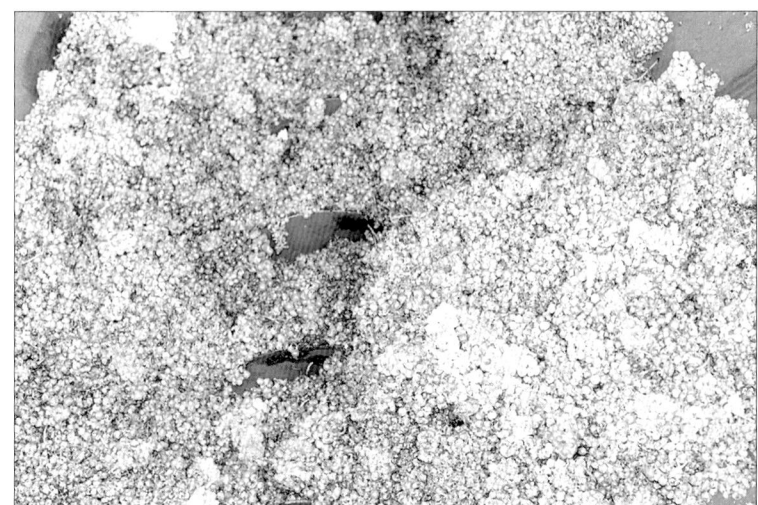

Nassfaules Lesegut aus der Ernte 1998.

Befallsdruck sind solche Weine nur sehr selten reparierbar. Solcherart befallene Trauben sollten unbedingt verworfen werden.

Behandlung von Faulton

In der Praxis ist es oft sehr schwierig den Unterschied bzw. Übergang zwischen Nass- und Edelfäule zu erkennen. Bei stärkeren Faulanteilen wird das Weinaroma, welches verstärkt im Schalenbereich positioniert ist, negativ beeinflusst. Bei Mostgradationen bis ca. 20° KMW ist das primäre Sortenbukett von enormer Wichtigkeit für den Sortentypus des jeweiligen Weines. Erst ab etwa 21° KMW spricht man von positivem Botrytiseinfluss, wobei es immer darauf ankommt, ob ein Traubenmaterial aus teils edelfaulen und gesunden Trauben bzw. Traubenteilen besteht oder ob die ganze Traubenpartie gleichmäßig gefault ist.

Mostgradationen

Günstig für die Qualität des Weines wirkt sich eine Behandlung bereits im Most aus. Die Schönung von Most bewirkt einen geringeren Aromaverlust als im Wein.

Schönung von Most

Mostbentonit

Neben der Entfernung von thermolabilem Eiweiß verringert Bentonit auch den Gehalt an Polyphenoloxidasen. Die Weine neigen weniger zum Braunwerden, der SO_2-Bedarf kann in manchen Fällen gesenkt werden. Moste mit Faulton sollten mit 1,5–3,5 g Bentonit/l behandelt werden.

Kohlebehandlung

Aktivkohle hat aufgrund der großen inneren Oberfläche eine äußerst adsorptive Wirkung auf Farb- und Aromastoffe. Bei manchen Kohlearten beträgt die innere Oberfläche bis zu 2 000 m^2 je Gramm. Die Kohleschönung ist im Wein insbesondere bei hohen Dosagen mit einem Farb- und Aromaverlust verbunden. Neben Fehltönen werden auch angenehme Aromen adsorbiert. Weine sind nach einer Kohleschönung meist heller und dünner. Bei hohen Kohlemengen verbleibt nach der Schönung nur noch eine hellfärbige alkohol- und säurehältige Flüssigkeit.

Farb- und Aromaverlust

Wird Kohle bereits im Most eingesetzt, wirkt sie auch stark aroma- und farbadsorbierend, doch eine Vielzahl von Aromastoffen wird erst im Zuge der alkoholischen Gärung gebildet, nachdem die Kohle wieder entfernt wurde. Folgende Mengen an Kohle sind in Most und Wein zu empfehlen, wobei die Maximaldosage im Anhang VI der VO (EWG) Nr. 1493/99 mit 100 g trockener Kohle je Hektoliter geregelt ist.

Maximaldosage

Anwendung von Aktivkohle

Anwendungsgrund	g Kohle pro hl Wein/Most	Kombinierbar mit
Leichter unsauberer Fass-/Korkgeschmack	10–20	Kieselsol Gelatine
Leichte Hochfärbigkeit	10–20	Kieselsol Gelatine
Leichter Faulton im Most	20–40	Bentonit
Starker Faulton im Most	50–100	Bentonit
Frostgeschmack	50–100	
Entfärbung/Entschmackung	200–400	

Die Kohle wird in der 10fachen Wassermenge gewaschen, nach 6–12 Stunden das Wasser abgehoben und die Kohle dem Most eingerührt. Nach einer Absetzzeit von 12–24 Stunden wird der Most vom Schönungstrub abgezogen.
Empfehlenswert ist auch die Anwendung von fertigen Mischpräparaten aus Bentonit und Kohle.

Dipl.-Ing. Dr. Reinhard EDER

4 Gerbstoff-assoziierte Fehler

Unreife-, Rappen-, Maische-, Bitter- und Holzgeschmack, Hochfärbigkeit, Brauner und Schwarzer Bruch

Beschreibung des Fehlers

Phenole

Die sensorischen Eigenschaften von Wein – Aussehen, Geruch und Geschmack – werden durch die Phenole (traditionelle Bezeichnungen: Gerbstoffe, Farbstoffe, Tannine) wesentlich bestimmt, wobei in der großen Mehrzahl der Fälle positive Auswirkungen und nur gelegentlich negative Effekte feststellbar sind. Eine augenscheinlich qualitätsbestimmende Rolle spielen die Phenole bei der Ausprägung der leuchtend kirschroten bis dunkel karminroten Farbe von Rotweinen wie auch beim frischen grünlich-gelben bis satt goldgelben Aussehen von Weißweinen. Aufgrund ihres feinsäuerlich herben Geschmackes leisten sie in der Regel einen wünschenswerten Beitrag zur Komplexität und Vielseitigkeit eines Weines. Des weiteren wird die gesundheitsfördernde Wirkung eines moderaten Weinkonsums (Verringerung des Risikos von Herzkreislauferkrankungen u. a.) hauptsächlich auf den Gehalt an Phenolen zurückgeführt.

Farbe von Rotweinen

herber Geschmack

gesundheitsfördernde Wirkung

unerwünschte Anstiege

Solange sich Zusammensetzung und Gehalte der individuellen Phenole in üblichen Bereichen bewegen, wird die Gesamtqualität der Weine positiv beeinflusst. Jedoch können unerwünschte Anstiege bzw. Modifikationen der Gerbstoffstruktur durch eine Vielzahl von Faktoren und Maßnahmen verursacht werden.

Ursachen phenolbedingter Qualitätsverminderungen

- ein ungünstiger Witterungsverlauf (kühl und feucht) mit unreifen bzw. nassfaulen Trauben
- eine unsachgemäße Lese (z. B. schlecht eingestellte Lesemaschinen, lange Standzeiten und Transportwege)

Um bei der maschinellen Traubenernte ausgezeichnete Weinqualitäten zu erzielen, bedarf es optimal vorbereiteter Weingärten und gut eingestellter Lesemaschinen.

- eine mangelhafte Verarbeitung der Weintrauben (ungeeignete bzw. schlecht eingesetzte Rebler, Pumpen und Pressen u. v. a. m.)
- ein fehlerhafter Weinausbau (z. B. Bräunungen und Trübungen, Holzgeschmack, unerwünschter Glyzerinabbau durch Bakterien, Bitterwerden der Weine)

Trotz der vielfachen und unterschiedlichen Ursachen weisen diese Weinfehler häufig eine ähnliche sensorische Charakteristik auf: **Ursachen**
- die matt-dunkle Färbung mit Brauntönen
- das typische Sortenbukett ist maskiert und mit heuartigen, dumpfen bis medizinischen Aromen überlagert
- der Geschmack wird von herb-adstringierenden zuweilen grasigen oder muffigen Eindrücken dominiert

Da die Fehler verursachenden Phenole mit Proteinen schwerlösliche Verbindungen bilden, können die gerbstoffbedingten Weinfehler i. d. R. durch stickstoffhaltige Schönungsmittel (z. B. Gelatine, Eiklar, Hausenblase, PVPP) zumindest teilweise behoben werden. Während eine vollständige Entfernung der qualitätsvermindernden Substanzen nur gelegentlich erreicht werden kann, bedingt jedoch jede Schönung eine „Auszehrung" des Weines – das Produkt wird schlanker und ausdrucksloser. Daher sollte durch vorausschauende Planung und vorbeugende Maßnahmen ein Auftreten phenol-assoziierter Weinfehler von vornherein vermieden werden. **Phenole mit Proteinen**

Schönung

Ursachen und geeignete Behandlungsmaßnahmen

Im Folgenden werden kurz die Grundlagen der Phenole in Weinen besprochen und anschließend Ursachen und geeignete Behandlungsmaßnahmen einiger durch Gerbstoffe bedingter Weinfehler im Detail erläutert.

Stoffliche Grundlagen

Phenole sind eine sehr komplexe Substanzgruppe mit ca. 8 000 Substanzen, die ausschließlich in Pflanzen vorkommen. Allen gemeinsam ist ein aromatisches Ringsystem mit zumindestens einer direkt gebundenen Hydroxylgruppe, wobei Polyphenole mindestens zwei phenolische Hydroxylgruppen im Molekül aufweisen.

aromatisches Ringsystem

Geschmack

Phenole sind in Wasser mit saurer Reaktion gut löslich und weisen i. d. R. einen bitteren adstringierenden oder säuerlichen Geschmack auf. Ihre häufig synonym verwendete Bezeichnung Gerbstoffe beruht darauf, dass sie Eiweiß-Lösungen fällen (gerbender Effekt). In vergangenen Zeiten machten Schüler mit Phenolen bereits frühzeitig Bekanntschaft, da deren dunkelblaue Tinte aus einer Mischung von Phenolen mit Eisensalzen hergestellt wurde.

bitterer und adstringierender Geschmack

Verkostungen von phenolhaltigen Modellösungen mit Versuchspersonen haben ergeben, dass sowohl der bittere wie auch der adstringierende Geschmackseindruck vom Polymerisationsgrad der Flavonoide abhängig ist, wobei der bittere Geschmack mit zunehmendem Molekulargewicht abnimmt, während die Adstringenz zunimmt. Selbstverständlicher Weise beeinflussen auch andere Weininhaltsstoffe den sensorischen Eindruck der Gerbstoffe. Bei-

Alkoholgehalt

spielsweise wird bei höheren Alkoholgehalten der Bittergeschmack verstärkt, eine Veränderung der Ethanolkonzentration von 11 vol% auf 14 vol% bewirkt eine Zunahme der Bitterintensität um ca. 60%. Hingegen wird bei höheren Zucker- und Alkoholkonzentrationen die Adstringenz der Weine verringert.

Natürliches Vorkommen von Phenolen
- Blütenfarbstoffe (z. B. Anthocyane, Flavone in Rosen, Nelken, Apfelblüten)
- Gerbstoffe (z. B. Catechine, Tannine in Eichenholz, Gallen und Früchten)

Funktionen von Phenolen in Pflanzen
- Abwehrstoffe gegen Fäulnis, Schädlings- oder Tierfraß
- Pflanzenfarbstoffe für die Anlockung von Insekten und Vögeln zum Zwecke der Bestäubung und Verteilung der Samen

- Bestandteile von Pflanzeninhaltsstoffen wie beispielsweise Wuchs-, Riech- und Geschmackstoffe

Verteilung von Phenolen (Gerbstoffen) in der Weintraube
- ca. 52% in den Kernen (hpts. Proanthocyanidine)
- ca. 40% in den Kämmen
- ca. 6% in der Schale
- ca. 2% im Fruchtfleisch (hauptsächlich Phenolcarbonsäuren)

Daraus lässt sich klar erkennen, dass technologische Maßnahmen, die zu einer Zermahlung und Auslaugung der Kämme und Kerne führen (z. B. lange Stand- und Mazerationszeiten, musende Pumpen, Rebler und Pressen), deutliche Anstiege der Gerbstoffgehalte in den Weinen bewirken. *Auslaugung der Kämme und Kerne*

Eine für die Weinbereitung unangenehme Eigenschaft der Phenole, insbesondere der Flavonoide und Proanthocyanidine, ist deren starke Oxidationsanfälligkeit.
So können die Phenole einerseits durch die im Most vorhandenen Enyzme *Oxidationsanfälligkeit*
- para-Diphenol-Oxidase (Laccase) und
- ortho-Diphenol-Oxidase (Tyrosinase)

einer enzymatischen Oxidation ausgesetzt sein. *enzymatische Oxidation*

Weiters werden die Phenole des Weines durch oxidierend wirkende Substanzen (hpts. dreiwertiges Eisen, Sauerstoff, Dehydroascorbinsäure) einer nichtenzymatischen Oxidation unterzogen, wobei Chinone und braungefärbte Polymere mit geringer Löslichkeit, sogenannten Phlobaphene entstehen. Geeignete Gegenmaßnahmen zur Vermeidung dieser unerwünschten Farbveränderungen und Trübungen (Brauner Bruch, Schwarzer Bruch) beruhen auf einer Minimierung des Gerbstoff- und Metalleintrages bei der Verarbeitung, ausreichender SO_2-Versorgung der Produkte und weitestgehendem Sauerstoffausschluss bei der Verarbeitung, Lagerung und Abfüllung. *nichtenzymatische Oxidation* *Farbveränderungen und Trübungen*

Was sind gerbstoff-assoziierte Fehler?

1. Unreifetöne – „Bitterl"
Bei den durch Gerbstoffe verursachten Fehlern sind zunächst die durch Unreife der Trauben bedingten hart, kratzig und bitter schmeckenden Geschmackseindrücke („Bitterl") von dünnen Wei- *Bitterl*

Qualitätssteigernde Maßnahmen im Weingarten wie z. B. Laubarbeit und Traubenausdünnung vermindern das Risiko von Unreife- und Faultönen. Linkes Foto: Chardonnay unbehandelt; rechtes Foto: Chardonnay mit Entfernung traubennaher Blätter und Traubenausdünnung.

nen zu nennen. Zwar nimmt mit zunehmender Reife der Gesamtphenolgehalt in Trauben zu (z. B. Zunahme von September bis Oktober: + 30%), jedoch weist reifes Lesegut eine ausgewogene, harmonische Phenolzusammensetzung mit wenigen Bitterstoffen auf, während in unreifen Produkten sensorisch negativ zu beurteilende Substanzen überwiegen. Auch werden in kräftigen, vollen Weinen die Phenole besser in die komplexe Weinstruktur eingefügt als bei schlanken, dünnen Produkten.

Weinstruktur

Vorbeugung

Soferne nicht der phytosanitäre Zustand (Fäulnisgrad) der Trauben, die Arbeitseinteilung oder spezifische Wünsche von Weinkäufern und Konsumenten (Nachfrage nach leichten, grasigen Weinen mit hohen Säurewerten) eine frühe Lese erzwingen, sollte eine möglichst optimale Reife der Weintrauben abgewartet werden. Eine Beimengung von unreifen, grasiggrünen Geiztriebtrauben zum Lesegut muss unbedingt vermieden werden (Schulung und Kontrolle des Lesepersonals).

optimale Reife

2. Faulgeschmack

Auch dieser sehr komplexe Weinfehler hat seinen Ursprung bereits im Weingarten und ist zumindest teilweise auf Gerbstoffe zurückzuführen. Durch Infektionen mit verschiedenen Pilzen, insbesondere der Gattungen Penicillium (Weißfäule), Aspergillus (Grünschimmel) sowie Trichotecium und Alternaria entsteht nassfaules bzw. rohfaules Lesematerial, das unangenehme Bittertöne

Pilze

aufweist. Auch ein Botrytisbefall bei unzureichender Traubenausreifung (Sauerfäule) führt, im Gegensatz zu den erwünschten Veränderungen bei der Edelfäule, zur Bildung von speziellen Gerbstoffen bzw. Oxidationsprodukten, die eine negative Beeinflussung des Trauben- und Weinaromas bewirken. Auch die während der Lese 1998 in verschiedenen Weingärten zu beobachtende Blau- bis Violettfärbung der Beeren wurde durch Schimmelpilzinfektionen verursacht, wobei die auffällige Ausbildung von Pilzrasen vorerst zumeist unterblieb. Bei derartig befallenem Lesematerial sind längere Maischestandzeiten unbedingt zu vermeiden, auch die Anwendung von Schwefeldioxid (20 g/hl SO_2 => + 20% Gerbstoffe) und pektolytischen Enzymen ist aufgrund der dadurch bedingten Phenolanreicherung nicht unproblematisch.

Sauerfäule

Maischestandzeit

Pilzinfektionen beginnen zumeist unbemerkt an den Traubenkämmen, daher ist für eine frühzeitige Erkennung eine genaue Untersuchung der Rappen sinnvoll.

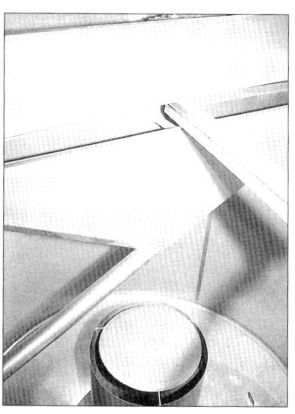

Die Flotation stellt eine schonende, kontinuierlich arbeitende und apparativ wenig aufwendige, dabei aber sehr wirkungsvolle technologische Maßnahme zur Klärung und Gerbstoffverringerung von Mosten dar.

Vorbeugung

Zunächst sollten alle weinbaulichen Maßnahmen und Arbeiten (z. B. Standort- und Sortenwahl, Erziehungssystem, Laubarbeit, Ausdünnung, Pflanzenschutz) in Hinblick auf eine Vermeidung von Pilzinfektionen optimiert werden. Da die Pilzinfektionen zumeist an den Rappen und der Stielbasis der Beeren beginnen, ist eine visuelle Kontrolle des Stielgerüstes während der Lesevoruntersuchungen und der Lese unbedingt ratsam. Um eine Extraktion der dumpf-bitteren Geruchs- und Geschmacksstoffe zu vermeiden, ist eine rasche Verarbeitung angefaulter Maischen dringend erforderlich. Eine vorbeugende Mostklärung mit Bentonit und bei starkem Fäulnisbefall mit Aktivkohle (maximal 100 g/hl) sowie eine zügige Mostklärung (z. B. mittels Vakuumfiltration, Zentrifugation oder Flotation) ersparen später aufwendige Weinschönungen.

Margin notes: visuelle Kontrolle; rasche Verarbeitung; Mostklärung

3. Maische-, Stielgeschmack, Rappenton

Durch mechanische (Lesemaschine) und zum geringeren Teil auch durch biologische (Wespen- und Bienenfraß) Zerstörungen der Beerenhaut können erhöhte Phenolgehalte in den Most gelangen. Bei der mechanischen Lese mit ungeeigneten bzw. schlecht eingestellten Lesemaschinen werden grüne Rebteile, insbesondere Blätter mitgeerntet (1–5%), die im Zuge der Verarbeitung ausgelaugt werden und dann dem Wein unerwünschte grasige Aromen verleihen können. Dieser negative Effekt kann jedoch auch bei gering motiviertem und nicht qualitätsorientiertem Lesepersonal auftreten. Unerwünschte Zunahmen der Gerbstoffgehalte im Most werden durch lange Stand- und Transportzeiten insbesondere bei bereits gequetschtem Lesematerial (hohe Schütthöhe, Maischewagen) sowie durch mahlende und quetschende Förderschnecken, Pumpen und Rebler (z. B. horizontale Rebler mit Gegenwiderstand, kleine Schneckenquerschnitte mit hoher Drehzahl, scharfe Metallkanten, enge Kurvenradien bei Krümmungen) verursacht. Grundsätzlich kann festgehalten werden, dass durch ein schonendes Rebeln die Gesamtgerbstoffgehalte i. d. R. um ca. 20% abnehmen.

Die für die Feingliedrigkeit der Weine wesentliche Verringerung der Phenolkonzentrationen bei der Ganztraubenpressung gegenüber der Maischepressung liegt in der Kombination mehrerer Maßnahmen begründet z. B. keine Quetschung während des Traubentransportes (Lese in Kisten), schonende Befüllung und Pressung mit pneumatischen Pressen.

Margin notes: mechanische Lese; Stand- und Transportzeiten; schonende Verarbeitung; Ganztraubenpressung

Einen wesentlichen Einfluss auf Gerbstoffgehalt und -zusammensetzung der Moste und Weine üben der Typ und die Anwendung des Presssystems aus. Verglichen mit horizontalen Spindelpressen bewirkt die Verwendung von kontinuierlichen Schneckenpressen Anstiege der Gerbstoffgehalte um durchschnittlich 50% und der Proanthocyanidingehalte um ca. 150%. Mit zunehmendem Pressdruck und nach mehreren Scheitervorgängen nimmt klarer Weise der Gerbstoffgehalt zu, weniger bekannt ist vielleicht das gewaltige Ausmaß der Catechinanreicherung auf das 30–40fache der Ausgangskonzentration (z. B. von 27 mg/l auf 1 040 mg/l).

Presssystem

Catechinanreicherung

Sensorische Beschreibung von Weinen mit erhöhten Gerbstoffgehalten:

Farbe: matt, fahl, hochfarben-dunkel
Geschmack: adstringierend, hart, herb, breit, dumpf, unharmonisch und im Abgang kratzig und pelzig

Ursachen für erhöhte Phenolgehalte in Mosten und Weinen:

- minderwertiges, unreifes Lesegut, zu wenig aber auch zu viel Sonneneinstrahlung auf den Trauben
- Mitverarbeitung und Extraktion von Rappen, Blättern und holzigen Teilen
- mechanische und biologische Beschädigung der Beerenschalen
- Trauben- und Maischebehälter mit großer Schütthöhe
- lange Stand- und Transportzeiten (mit dem Lesegut)
- mahlende und quetschende Förderschnecken, Pumpen und Rebler u. a. Geräte
- Nichtdurchführung einer Mostklärung
- lange Maischestandzeiten und hohe SO_2-Gaben
- musende Presssysteme und hohe Pressdrücke, Auslaugung von Traubenkernen
- Mitverwendung von Press- und Scheiterfraktionen

Schonend fördernde und abbeerende Rebelmaschinen sind eine wesentliche Voraussetzung für die Herstellung gerbstoffarmer Produkte.

Kontinuierliche Schneckenpressen ermöglichen zwar hohe Saftausbeuten, verursachen aber häufig unerwünscht hohe Phenolgehalte und negative Beeinflussungen der sensorischen Weinqualität.

Vorbeugung

Alle bei Lese, Transport und Verarbeitung der Trauben durchgeführten Arbeitsschritte sollten dahin gehend optimiert werden, dass Beschädigungen und Auslaugungen der Schalen und Kerne minimiert werden. Bei der Entsaftung der Trauben sollte der Qualität gegenüber der Quantität (Ausbeute) unbedingt Vorrang eingeräumt werden. Wenn es die Betriebsstruktur erlaubt, sollte Seih- und Pressmost, jedoch auf jeden Fall Scheitermost getrennt gesammelt und weiterverarbeitet werden. Bei gerbstoffreichen Mosten ist eine rasche Mostklärung unbedingt erforderlich (z. B. kann durch eine rasche Mostzentrifugation der Gerbstoffgehalt um ca. 25% und der Catechingehalt um ca. 65% verringert werden).

Beschädigungen minimieren

Mostklärung

4. Hochfärbigkeit – Brauner und Schwarzer Bruch

Gerbstoffe sind sehr reaktive Substanzen, die leicht zu Chinonen oxidiert werden, welche wiederum zu braungefärbten Polymeren kondensieren. In Mosten und während der Gärung erfolgt die Oxidation hauptsächlich enzymkatalysiert, wobei insbesondere botrytisinfiziertes Lesematerial aufgrund der nur schwer inhibierbaren para-Diphenol-Oxidase (50 mg/l SO_2 bewirkt nur eine 10%ige Inhibierung der para-Diphenol-Oxidase [Synonym: Laccase]) einer raschen Verfärbung unterliegt. In Weinen sind keine Aktivitäten der traubeneigenen ortho-Dihenol-oxidase (Synonym: Tyrosinase) und der Botrytis-Laccase mehr vorhanden, es erfolgt jedoch eine direkte Oxidation der Phenole durch oxidierend wirkende Substanzen (z. B. dreiwertiges Eisen, oxidierte Ascorbinsäure, Chinone) und Sauerstoff.

Oxidation

Verfärbung

Eisen

Sensorische Veränderungen der Weine:
Farbe: Weißweine: fahl, bräunlichgelb
          Rotweine: dumpfrot bis ockerbraun (Maderisierung)
Bukett: negativ, aldehydig, rahn, ölig und leer

Geht die der Oxidation folgende Polymerisation der Phenole ungehemmt weiter, so bildet sich schließlich eine feinflockige Trübung (Brauner Bruch). Aufgrund der bereits erwähnten eiweißfällenden Wirkung von Phenolen können im Zuge der Phenoloxidation auch Trübungen entstehen, die neben kondensierten Gerbstoffen auch Eiweiß enthalten. Gelegentlich ist auch oxidiertes, dreiwertiges Eisen in diesen polymeren Komplex eingebunden, wobei dann die Flocken eine blaugrüne bis schwärzlich-grüne Färbung aufweisen und als Schwarzer Bruch bezeichnet werden.

Trübung (Brauner Bruch)

Schwarzer Bruch

Vorbeugung
Grundsätzlich sollte gefaultes Lesematerial aussortiert und getrennt verarbeitet werden (Sortierbänder, insbesondere bei Rotwein). Die von Botrytis stammende para-Diphenol-Oxidase kann durch sehr hohe SO_2-Gaben (bewirkt aber auch eine Gerbstoffanreicherung), Mosterhitzung und Membranfiltration der Moste (kaum praktikabel) inaktiviert werden. Die Gabe von Mostbentonit, eine scharfe Mostklärung und eine rasche Weiterverarbeitung (für raschen Gärbeginn sorgen) sind unbedingt ratsam. Beim ersten Abstich sollte eine kräftige Schwefelung erfolgen, der Schwefelungsbedarf und die SO_2-Gehalte sollten laufend überwacht und

Mostbentonit, Mostklärung

kräftige Schwefelung

	ein Mindestwert von 30 mg/l freies SO_2 nicht unterschritten werden. Die Bräunungsanfälligkeit kann mittels Bräunungstest bzw. Rahnprobe ermittelt werden. Notwendigenfalls sind Schönungen mit stickstoffhaltigen Mitteln (vorzugsweise PVPP) durchzuführen.
Bräunungstest, Schönungen	
Metalle	Die Gehalte an Metallen, insbesondere Eisen, sollten möglichst niedrig gehalten werden. Entsprechende Analysen zur Ermittlung eines eventuellen Blauschönungsbedarfes können von Fachlaboratorien durchgeführt werden.

5. Holz- und Fassgeschmack

Eichengerbstoffe — Wird Wein in einem nicht ausreichend weingrün gemachten großen Holzfass gelagert, werden Eichengerbstoffe (polymere Phenole – Tannine) extrahiert. Nach einer gewissen Zeit werden im Produkt unerwünschte holzig, herb-strenge Geschmacksnoten erkennbar. Solange dieser gerbstoffbedingte Weinfehler nicht zu stark ausgeprägt ist, kann er mit stickstoffhaltigen Schönungsmitteln i. d. R. beseitigt werden, bei starken Fällen ist eine Schönung mit Aktivkohle erforderlich.

Vorbeugung

weingrün — Holzfässer müssen vor dem ersten Gebrauch durch Waschen mit alkalischen Reinigungsmitteln oder Dampf und Wasser sorgfältig weingrün gemacht werden. In frischen Holzfässern gelagerte Weine müssen in regelmäßigen Abständen verkostet werden.

6. Acrolein-Stich und Bittertöne

Rotweine — In früheren Zeiten war dieser Weinfehler insbesondere bei Rotweinen häufig anzutreffen, aufgrund der verbesserten Kellerhygiene findet man in aber heutzutage nur mehr sehr selten. Die stoffliche Ursache dieses unangenehmen Bitterstiches sind polymerisierte Verbindungen, bestehend aus Acrolein und Phenolen,

Anthocyane — hauptsächlich Anthocyanen (= Rotweinfarbstoffe). Da in einwandfreien, gesunden Weinen kaum Acrolein vorliegt, können in diesen die Bitterstoffe nicht in nennenswerten Mengen entstehen. Eine vermehrte Acroleinbildung ist nur infolge eines bakteriellen Glyzerinabbaues durch verschiedene unerwünschte Milchsäure-

Milchsäurebakterien — bakterien (z. B. Leuconostoc mesenteroides, Lactobacillus brevis) und Clostridien möglich.

säurearme Weine — Besonders anfällig gegenüber derartigen mikrobiellen Veränderungen sind säurearme Weine, die bei hohen Temperaturen ohne ausreichenden Schwefeldioxidschutz gelagert werden. Wurde nun aber ein Wein längere Zeit vernachlässigt, so dass sich dieser Bittterstich ausbilden konnte, ist dieser Fehler nachträglich kaum mehr zu entfernen.

Vorbeugung

Für ausreichende Kellerhygiene sorgen, SO_2-Gehalte der Weine regelmäßig kontrollieren, Weine in regelmäßigen Abständen verkosten und eventuell analysieren (Glyzerin, Extrakt!)

Fehlerbehebung

Ist ein Weinfehler eindeutig als Gerbstofffehler identifiziert, so stehen für die Beseitigung der unerwünschten Geruchs- und Geschmacksstoffe verschiedene Schönungsmittel zur Verfügung. Zum überwiegenden Teil handelt es sich hierbei um stickstoffhaltige Produkte, die vielfach bereits seit langer Zeit bei der Weinbereitung eingesetzt werden (z. B. Gelatine, Eiklar [Eiweiß vom Ei = Albumin], Hausenblase, Kasein).

Schönungsmittel

In der EU zugelassene stickstoffhaltige Schönungsmittel:
- Eieralbumin
- Molkenprotein
- Hausenblase und Derivate
- Gelatine
- Kaseine und Kaseinate
- Polyvinylpolypyrrolidon (PVPP)

Die diversen Gelatinepräparate stellen in Kombination mit Kieselsol altbewährte Klärungsmittel dar. Lässt man das Kieselsol weg, so kommt es durch die Reaktion mit den Phenolen des Weines zu einer Verringerung der Gerbstoffgehalte und somit zu einer gewissen Verminderung von gerbstoffbedingten Weinfehlern, wenn gleich auch die Wirkung von Gelatine limitiert ist. Die seit Jahrtausenden bekannte Schönung mit Eiklar (dickflüssig oder geschlagen) erscheint zwar veraltet, erweist sich aber, insbesondere bei hartnäckigen Weinfehlern, immer wieder als überraschend wirkungsvoll (Abb. 14).

Gelatinepräparate, Kieselsol

Eiklar

Die verschiedenen Hausenblasenprodukte werden aus der Fischblase verschiedener Kaviarfische hergestellt und bewirken in

Hausenblasenprodukte

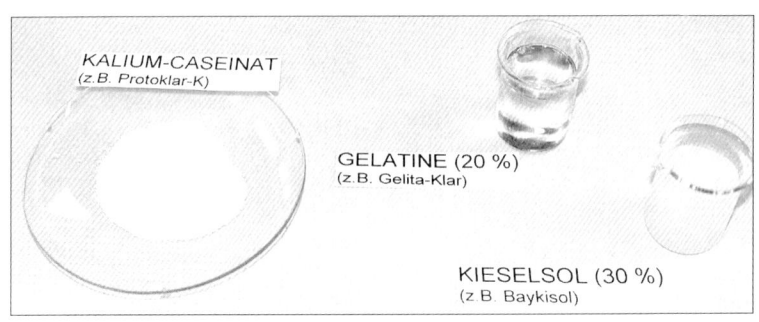
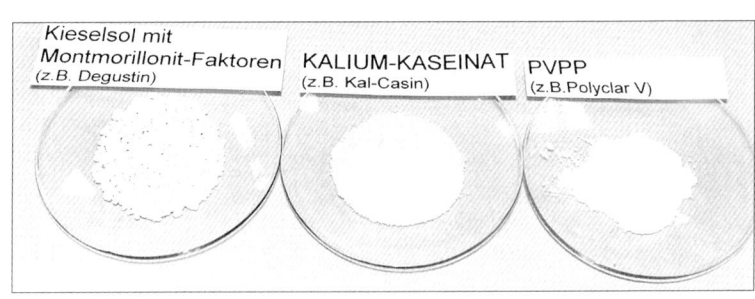

Verschiedene Schönungsmittel zur Beseitigung von gerbstoff-assoziierten Weinfehlern.

schwer klärbaren, extraktreichen Produkten eine schonende Klärung auch bei niedrigen Weintemperaturen (unter 10° C).

In den letzten Jahren wurde die Schönungsmittelpalette um zwei zugelassene Mittel – Kaseinate und Polyvinylpolypyrrolidon (PVPP) – sowie um einige Mischpräparate (z. B. Degustin, Senso-Vin) bereichert. Jedes dieser Schönungsmittel hat ein spezifisches Wirkungsspektrum, welches in den Produktbeschreibungen erläutert ist. Grundsätzlich wird für Kaseinate, das sind alkalisch aufgeschlossene und somit besser mit Wasser mischbare Kaseinderivate, bei üblichen Anwendungsmengen von 2–20 g/hl ein gutes Gerbstoffverringerungsvermögen, eine effiziente Entfernung von Bittertönen und Braunfärbungen sowie eine vorbeugende Verringerung der Bräunungsanfälligkeit beschrieben. PVPP, ein weinunlösliches, synthetisches, stickstoffhaltiges Polymer (übliche Anwendung 15–80 g/hl) ist i. d. R. das wirkungsvollste Mittel zur selektiven Adsorption von Gerbstoffen und hat sich daher zur Beseitigung von gerbstoffverursachten Geschmacksfehlern sehr gut bewährt. Die weinrechtliche Anwendung ist auf 80 g/hl beschränkt, wenn gleich auch bei starken Fehlern eine Anwendung von mehr als 100 g/hl PVPP notwendig und sinnvoll wäre.

Kaseinate

Bittertöne und Braunfärbungen; PVPP

Geschmacksfehler

Die Schönung mit Eiklar kann entweder als Deckenschönung mit geschlagenem Eiklar oder mit dickflüssiger Eiklarsuspension durchgeführt werden und ergibt immer wieder überraschend gute Effekte, insbesondere bei Rotweinen.

Zur effektiven Beurteilung der Wirkung der unterschiedlichen Schönungsmittel müssen im Labor Vorversuche angesetzt und ausgewertet werden.

Aufgrund der unterschiedlichen Entstehungsursachen gerbstoffbedingter Fehler sowie der nicht exakt vorhersagbaren Wirkung der Schönungsmittel empfiehlt sich unbedingt die Durchführung von Vorversuchen zur Ermittlung des effektiven Schönungsbedarfes. Es werden inzwischen viele Schönungsmittel mit verschiedenartigen Zusammensetzungen und Wirkungsspektren angeboten, sodass es schwierig ist den Überblick zu behalten. Falls man über keine oder nur geringe Erfahrung mit diesen Mitteln verfügt, ist der Weg in ein önologisches Fachlabor dringend anzuraten.

Vorversuche

önologisches Fachlabor

Hofrat Dipl.-Ing. Dr. Josef BARNA

5 Gärfehler

Gärhemmungen, Gärverzögerungen, Gärstockungen, Versieden

Den Ausbau des Weines sollte man nicht dem Zufall überlassen, sondern bestrebt sein, dessen Entwicklung positiv zu beeinflussen. Gerade bei der Gärung gibt es einige Möglichkeiten zur Weichenstellung, ob der fertige Wein ein qualitativ hochwertiges oder eher ein mittelmäßiges oder ein fehlerhaftes Produkt sein wird.

Wein ist das, durch alkoholische Gärung aus dem Saft frischer und für die Weinbereitung geeigneter Weintrauben, hergestellte Getränk (Weingesetz). Diese maßgebliche, stoffliche Veränderung des Mostes in einem fehlerfreien Jungwein wird erst durch den Stoffwechsel der Hefe ermöglicht.

Hefe

Bei der alkoholischen Gärung handelt es sich um einen biochemischen Vorgang. Der im Most enthaltene Zucker wird in Ethylalkohol, Kohlensäure, Wärme sowie in primäre und sekundäre Nebenprodukte umgewandelt.

Ethylalkohol, Kohlensäure, Wärme

Unter primären Nebenprodukten versteht man Zwischenprodukte der alkoholischen Gärung und die nachfolgende Zuckerabbauetappe des Zitronensäurekreislaufes (z. B. Brenztraubensäure, Acetaldehyd, 2-Ketoglutarsäure, Glycerin, Milchsäure, Essigsäure, Bernsteinsäure und Zitronensäure).

primäre Nebenprodukte

Zur sekundären Nebengruppe gehören hauptsächlich Verbindungen, die aus den Zuckerabbauprodukten der Gärung synthetisiert wurden, sowie Stoffe, die keine direkte Beziehung zum Hefestoffwechsel haben (z. B. Butandiol-2,3, Acetoin, Diacetyl, höhere Alkohole, Ester, Aldehyde, Ketone, Galakturonsäure und Methanol).

sekundäre Nebengruppen

Diese zu den primären und sekundären Gärungsnebenprodukten gehörenden chemischen Stoffe können abhängig von ihren Konzentrationen die Weinqualität positiv oder negativ beeinflussen.

Beispielgebend seien hier folgende Substanzen erwähnt:

schweflige Säurebinder

Brenztraubensäure, Acetaldehyd und 2-Ketoglutarsäure

Sie sind die wichtigsten schwefligen Säurebinder (z. B. 1 mg Acetaldehyd bindet 1,45 mg SO_2). Freies Acetaldehyd stört das Geschmacksbild eines Weines. Im Geruch und Geschmack werden solche Weine meistens als oxidativ und aldehydig abgelehnt.

oxidativ und aldehydig

Hinweis: Spontan vergorene Produkte enthalten mehr Acetaldehyd, daher haben sie einen höheren SO_2-Bedarf.

Glycerin

Es ist ein süßlich schmeckender, dreiwertiger Alkohol, fördert die Vollmundigkeit eines Weines (Körper, Extrakt) und macht ihn rund. Es ist aus der Sicht der Geschmacksprägung einer der wichtigsten Weininhaltsstoffe.

Vollmundigkeit

Hinweis: bei Spontangärung meist höherer Glyceringehalt und daher mehr Extrakt und mehr Körper

Acetoin und Diacetyl

Ihre Konzentration beträgt im Schnitt in Weinen ohne Säureabbau etwa 4 mg/l, mit Säureabbau kann sie 20 mg/l und mehr betragen. Bei der Rotweinbereitung wird Säureabbau häufig als erforderlich angesehen. Wenn jedoch der pH-Wert über 3,5 liegt, dann können Kokken neben Milchsäure auch diese unbekömmlichen Nebenprodukte erzeugen (Sauerkrautton!).

Sauerkrautton

Höhere Alkohole

(Fuselöle)

Ihre Konzentration liegt zwischen 150 und 700 mg/l. Sie besitzen teilweise ausgezeichnete Geruchs- und Geschmackseigenschaften, somit wirken sie bei der Aromaprägung des Weines mit (Propylalkohol, Isobutylalkohol, Amylalkohol, Isoamylalkohol ...). Höhere Konzentrationen an höheren Alkoholen können sensorisch auch negativ wirken und Kopfschmerzen verursachen (Kater).

Aromaprägung

Kopfschmerzen

Hinweis: Bei Spontanvergärung entsteht eine höhere Konzentration als bei Reingärung.

Ester

Sie sind im Wein in großer Anzahl vorhanden. Als alkoholische Komponente dient hauptsächlich Ethanol, aber auch die höheren Alkohole. Diese werden dann von der Hefe gebildeten Essigsäure verestert. Bei Spontangärung kann durch eine starke Beteiligung von wilden Hefen (z. B. Hansenula anomala) eine größere Menge an Essigsäureethylester entstehen (Lösungsmittelton, Uhuton).

Lösungsmittelton

Milchsäure

Äpfelsäureabbau Die Milchsäurebildung von normalen Saccharomyces-cerevisiae-Stämmen ist gering (100–200 mg/l). Größere Mengen im Wein sind hauptsächlich Produkte des Äpfelsäureabbaus durch Milchsäurebakterien.
Geruch und Geschmack: süßlich-säuerlich, kratzend, an Sauerkraut erinnernd

Essigsäure

Manche Saccharomyces-cerevisiae-Stämme können unter bestimmten Bedingungen bei der Weinbereitung Essigsäure zwischen 0,2 und 0,5 g/l bilden, wilde Hefen hingegen, wie z. B. Kloeckera apiculata, Hansenula anomala und Candida crusei, mehr als 1 g/l (Spontangärung !).

wilde Hefen

Spontangärung

Essigstichige Weine sind geruchlich und geschmacklich von kratzender, stechender und saurer Eigenart.

Hinweis: Gesetzliche Grenzwerte für flüchtige Säure beachten
(g/l b. a Essigsäure)! (EU-VO 822/87, Art. 66)

Weiß- und Roséwein:	1,08 g/l
Rotwein:	1,2 g/l
Beerenauslese und Eiswein:	1,8 g/l
Ausbruch, Trockenbeerenauslese und Strohwein:	2,4 g/l

Um Gärungsfehler zu vermeiden ist es wichtig, die gärungsbeeinflussenden Faktoren bei der Weinbereitung zu berücksichtigen.

Gärtemperatur

25° C Wie bereits erwähnt ist die optimale Temperatur für die Vermehrung und Gärung von Hefe 25° C. Um die Gärung nahe diesem Bereich führen zu können, bedarf es den bereits entsprechend vorgeklärten Most auf eine Starttemperatur von 15–18° C zu bringen (kalter Keller, Gärbehälter bis zu 1 000 l).

Starttemperatur 15–18° C

Die Temperatur des Gärgutes sollte dann zwischen 20 und 22° C liegen – keinesfalls über 25° C.

Kaltgärung Kaltgärung erfolgt meistens zwischen 12 und 15° C. Die Anwendung von Kaltgärhefe ist hier ratsam und erforderlich. Bei der Maischegärung sind wegen der Farbstoffextraktion höhere Temperaturen erforderlich (etwa zwischen 25 und 30° C). Nach dem Abpressen zur Endvergärung bevorzugt man vielfach den Temperaturbereich zwischen 20 und 25° C. Um die hier erwähnten Tem-

Endvergärung

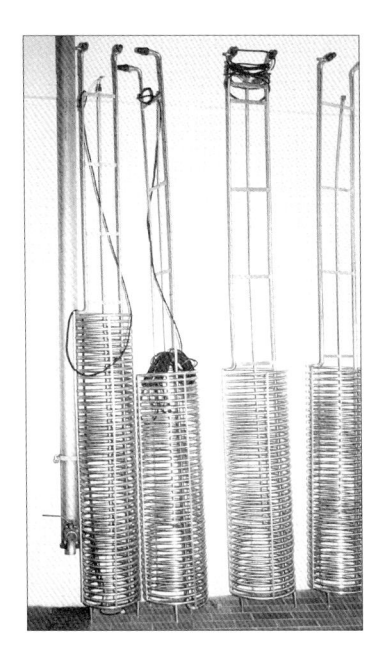

Abb. links:
Einstellen der optimalen Gärtemperatur durch einfaches Eintauchkühl(heiz-)schlangen-System.
(Foto: R. Eder)

Abb. rechts:
Aufzeichnung der Gärtemperatur zur rechtzeitigen Erkennung und Vermeidung unerwünschter Temperaturanstiege.
(Foto: R. Steidl)

peraturbereiche zu halten, muss die während der Gärung entstehende Wärme abgeführt werden. Bei Metall- oder Kunststofftanks kann dies z. B. durch Berieselung mit Kaltwasser oder durch die verschiedensten im Handel befindlichen Kühlsysteme erfolgen. Die meisten Winzerkeller sind kühl und die verwendeten Gär- und Weinbehälter sind eher klein.

Wärmeabfuhr

Daher ist die Gefahr einer kritischen Kellertemperatur durch Selbsterwärmung sehr gering. In solchen Fällen sind daher zusätzliche Kühleinrichtungen kaum erforderlich.

Mostklärung

Darunter versteht man das Stehenlassen des Mostes in geschwefeltem Zustand; bei Kleingebinden als Gärbehälter etwa 3–4 Stunden (grobe Aufhellung); bei etwa 8–10 Stunden erfolgt eine teilweise Klärung, die anschließende Gärung verläuft langsam.
Ergebnis: Reintönige Weine

Stehenlassen des Mostes

Ungeklärte Moste gären stürmisch (starke Wärmeentwicklung), vorgeklärte mit mäßiger Intensität, scharf geklärte gären selbst nach Zusatz von Reinzuchthefe sehr langsam.

Ungeklärte Moste

Ursache: Die Hefen hängen meist an Trubteilchen. Durch Entbindung des gebildeten CO_2 wird dieser Träger herumgewirbelt. Daher je höher der Trubanteil, umso stürmischer ist die Gärung. Bei scharf geklärten wiederum sinkt die Hefe rasch zu Boden. Die Gärung verläuft hier sehr langsam bzw. ist sie gehemmt.

Klärung mit Separator: Es gelten hier die gleichen Grundsätze wie für das gewöhnliche Entschleimen.

Grundsätzlich: Zu scharfe Klärung schadet dem Most ebenso wie gar keine.

Die Gärfehler im einzelnen

1. Versieden
Die optimale Temperatur für die Vermehrung und Gärung von Hefe liegt bei 25° C.

Gärtemperatur 35–40° C — Wenn die Gärtemperatur 35–40° C (kritische Versiedetemperatur) erreicht, wird durch den warmen Alkohol die Hefe vergiftet. Die Moste bleiben in der Gärung stecken. Da die Milchsäure- und Essigbakterien eine höhere Wärmebelastung als Hefe vertragen, steigt die Neigung zu Verderbnis. Die Essigsäurebildung kann in dieser Situation stark zunehmen.

Verderbnis

Aroma- und Alkoholverlust; Zuckerreste — Der starke Temperaturanstieg führt auch zu Aroma- und Alkoholverlust und zum Verbleib von Zuckerresten. Es entstehen leere, dünne und nichtssagende Weine.

Hinweis: Behandlung von versiedeten Mosten: schnell abzustechen und zur Durchgärung mit Trockenhefe beimpfen

Vermeidung
Entsprechende Mostklärung (Entschleimung)

2. Hemmung der Hefevermehrung durch Kohlendioxid
In zu stark vorgeklärtem Most sinkt die zugesetzte Reinzuchthefe rasch zu Boden. In dieser Zone nimmt daher der Zuckergehalt schnell ab, das hemmende Kohlendioxid aber nimmt zu.

Vermeidung

Aufrühren — Ein- oder mehrmaliges Aufrühren der Hefe kann diese Hemmung beseitigen.

3. Gärschwierigkeiten durch Stickstoffmangel

Moste von höheren Prädikaten können sehr stickstoffarm sein, weil das Botrytismycel die löslichen Stickstoffverbindungen größtenteils aufgenommen hat. In solchen Mosten ist die Hefevermehrung gering. Die Hefe hat für eine reintönige Gärung einen Bedarf von mind. 1 000 mg/l Aminosäure oder 150 mg/l freie Aminosäuren (ohne Prolin).

höhere Prädikate

Stickstoffbedarf, 1 000 mg/l Aminosäure oder 150 mg/l freie Aminosäuren

Vermeidung
Zusatz von 0,3 g/l Ammonphosphat oder Ammonsulfat

Thiaminium in Form von Thiaminium Dichlorhydrat (in Thiaminium ausgedrückt) darf Mosten bis zu einem Grenzwert von 0,6 mg/l zur Hefevergärung zugesetzt werden. Es wirkt stärker vermehrungs- und gärfördernd als die Ammoniumsalze.

Grenzwert von 0,6 mg/l

Hinweis: Die Anwendung dieses Verfahrens ist nur unter Überwachung eines Önologen oder Technikers zulässig!

4. Gärverzögerung durch schweflige Säure

Schweflige Säure bei Überdosierung hemmt die Hefevermehrung. Zellmembrane werden geschädigt und Enzyme wie z. B. Pyruvatcarboxylase und Glycerinaldehyddehydrogenase in ihrer Aktivität gehemmt. Die undissozierte schweflige Säure (SO_2) oder aktiver Schwefel gelangt leichter in die Zelle, als ihre Ionen wie Bisulfit (HSO_3).

Mit fallendem pH-Wert nimmt der Anteil an aktivem SO_2 zu, z. B. von 100 mg freiem SO_2 liegen im sauren Most bei tieferem pH-Wert (2,9) etwa 8 mg als aktives SO_2, bei Mosten mit höherem pH-Wert (3,5) etwa 4 mg als aktives SO_2 vor.
Normale Saccharomyces-cerevisiae-Stämme vertragen bis 4 mg/l aktives SO_2, bei 8 mg/l wird ihre Vermehrung völlig unterdrückt.

pH-Wert

5. Gärverzögerung durch Pflanzenschutzmittel

Die Rückstände von hefetoxischen Pflanzenschutzmitteln können Gärverzögerungen und -hemmungen verursachen.

Vermeidung
Einhaltung der Spritzmittelkarenzzeiten! Durch Mostverklärung (Entschleimung) entfernt man mit dem Trub den größten Teil der an den Schalen haftenden Pflanzenschutzmittel.

Mostverklärung

Dipl.-Ing. Dr. Reinhard EDER

6 Mangelhafte Rotweinfarbe

Wenn der Witterungsverlauf für die Traubenreifung ungünstig ist (z.B. Jahrgang 1996, 2001) und/oder wenn bei der Verarbeitung der Trauben Fehler gemacht werden, kann es trotz vieler Fortschritte im Bereich der Selektion und Züchtung von Rebsorten passieren, dass die Farbqualität nicht zufriedenstellend ist.

Beschreibung des Mangels

Farbintensität

Farbnuancen, Maderisierung

Aroma, Geschmack

Sorten

Qualitätskriterium

Die mangelhafte Farbqualität von Rotweine äußert sich einerseits in einer generell zu geringen Farbintensität und andererseits in einem raschen Verlust der frischen, rot-violetten Rotweinfarbe und dem frühzeitigem Auftreten von unerwünschten gelb-braunen Farbnuancen, der sogenannten Maderisierung. Solche mangelhafte Weine sind dann blass hellrot teilweise orange-braun-rot, oftmals stumpf bzw. fahl im Erscheinungsbild, mit grün-grasigem oder luftig-schalen Aroma und im Geschmack dünn, leer mit wenig Körper und Komplexität. In der Mehrzahl der Fälle bewahrheitet es sich daher, dass hellrote Weine auch sensorisch schlicht, wenig füllig und unattraktiv sind. Nur in wenigen Ausnahmefällen, beispielsweise bei Sorten mit geringem natürlichen Anthocyangehalt und frisch-fruchtigen Aromen wie „Blauburgunder" („Pinot noir") und gelegentlich auch „Blauer Portugieser" sollte man bei der Beurteilung der Rotweinfarbe toleranter sein, da i.d.R. trotz guter Reife und Verarbeitung keine so intensive Farbdeckung erzielbar ist. Die Rotweinfarbe ist somit ein sehr wichtiges Qualitätskriterium, da es einerseits für den Konsumenten unmittelbar und objektiv feststellbar ist und andererseits auch, abgesehen von einigen Ausnahmen, recht gut mit der Weinfülle korreliert. Es ist daher nicht verwunderlich, dass Rotweine mit mangelhafter Farbe nur geringe Preise erzielen und im Extremfall sogar unverkäuflich sind.

Ursachen einer mangelhaften Rotweinfarbe

Die Ursache für eine mangelhafte Farbqualität sind mannigfach, können aber im wesentlich auf zwei Hauptgründe zurückgeführt werden:
1) Mangelhafte Qualität des Lesegutes
2) Fehler im Zuge der Weinherstellung bzw. Lagerung

ad 1) Mangelhafte Qualität des Lesegutes:
Witterung:
Die Biosynthese der in den Schalen der Weinbeeren (Ausnahme: Färbertrauben) lokalisierten Rotweinfarbstoffe, der sogenannten Anthocyane, wird durch hohe Lufttemperaturen (Temperatur > 25°C) und direkte Sonneneinstrahlung wesentlich begünstig. In unseren Weinbaugebieten ist insbesondere die Sonneneinstrahlung während der Monate August und September für die Farbstoffeinlagerung in die Schalen wichtig, wobei gelegentliche Niederschläge nicht von Nachteil sind, da dann die Rebe vermehrt Abwehrstoffe (Phenole z.B. Phytoalexine wie Resveratrol sowie Anthocyane) in die Traubenschale einlagert. Wenn hingegen der Sommer und Frühherbst kühl und verregnet ist, kommt es nur zu einer geringen Farbstoffbildung und Pilze (z.B. Botrytis cinerea) können das Abwehrsystem überwinden und die Phenole zerstören (oxidieren).

hohe Lufttemperaturen, Sonneneinstrahlung

Niederschläge

Pilze (z.B. Botrytis cinerea)

Mit Hilfe der Vakuumkonzentrierung können Rotweinmaischen angereichert und somit wertvoller gemacht werden.

Farbstoffgehalte

Rebsorte:
Ungünstige Witterungsbedingungen wirken sich insbesondere bei Rebsorten, die im allgemeinen geringere Farbstoffgehalte aufweisen wie z.b. „Blaufränkisch" und „Blauburgunder" besonders dramatisch aus. Die durchschnittlichen Farbstoffgehalte von Trauben (mg Anthocyane/kg Traube) verschiedener Rebsorten sind in nachfolgender Tabelle zusammengefasst.

Farbstoffgehalte verschiedener Rebsorten (mg Anthocyane/kg Traube), Standort Klosterneuburg.

Sorte	Mittelwert (X_{min}–X_{max})	
Deckrot	2107	(1805–2358)
Blauburger	852	(599–1145)
Blauer Portugieser	782	(654–1001)
Sankt Laurent	735	(568–912)
Cabernet Sauvignon	680	(445–906)
Zweigelt	615	(344–772)
Caberet Franc	561	(523–613)
Syrah	543	(459–629)
Wildbacher Blau	515	(322–614)
Merlot	455	(334–613)
Blaufränkisch	425	(303–560)
Trollinger	356	(203–601)
Barbera	329	(199–344)
Blauer Burgunder	207	(121–319)

Reife:
Besonders zu beachten ist, dass die Farbstoffeinlagerung nicht so wie die Zuckereinlagerung stetig zunimmt, sondern zu Beginn der Reife zwar ansteigt, jedoch abhängig von Sorte und Jahrgang bei Maximum einem bestimmten Mostgewicht ein Maximum erreicht und dann auf diesem Gehalt stagniert und in manchem Fällen sogar leicht abnimmt. Bemerkenswert ist, dass traditionell österreichische Sorten das Farbstoffmaximum bei einem niedrigeren Mostgewicht erreichen (z.B. Zweigelt, Blaufränkisch bei ca. 18°KMW), während dies mit den bordolaiser Rebsorten erst bei ca. 20°KMW Niederschläge der Fall ist. Die während Niederschlägen stattfindende Wassereinlagerung in die Beeren führt zu einer relativen Verringerung der Farbstoffe („Verdünnung"), sodass nach Regenfällen mit der Lese einige Tage gewartet werden sollte.

Um bei der Maischegärung eine gute Farbstoffauslaugung aus den Beerenhülsen zu erzielen ist ein wirkungsvollen Überschwallen erforderlich.

Fäulnis:

Eine weitere Ursache für eine unbefriedigende Farbausbeute ist das Auftreten von Fäulnisinfektionen (Sauerfäule), welche durch große Niederschlagsmengen, hohe Luftfeuchtigkeit, warme, stehende Luft und langsames Abtrocknen der Blätter und Trauben bedingt wird. Infolge der Pilzinfektionen, insbesondere von *Botrytis cinerea*, werden nicht nur unmittelbar Inhaltsstoffe der Beere verstoffwechselt und somit unter anderem auch die Farb- und Gerbstoffgehalt teilweise zerstört, sondern es gelangt auch ein sehr unangenehmes, farbstoffzerstörendes Oxidationsenzym, die *para*-Diphenoloxidase („Laccase") in den Most und Jungwein. Die Phenoloxidasen bewirken in Gegenwart von Luftsauerstoff eine Oxidation der Farb- und Gerbstoffe, wodurch die originäre Rotweinfarbe vermindert, unansehnliche Brauntöne entstehen und schließlich die Farbstoffe als bräunlich-rotes Sediment ausfallen. Die vom Fäulnispilz *Botrytis cinerea* stammende „Laccase" wird im Gegensatz zur traubeneigenen „Tyrosinase" jedoch kaum durch schwefelige Säure (50 mg/l SO_2 bewirken eine Aktivitätsverminderung um nur 10%) inaktiviert, und auch durch eine Bentonitschönung nur marginal aus der Maische bzw. dem Wein entfernt (200 g/hl Bentonit bewirken eine Aktivitätsverminderung um 10%). Um das Vorkommen dieses stark weinschädigenden Enzyms in Qualitätsrotweinen zu verhindern, sollte wenn irgendwie möglich ge-

Fäulnisinfektionen

Botrytis cinerea

Oxidationsenzym, Laccase

Brauntöne

Inaktivierung schwefelige Säure

Aus mangelhaften, gefaulten Trauben kann kein guter Rotwein gemacht werden.

getrennte Lese, Sortierbänder

sundes und gefaultes Lesegut getrennt verarbeitet werden. Dies kann durch getrennte Lese bereits im Weingarten oder bei der Entleerung durch Auslesen auf Sortierbändern erfolgen. Aus gefaultem Traubenmaterial hergestellte Weine verschiedener Sorten wiesen im Vergleich zu gesundem Lesegut niedrigere Farbwerte auf: *Zweigelt:* –14% bis –31%, *Blauer Portugieser:* –25% bis –44%, *Blaufränkisch* –9% bis –20%, *Blauer Burgunder* –1% bis –3%.

Wespenfraß

Neben der Fäulnis stellt auch die Schädigung durch Wespenfraß eine bedeutende Qualitätsverminderung dar, wobei jedoch hauptsächlich die Bildung von flüchtiger Säure störend ist.

Ertrag:

Grenzen der Leistungsfähigkeit

Extreme Witterungen wie im Jahr 1996 und 2001 zeigen die Grenzen der Leistungsfähigkeit von Rebstöcken auf. Bei der Produktion von Weintrauben stellt die Menge-Qualität Relation eines der wesentlichen Grundgesetze dar: Es gilt im wesentlichen die Regel,

Behangsintensität

dass mit zunehmender Behangsintensität die Traubenreife und somit -qualität mehr und mehr vermindert wird. Nur in sehr kleinem Bereich, kann durch intelligente Maßnahmen dieser negative Zusammenhang zwischen Traubenmenge und Traubenqualität

Witterungsverlauf

beeinflusst werden. Bewirkt bei gutem Witterungsverlauf eine qualitätsorientierte Ertragsregulierung durch z.B. starken Schnitt, starke Ausdünnung, intensive Laubarbeit „nur" einen Gewinn von ein bis zwei Graden KMW, ein paar Gramm Extrakt und „etwas" Farbe, so sind in schwierigen Jahren Weingärten mit hohen Erträgen oftmals überfordert und liefern schlecht ausgereifte Trauben und mangelhaft gefärbte Rotweine.

ad 2) Fehler im Zuge der Weinherstellung bzw. Lagerung:

Die Herstellung von Rotweinen umfasst mehrere Verfahrensschritte, deren wesentliche die alkoholische Gärung und Phenolextraktion (Farb- und Gerbstoffe), der biologische Säureabbau, die Klärung und schließlich die Reifung und Lagerung sind. Die Art der Durchführung (Länge, Temperatur der Gärung, verwendete Behälter usw.) und Einstellung zu den einzelnen Verfahren (z.B. BSA, Barrique ja oder nein) unterliegt fast modeartigen Schwankungen, gleichbleibend ist aber das Faktum, dass bei der Verarbeitung von schlecht ausgereiftem und wenig gefärbtem Lesegut auch bei optimaler Kellertechnologie nur sehr selten ein wirklich gutes Produkt entstehen kann. Aber auch bei Verwendung von wertvollem, gesunden Traubenmaterial besteht die Gefahr, dass im Zuge verarbeitungstechnischer Fehler Qualitätsminderungen auftreten.

Verfahrensschritte

optimale Kellertechnologie

Traubentransport:

Häufig kommt es bereits unmittelbar nach der Lese aufgrund mangelhafter Erntetechniken (schlecht eingestellte Lesemaschine), langer Transportwege, langer Wartezeiten infolge ungenügender Logistik bei der Übernahmestelle zu dramatischen Qualitätsverlusten. Wenn aus dem Lesegut bereits Most austritt kann es zu unerwünschten, farbstoffzerstörenden Oxidationen und qualitätsmindernden Infektionen mit wilden Hefen (Essigstich) kommen, die durch keine nachfolgende Maßnahme mehr kompensiert werden können.

Qualitätsverluste

Rotweingärung:

Die für Rotweine charakteristische Extraktion der Farbstoffe aus den Schalen kann prinzipiell auf drei Arten erfolgen, nämlich durch Maischegärung (weitaus häufigste Fall), Maischeerhitzung (gelegentlich) oder Kohlensäuremazeration (maceration carbonique, selten). Unabhängig vom angewandtem Rotweinbereitungsverfahren, sollte nur gerebelte Maische weiterverarbeitet werden, da durch das Rebeln höhere Farbstoffwerte (ca. + 15%) und gerin-

Extraktion

Rebeln

gere Gerbstoffgehalte (ca. –20%) als in ungerebelten Weinen bewirkt werden. Bei der Verarbeitung von gefaultem Traubenmaterial weisen erhitzte gegenüber vergorenen Vergleichsweinen zumeist höhere Farbwerte und bessere Farbstabilitäten auf, da die pilzlichen Oxidationsenzyme gleich zu Verarbeitungsbeginn vollständig inaktiviert werden. Die Weine sind zwar i.d.R. früher trinkreif, altern aber rascher und weisen auch weniger Finesse und Komplexität auf. Außerdem sind die für die Maischeerhitzung notwendigen gerätetechnischen Voraussetzungen relativ teuer sodass dieses Verfahren nur sehr beschränkte Anwendung findet.

Maischeerhitzung

Maischegärung Um bei der Maischegärung die wertvollen Traubenfarbstoffe möglichst vollständig und unverändert in die Weinflasche zu bekommen, muss ein rascher Gärbeginn erreicht werden. Ein optimaler Gärbeginn ist bei einer Maischetemperatur von ca. 20°C gegeben, wenn das Gärgefäß größer ist, kann auch mit etwas niedrigeren Temperaturen begonnen werden (Minimum: 15°C). Besonders bei sehr kaltem Lesewetter und kleinen Gärgefäßen (Anstelltemperatur: 25°C) ist daher ein sorgfältiges Anwärmen des Lesegutes, ohne partielle Überhitzungen der Maische, erforderlich. Kann ein rascher Gärbeginn nicht gewährleistet werden, so ist eine Überschichtung der Maische mit einem inerten Gas (z.B. Kohlensäure) zur Vermeidung von bräunungsinduzierenden Oxidationen sinnvoll. Zur Optimierung der Extraktion von fruchtigen Aromastoffen aus den Schalen erfreut sich das Verfahren der Kaltmazeration (z.B. 4°C/1 Woche bzw. 10°C/24 Std.) vor Gärbeginn inzwischen auch in Österreich steigender Beliebtheit.

Gärbeginn

Kaltmazeration

Die Vergärung roter Maischen in Holzbehältern mit disloziertem Unterstosser stellt ein produktschonendes und innovatives Verfahren dar.

Der Einsatz von Kohlendioxid zum Vorfüllen bzw. Überschichten von Tanks ist ein probates Mittel zur Vermeidung von Oxidationsschäden.

Biologischer Säureabbau und Lagerung:

Nach erfolgreicher Gärung sollte, falls vorgesehen, so rasch wie möglich der biologische Säureabbau stattfinden bzw. abgeschlossen werden. Falls keine Starterkulturen verwendet werden und auch keine idealen Bedingungen für den BSA geschaffen wurden (Temperatur ca. 25°C, leichter Trübungsgrad, pH-Wert zwischen 3,2–3,6; gute Nährstoffversorgung) kann es zu Problemen und damit verbunden Farbverlusten kommen. Der Verlauf des BSA sollte regelmäßig überwacht (z.B. Messung der Äpfelsäuregehalte mittels Papier- oder Dünnschichtchromatographie) und ca. 1 Woche nach vollständigem Äpfelsäureabbau der Wein filtriert und stabilisiert werden. Andernfalls laufen unkontrollierte mikrobiologische Prozesse weiter, die zu einer deutlichen Qualitätsverminderung führen können (Milchsäurestich, Diazetylton, Farbverluste, Zähwerden u.a.). Das Wissen um die bedeutende und diffizile Rolle des Sauerstoffs bei der Rotweinbereitung und Reifung hat in den letzten Jahren stark zugenommen. Aufgrund seiner ambivalenten Wirkung stellt das Sauerstoffmanagement eine große Herausforderung für den Winzer dar. Bereits während der Maischegärung ist eine Sauerstoffzufuhr für die Hefevermehrung aber auch Farbstabilisierung erforderlich (früher Remontage, jetzt

Kontrolle des BSA

Sauerstoffmanagement

Farbstabilisierung

Makrooxidation Makrooxidation mit Fritten). Bei der traditionellen Lagerung in Holzfässern bzw. beim Umfüllen erfolgt automatisch eine moderate Oxygenierung die zu einer Kondensation der Farbstoffe und Phenole führt. Dadurch kommt es zu einer qualitätsverbessernden Farbstabilisierung sowie Harmonisierung und Abrundung des Geschmackes.

Da aber ein zuviel an Sauerstoff immer stark qualitätsmindernde Folgen hat (Essigstich, Oxidation, Bräunungen, Farbverluste usw.), sollte stetige Sorgfalt vorherrschen. Insbesondere sind Luftpolster bei der Lagerung und starke Sauerstoffeinträge beim Pumpen und Umfüllen zu vermeiden.

Vermeidung von Weinen mit mangelhafter Rotweinfarbe

a) Weinbauliche Maßnahmen:
Hinsichtlich der Maßnahmen im Weingarten ist zwischen lang- und kurzfristig zu setzenden Maßnahmen zu unterscheiden.

Langfristig wirksame Faktoren:
– Wahl eines optimal geeignetem Grundstückes
– Auswahl der am besten für den Standort (und nicht nur für den Markt) geeigneten Rebsorte,
– Wahl der idealen Unterlagsrebsorte; an der HBLA&BA Klosterneuburg werden seit ca. 20 Jahren intensive Untersuchungen

Bei der Barriquelagerung wird der Wein durch mehrfaches Abziehen geklärt und somit sind farbvermindernde Filtrationsschritte unnötig.

hinsichtlich des Einflusses der Unterlagssorte auf die Edelrebsorte gemacht
– Auswahl des Pflanz- und Erziehungssystems (z.b. Stockanzahl pro ha, Stammhöhe)
Sind diese weinbaulichen Entscheidungen einmal getroffen, können kurzfristig, innerhalb von ein bzw. zwei Vegetationsperioden noch immer eine Vielzahl qualitätsverbessernder und somit Farbausbeute erhöhender Maßnahmen gesetzt werden.

Kurzfristig wirksame Faktoren:
– geringe Erträge (z.b. Schnitt, Ausdünnung)
– Freistellung der Trauben (Laubarbeit bewirkt bessere Sonneneinstrahlung), Laubarbeit (Ausbrocken, Wipfeln etc.)
– gute Nährstoff- (Kalium) und Wasserversorgung
– gesundes Traubenmaterial (Pflanzenschutzprophylaxe)

b) Önologische Maßnahmen:
Verarbeitung von teilweise gefaulten Traubengut:
Wenn trotz intensiver Bemühungen im Weingarten eine Fäulnisinfektion nicht verhindert werden kann, so sollte zumindest vor der Verarbeitung gefaulte Trauben möglichst vollständig aussortiert werden. Die gefaulte Ware kann beispielsweise zu einfachem Tafelwein, Brennwein oder Weinessig weiterverarbeitet werden. Falls aufgrund arbeitstechnischer Gründe eine Entfernung gefaulter Trauben nicht möglich ist, muss das Lesegut sofort, am besten bereits im Weingarten mit einer hohen SO_2-Gabe von 70–100 mg/l versehen werden. Diese hohe SO_2-Dosierung hemmt die schädigende Wirkung der „Laccase" und schützt die sensiblen Weinfarbstoffe vor oxidativer Zerstörung. Die wahrzunehmende Aufhellung sollte nicht beunruhigen, da sie reversibel ist und nach wenigen Tagen die rote Farbe wieder ihre ursprüngliche Intensität erreicht. Da ein Großteil (> 50%) des zur Maische zugesetztem SO_2 abgebaut bzw. assimiliert wird, ist eine Hemmung des biologischen Säureabbaues durch Rest-SO_2 i.d.R. nicht zu erwarten. Bei der Verarbeitung von infiziertem Lesegut hat sich die Verwendung von pektolytischen Enzympräparaten als sehr günstig erwiesen, da die Farbstoffextraktion beschleunigt wird und somit die Kontaktzeit mit den Schalen verkürzt werden kann. Eine andere Möglichkeit bei der Vergärung von teilweise gefaulten Trauben die Farbstoff- und Qualitätsverluste in Grenzen zu halten ist der Zusatz von önologischen Tanninen. Hierbei reagieren die phenolischen Substanzen des Tanninpräparates mit den Proteinen (Oxi-

SO_2-Dosierung

Tannine

Spezialkohlen

dationsenzymen) des Botrytispilzes und inaktivieren diese, die Weine werden reintöniger und auch komplexer. Seit kurzem ist auch versuchsweise der Zusatz von Spezialkohlen während der Rotweingärung zugelassen, die empfohlene Aufwandwandmenge beträgt **1 g/hl pro% gefaultem Lesegut.** Erste Versuche zeigten, dass die Farbstoffverluste sich in Grenzen halten, dafür sind die Weine aber deutlich sauberer, frischer und angenehmer.

Maischegärung:

Reinzuchthefe-präparate

Durch den Zusatz von Reinzuchthefepräparate wird sichergestellt, dass bereits zu Gärbeginn der Zuckerabbau durch die Weinhefe *Saccharomyces cerevisiae* durchgeführt wird, und dass keine unerwünschten Stoffwechselprodukte (Essigstich, Farbverluste)

Wilde Hefen

durch sogenannte „Wilde Hefen" (z.B. *Kloeckera, Hanseniaspora*) gebildet werden. Im Rahmen mehrerer Versuche, konnte wir zeigen, dass durch die Verwendung spezieller Rotweinhefen die Farbwerte von Rotweinen um 12% bis 31% gegenüber den Kontrollvarianten gesteigert werden können. Ein altbewährtes „Geheimrezept" zur Farbstoffanreicherung bei Rotweinen stellt die teilweise Vorentsaftung von Maischen dar. Beispielsweise konnte durch 15%ige Vorentsaftung (Verwendung des Seihmostes als Rosé) einer Maische der Sorte *Sankt Laurent* die Farbintensitätswerte um 17% gegenüber der Vergleichsvariante erhöht werden. Die Vorentsaftung wirkt sich auch sehr positiv auf die Fülle und Komplexität der Weine aus, grundsätzliches Problem dabei ist aber eine sinnvolle Nutzung es vorentsafteten Seihmostes (Rose, Konzentrat ??).

Gärtechnik:

Von besonderer Bedeutung für die Farbqualität der Weine ist die angewandte Gärtechnik und Gärführung. Parameter wie Gärtemperatur (Optimalbereich 25°C–30°C), Gärdauer (Optimalbereich 4–6 Tage), Umwälzhäufigkeit (ca. alle 3–4 Stunden) und Ausgangsmostgewicht (mindestens 19° KMW) bzw. Alkoholgehalt (mindestens 12,5%vol) bestimmen die zu erzielende Endproduktqualität wesentlich. Während der Maischegärung durchläuft die Farbstoffextraktion üblicherweise am 4–6 Tag ein Maximum und nimmt dann wieder leicht ab, während hingegen die Auslaugung der Gerbstoffe kontinuierlich weitergeht. Dies bedeutet, dass man durch frühes Abpressen eher farbintensive Weine mit dezentem Gerbstoffgehalt bekommt, während man bei spätem Abpressen gerbstoffbetonte, lang lagerfähige Weine erhält. Die Beobachtung, dass gegen Gärende hin eher Farbstoffverluste infolge von Adsorption an Hefen und Oxidation stattfinden, bedeutet für die Praxis, dass Rotweinmaischen aus teilweise gefaultem Traubenmaterial bereits bei einem Restmostgewicht von ca. 8 °KMW abgepresst werden sollten. Zur Vermeidung erhöhter Trubstoffgehalte, welche später wiederum Farbstoffe adsorbieren und somit die Weinfarbe reduzieren, darf nur eine produktschonende, wenig mahlende Pressung durchgeführt werden.

Farbstoffverluste

Biologischer Säureabbau:
Nach dem Abpressen stellt sich insbesondere beim Rotwein die Frage nach dem biologischen Säureabbau. Zahlreiche Versuche haben ein recht uneinheitliches Bild ergeben, in der Mehrzahl der Fälle wurde jedoch eine Verringerung der Farbintensität und eine Zunahme der Brauntöne beobachtet. Bei vielen farbschwachen, dünnen Rotweinen wird daher ein biologischer Säureabbau nicht anstrebenswert sein. Dies unter anderem auch deshalb, weil solche Weine häufig hohe Äpfelsäuregehalte und niedrige pH-Werte (kritischer pH-Wert: 3,2) aufweisen und daher der BSA nur zögernd beginnt (gegebenenfalls ist eine Kalkentsäuerung nötig). Falls in einem Wein jedoch kein biologischer Säureabbau vorgesehen ist, muss geachtet werden, dass der Gehalt an freiem SO_2 während der weiteren Verarbeitung nicht unter 25–30 mg/l absinken kann.

Verringerung der Farbintensität

Weinausbau:
Beim weiteren Weinausbau ist grundsätzlich zu bedenken, dass jede Schönung, Entsäuerung und Klärung infolge von Adsorptionsvorgängen Farbstoffverluste bewirkt. Beispielsweise verursacht eine chemische Entsäuerung mittels kohlensaurem Kalk Farbverluste von 5,2% (1‰ Entsäuerung) bis 22,7% (4‰ Entsäuerung), eine Bentonitschönungen (z.B. 400 g/hl Nacalit) Farbverluste bis zu 50%, eine Gelatineschönungen Farbeinbussen von 6,8% (Gelita Klar) bis 22,4% (Gelatine 280 Bloom) und eine Hühnereiweißschönung (3 Eiklar/100 l) eine ca. 10%ige Abnahme der Farbtiefe.

Demgegenüber hat die traditionelle Lagerung von Rotweinen in Holzfässern positive Auswirkungen auf die Rotweinfarbe. Insbesondere in kleinen Eichenfässern (Barriques) findet ein maßvoller Übergang von Gerbstoffen (Ellagtannine) und Sauerstoff aus dem Holz in den Wein statt, wodurch eine Polymerisation der Farbstoffe (direkte oder indirekte Kondensation mit Acetaldehyd) stattfin-

Barriques

Farbstabilität det. Polymere Farbstoffe können weniger leicht entfärbt werden und sind somit farbstabiler, mit zunehmendem Polymerisationsgrad werden sie aber unlöslicher und können ausfallen (Depot und Farbstoffverluste). Alternativ kann auch durch moderaten Zusatz von önologischen Tanninen die Rotweinfarbe geschützt und der Geschmack harmonisiert werden. Auch die Verwendung von Polysacchariden z.b. aus Hefezellwandpräparaten (z.B. OptiRed. Fa. Lallemand) soll farbstabilisierende Wirkung aufweisen.

tiefe Lagerungstemperaturen Eine Minimierung der Farbverluste während des Ausbaues kann durch möglichst geringe Behandlung des Weines (eventuell Selbstklärung abwarten bzw. moderate Eiklarschönung), sowie tiefe Lagerungstemperaturen (Temperaturen < 8° C) erzielt werden. Weiters muss während der Lagerung durch regelmäßige Kontrolle und stetiges Auffüllen (Topping) die Bildung von größeren Luftblasen oberhalb der Weinmenge vermieden werden, welche Oxidationsschäden verursachen. Auch im Zuge der abschließenden Klärung (Filtration) und Füllung muss der Zutritt von überschüssigen Luftsauerstoff verhindert werden, damit der Gehalt an gelöstem Sauerstoff in der Flasche möglichst gering ist. Sollte der Wein längere Zeit seine Qualität bewahren, ist die Verwendung von dunklen Flaschen zur Vermeidung der lichtinduzierten Oxidation unbedingt erforderlich.

Konsequenzen bei farbarmen Rotweinen

Haben Sie nun einen blassen Rotwein im Keller liegen, so bieten sich Ihnen relativ wenige erfolgversprechende Möglichkeiten.

1) Zunächst können Sie versuchen aus der Not eine Tugend zu machen, indem Sie zu Ihrem farbarmen Rotwein stehen und ihren Kunden den kausalen Zusammenhang zwischen kühler Witterung und geringerer Rotweinfarbe erklären. Diese Variante erscheint jedoch nur bei Direktvermarktern mit intensivem Kundenkontakt als zielführend.

Verschnitt 2) Durch Verschnitt mit einem farbstarken inländischen Produkt können Sie die Farbe Ihres Rotweines verbessern.
Da bei Tafelweinen grundsätzlich keine Sorten-, Herkunfts- und Jahrgangsbezeichnung zugelassen sind, ergeben sich bei einem Verschnitt mit einem inländischen Deckwein keine Konsequenzen für die Angaben auf dem Etikette. Beim Verschnitt eines

Land- bzw. Qualitätsweines mit einem farbstarken inländischen Produkt, muss, falls der Verschnittpartner mehr als 15% des Erzeugnisses ausmacht und einer anderen Traubensorte (muss Qualitätsrebsorte sein) entstammt, diese auf der Etikette angegeben werden. Zusätzlich muss beim Landwein der Verschnittpartner aus der gleichen Weinbauregion (Niederösterreich, Burgenland, Wien und Steiermark) und beim Qualitätswein aus dem selben Weinbaugebiet (z.B. Weinviertel, Neusiedlersee) stammen.

15% Regel

Herstellung von Deckwein aus heimischen Rebsorten (*Blauburger* und *Zweigelt*) mittels Erhitzung der vorentsafteten Maische. Die österreichischen Deckweine zeichnen sich im Vergleich mit ausländischen Produkten, neben den hohen Farbwerten, vor allem durch geringere Gehalte flüchtiger Säure aus und bringen keinen „Südweincharakter" in den Wein ein. Möglicherweise wäre die Produktion eines landestypischen Deckweines ein neues Betätigungsfeld für einen großen österreichischen Betrieb, der bereits über die notwendigen Geräteinstallationen (Dampfkessel, Röhren- bzw. Spiralwärmeaustauscher) verfügt.

Deckwein aus heimischen Rebsorten

3) Verstärkung der Rotweinfarbe und des Rotweincharakters durch Verschnitt mit einem ausländischen Produkt („Deck-

Falls teilweise gefaultes Lesegut verarbeitet werden muss, stellt die Maischeerhitzung, hier mittels Spiralwärmeaustauscher, einer der besten Möglichkeiten dar.

wein"). Bei einem derartigen Verschnitt ist zu beachten, dass dies nur bei Weinen der Qualitätsstufe Tafelwein erlaubt ist. Diese Maßnahme muss in entsprechender Schriftgröße auf der Etikette angegeben werden, die richtige Formulierung lautet dann: „Verschnitt von Weinen aus mehreren Ländern der Europäischen Union", wobei auch die Abkürzung „EU" akzeptiert wird.

Farbsüßreserve

4) Schließlich sei noch auf die Möglichkeit der Verwendung einer stummgeschwefelten Farbsüßreserve hingewiesen. Diese in Deutschland übliche Praxis erfordert jedoch einen apparativ aufwendigen Entschwefelungsschritt und schließt die Herstellung trockener Weine aus, sodass dieses Verfahren für österreichische Rotweine wenig geeignet erscheint.

künstliche Farbstoffe
natürliche Farbstoffe

Die Verwendung weinfremder künstlicher Farbstoffe (z.B. Azo- oder Teerfarbstoffe) ist aufgrund gesundheitlicher Bedenken strengstens verboten. Auch die Zugabe natürlicher Farbstoffe in Form von Schwarzem Holunder, Hibiskus, Rote Rübe oder ähnlichem ist aus Gründen der Wettbewerbsverzerrung untersagt. Dass diese Art der Weinverfälschung keine Erfindung unserer Tage ist, zeigt die Tatsache dass bereits im vorigen Jahrhundert sehr gut brauchbare Analysenmethoden (z.B. Wollfadenmethoden) zum Nachweis dieser unerlaubten Praktiken entwickelt wurden. Aufgrund der einfachen und sicheren Nachweisbarkeit wäre der Zusatz von künstlichen Farbstoffen zum Wein irrsinnig und ausgesprochen selbstschädigend.

Dipl.-Ing. Robert STEIDL

7 Geranienton

Beschreibung des Fehlers

Dieser eigenartige, leicht bittere Geruch und Geschmack erinnert an Pelargonien (Geranien). Steckt man seine Nase zwischen blühende Pflanzen in einer Blumenkiste, so gibt der wahrzunehmende erdig-blumig-duftige Geruch einen guten Eindruck vom Charakter dieses Fehltones.

erdig-blumig-duftig

Ursache des Fehlers

Verursacht wird diese Weinkrankheit durch den Abbau von Sorbinsäure durch Bakterien. Die Anwendung von Sorbinsäure ist zur Konservierung bei Tafelweinen bis zu einer Menge von 200 mg/l zugelassen. Diese Menge wirkt gegen Hefen und Schimmelpilze, allerdings in diesen (niedrigen) Konzentrationen auch nur bei geringer Keimdichte und im Zusammenwirken mit SO_2. Keinen Einfluss hat das Mittel aber auf Essig- und Milchsäurebakterien, sodass ein Abbau durch Reduktion zu Sorbinol stattfinden kann. In weiterer Folge entsteht 2-Ethoxy-3,5-hexadien, das diesen typischen Charakter in Geruch und Geschmack erzeugt. Sogar in 10Mrd.facher (!) Verdünnung dieser Substanz ist der Geranienton noch wahrnehmbar. Da also schon bei dem Vorhandensein von geringsten Mengen von Sorbinsäure bei Umsetzung dieses Fehlaroma entstehen kann, ist Gefahr nicht nur durch Zugabe, sondern durch Verschleppungen im gesamten Keller gegeben.

Sorbinsäure

Essig- und Milchsäurebakterien

Fehlervermeidung

- Am besten ist es, auf gute Kellerhygiene zu achten (rationelle Kellerwirtschaft). Bei geringer Keimbelastung ist auf die Anwendung von – dann auch nicht notwendiger – Sorbinsäure zu verzichten.
- Die Füllanlage stellt ein großes Risiko für Verschleppungen dar, wenn wechselweise konservierter Wein und andere Qualitäten

Kellerhygiene

Füllanlage

abgefüllt werden, auch die Schläuche und Behälter müssen hierbei als Fehlerfaktor beachtet werden.
- Wurde in einem Fass mit Sorbinsäure konservierter Most eingelagert, so darf danach kein Wein eingefüllt werden, da im Holz zurückgehaltene Sorbinsäure wieder an den Wein abgegeben werden kann.
- Ein so konservierter Most sollte keinesfalls – auch nur in kleinen Mengen – mit anderen Mosten mitgegoren werden, da im Zuge der biologischen Aktivität der Geranienton unweigerlich entstehen wird.

Vakuumdrehfilter erlauben effiziente Trubabtrennung und damit Förderung der Reintönigkeit – wenn eine entsprechende Menge zu verarbeiten ist.

Fehlerbehebung — Eine Fehlerbehebung ist so gut wie nicht möglich. Selbst durch eine (unzulässig hohe) Menge von 500 g/hl Aktivkohle kann keine erfolgreiche Behandlung erreicht werden.

Dipl.-Ing. Manfred GÖSSINGER

8 Fremdtöne

Medizinton-, Lösungsmittel-, Keller-, Filter-, Kunststoff- und Ölgeschmack

Klarheit in Geruch und Geschmack ist – neben der gesetzlichen Entsprechung – das wichtigste Qualitätskriterium des Weines. Während der gesamten Traubenverarbeitung ist der Winzer gefordert, mögliche Gefahrenstellen, die das sortentypische Aroma eines Weines beeinträchtigen können, prophylaktisch zu kontrollieren und gegebenenfalls zu eliminieren.

Während viele Fehler und Krankheiten der Weine mikrobiellen Ursprungs sind, gibt es jedoch auch eine Reihe von Fremdtönen, die durch atmosphärische Einflüsse im Weingarten bzw. durch fehlerhafte Behandlung oder ungeeignete Behältnisse verursacht werden. In diesem Artikel soll auf jene Fremdtöne im Wein eingegangen werden, die durch direkten bzw. indirekten Kontakt von geruchsaktiven Stoffen mit Trauben oder Wein verursacht, das sortentypische Aroma beeinträchtigen können.

Einflüsse im Weingarten, fehlerhafte Behandlung

Welche Fremdtöne treten auf?

Die Herkunft und Art von Fremdtönen im Wein ist sehr vielfältig. Ihnen ist gemeinsam, dass sie nicht regelmäßig auftreten, aber das sortentypische Geruchs- und Geschmacksbild des Weines derart verändern, dass der Wein vom Kunden abgelehnt wird. Nicht jeder Fremdton wird jedoch von jedem Koster als solcher erkannt. Geschmacksfehler phenolischer Herkunft (z. B. Mittel gegen Wildverbiss) werden bekanntlich nur von der Hälfte der Weintrinker diagnostiziert und abgelehnt. Meist werden Weine mit Fremdtönen als „bitter", „unrein", „muffig" und „weinfremd" bezeichnet. Aufgrund der Vielfältigkeit der Fremdtöne in Art und Herkunft ist es bis heute nicht gelungen alle Fremdtöne zu identifizieren und zu beschreiben. Einige dieser Geruchs- und Geschmacksbilder sind jedoch ähnlich und lassen sich in Gruppen zusammenfassen.

nicht regelmäßiges Auftreten

Vielfältigkeit

Medizinton — Ein häufig auftretender Fremdton ist der sogenannte „Medizinton". Der Geruch und Geschmack des Weines erinnert dabei an den einer Apotheke, Chemikalien oder Jodoform. Ähnlich ist der **Lösungsmittelton** „Lösungsmittelton", der nach Aceton, Lösungsmittel, Lack oder Nitroverdünnung riecht und schmeckt. Ein ebenso wichtiger – **Kunststoff-** weil öfters auftretender – Fremdton ist der „Kunststoffge-**geschmack** schmack". Im Geruch als auch im Geschmack stören die fremdartigen, süßlichen Komponenten von Plastik, Kunststoff oder Gummi. Ein weiterer Fremdton ist der „Filter- oder Papierge-**Filter- oder Papier-** schmack". Im Geruch erinnert dieser an Karton und Kaffeefilter. **geschmack** Der Wein schmeckt „papierig" und belegt die Zunge und den Gaumen. Nicht zu verwechseln mit der Überentsäuerung (zu hoher Ca-Gehalt), wo ein ähnlicher Geschmackseindruck entsteht.

Styrolgeschmack, Seltener findet man heute den „Styrolgeschmack" und den „Mine-**Mineralöl- oder** ralöl- oder Dieselgeschmack".
Dieselgeschmack

Behandlungs- Fremdtöne, die durch Behandlungsmittel in den Wein eingebracht **mittel-Fremdton** werden, sind so vielfältig, dass sie bestenfalls als „Behandlungsmittel-Fremdton" zusammengefasst werden können. Die Geschmacksrichtungen reichen von Schimmel-, Kork- bis zu Öl- und Medizingeschmack.

Ursache des Fehlers/Fehlervermeidung

Fremdtöne sind meist qualitätsmindernde Geruchs- und Geschmackskomponenten, die primär nicht auf die natürlichen Inhaltsstoffe der Beere oder der rationellen Kellerwirtschaft, son-
Weingarten oder dern vielmehr auf einmalige Ereignisse im Weingarten oder Keller
Keller zurückzuführen sind.

Fremdtöne aufgrund atmosphärischer Einflüsse im Weingarten

Während der Reifung (Weichwerden der Beere) werden zum Schutz vor Austrocknung vermehrt wachsartige Stoffe auf der Beerenhaut angelagert. Diese Wachsschicht kann aus der Umgebung geruchsaktive Stoffe adsorbieren und bei der Traubenverarbeitung an den Most weitergeben. Je länger die Maischestandzeit und je höher der Alkoholgehalt der Maische ist, desto mehr werden diese Stoffe aus der Wachsschicht der Beerenhäute gelöst. Vor allem Rotweine und hochwertige Weißweine, die zur Extraktion lange auf der Maische liegen, sind daher besonders gefährdet.

Woher kommen die Fremdtöne im Weingarten?
Zum Schutz gegen Fäulnis wurden früher Holzsteher oft mit chemischen Mitteln imprägniert. Die auf Teerbasis hergestellten Mittel können 1–2 Jahre bei höheren Temperaturen im Sommer Geruchsstoffe abgeben, die von der Wachsschicht der Beeren aufgenommen und zu Geschmacksbeeinflussungen im Wein („Kreosot- oder Karbolineumgeschmack") führen können. Heute ist diese Gefahrenquelle weitgehend ausgeschlossen, da dieses Verfahren nicht mehr Verwendung findet.

Der Einfluss von Wildverbissmittel auf die Weinqualität ist heute nicht mehr so groß, da einerseits die mit intensiv riechenden Wildverbissmitteln (Kornitol, Arbin) getränkten Stofffetzen kaum mehr in Verwendung sind und andererseits die mit Sondergenehmigung in der KIP erlaubten Wildverbissmittel (z. B. Arbinol WS, Dendrocol, Arikal 67) nicht in der Vegetationsperiode bzw. nur bis zur Blüte eingesetzt werden dürfen. — *Wildverbissmittel*

Um die Gefahr von Fremdtönen aus dem Weingarten zu minimieren, hat sich eine scharfe Entschleimung (12–24 h) bewährt, womit der Großteil der unerwünschten Trubpartikel mit anhaftenden Schadstoffen (Spritzmittelrückstände) entfernt werden kann. Verstärkt wird dieser Effekt durch eine eventuelle Mostbentonit- (1,5–2,5 g/l) oder/und Aktivkohlebehandlung (20–40 g/hl). — *Mostbentonit-, Aktivkohlebehandlung*

Fremdtöne aufgrund der Rückstände von Reinigungs- und Lösungsmitteln
Werden Reinigungs- und Desinfektionsmittel aus Behältern und Anlagen nicht vollständig entfernt, kommt es meist zu einer geruchlichen und geschmacklichen Beeinträchtgung des Weinaromas. Der Eigengeschmack diverser Reinigungsmittel ist vielfältig und meist schon in geringsten Mengen im Geruch bzw. Geschmack des Weines als sogenannter „Lösungsmittelton" oder „Chemischer Fehlton" erkennbar. Wurden chlorhältige Reinigungsmittel verwendet, kann es zu einem Chloroform-ähnlichen Geruch im Wein kommen. Bei Membranfiltern muss aus diesem Grund besonders gründlich nachgespült werden. Im Haushalt übliche (parfümierte) Reinigungsmittel eignen sich aus oben genannten Gründen nicht für die Kellerwirtschaft. — *Lösungsmittelton, Chemischer Fehlton*

Ähnliche Gefahren birgt die Ausbesserung von defekten Lack- und Roststellen oder Auskleidungen von Geräten, Anlagen, Tanks und Zisternen. Die dafür verwendeten Lacke und Anstriche (2-

Komponenten-Systeme) sind erst nach vollständiger Trocknung und Aushärtung (Verdampfung des Lösungsmittels, 10–14 Tage) geschmacksneutral. Werden Presswannen, Rebler oder Tanks erst kurz vor deren Einsatz ausgebessert, kommt es auch hier immer wieder vor, dass später „chemische" – an Aceton erinnernde – Gerüche im Wein auftreten. Eine rechtzeitige Kontrolle der Geräte, Anlagen und Tanks auf rostige Fehlerstellen und deren Ausbesserung ist daher dringend anzuraten.

rechtzeitige Kontrolle der Geräte

Fremdtöne aufgrund geruchsaktiver Stoffe im Keller

Am häufigsten werden Fremdtöne durch Behandlungsmittel mit Fremdgeschmack in den Wein eingebracht. Falsche Lagerung der Behandlungsmittel ist meist der Grund dafür. Vor allem Mittel mit großer innerer Oberfläche, die zur Geruchs- und Geschmackskorrektur eingesetzt werden (Aktivkohle, eiweißhältige Präparate, Bentonit) adsorbieren gerne fremde Gerüche aus der Umgebung, die sie später bei der Schönung wieder an den Wein abgeben. Eiweißhältige Produkte sind nicht unbegrenzt haltbar. Bei zu warmer Lagerung (über 30° C) wird die Haltbarkeit verkürzt. Schönungsmittel sollten daher immer (auch frische Packungen) vor der Anwendung auf ihre Geschmacksneutralität geprüft werden. Flüssige Gelatine wird mit der Zeit trüb und beginnt zu stinken (böckserartig).

falsche Lagerung

Haltbarkeit, Geschmacksneutralität

Es empfiehlt sich daher jedes Behandlungsmittel vor dem Einsatz zu kosten. Dazu gibt man einen Löffel des Mittels in ein Glas und suspendiert es in etwas Wasser. Nach einigen Minuten riecht und kostet man das Wasser. Jedes Mittel hat einen leichten Eigengeschmack, der unbedenklich ist. Merkt man jedoch einen intensi-

Falsch gelagerter Bentonit, Aktivkohle und Kieselgur sind die häufigsten Ursachen für Fremdtöne.

veren Fehl- oder Bitterton, sollte eine neue Packung verwendet werden. Gebrauchte Packungen sollten fest verschlossen an einem trockenen, geruchsneutralen Ort gelagert werden. Der Keller, die Garage oder neben Spritzmitteln ist nicht der geeignete Aufbewahrungsort.

Lagerung

Filtergeschmack
Die Filtration ist ein technologischer Schritt, bei dem öfters Fremdtöne in den Wein eingebracht werden. Auch hier muss das Filtermaterial vor dem Einsatz geprüft werden. Vor allem Kieselgur hat aufgrund falscher Lagerung immer wieder Fehltöne. Wurden die Säcke nass, ist die Gefahr eines Schimmelgeschmacks groß.

Kieselgur

Filterschichten nehmen schnell Geruchsstoffe aus der Umgebung auf. Während der eigentliche Filtergeschmack nach einigen Wochen nicht mehr merkbar ist, bleiben andere Fehltöne, die die Filterschichten zuvor adsorbierten, im Wein erhalten. Durch ausreichendes Wässern (50 l pro 40er Filterschicht) der Schichten kann ein Filtergeschmack meist verhindert werden. Die Erfahrung zeigt jedoch, dass in den ersten Litern Wein durch den Alkohol manchmal Geruchskomponenten gelöst werden, die in Wasser nicht löslich sind. Es ist daher anzuraten die ersten Fraktionen bei jeder Filtration nochmals zu kosten, um sicherzugehen, dass die Filterschichten wirklich geschmacksneutral sind.

Kunststoff-/Styrolgeschmack
Heute findet man nur noch selten den Styrolgeschmack. Styrol aus unzweckmäßig hergestellten oder ungenügend nachbehandelten Tanks (glasfaserverstärktem Polyesterharz) kann zu einer Geschmacksbeeinträchtigung im Wein führen (Geschmacksschwellenwert: 0,1 mg/l). Styrol wird dem ungesättigten Kunstharz kurz vor dem Formen zugesetzt. Es wird als Vernetzer einpolymerisiert, wodurch das Harz aushärtet. Reste werden danach durch Ausdämpfen entfernt. Durch aggressive Reinigung oder Rissbildung werden tiefer liegende Harzschichten wieder freigelegt, in denen sich noch freies Styrol befinden kann.

Tanks

Kunstharz

aggressive Reinigung

Die Heißabfüllung über einen Schichtenfilter mit Kunststoffplatten kann zu einem Kunststoffgeschmack im Wein führen. Durch die hohen Temperaturen (55–60° C) werden aus den Platten des Schichtenfilters Geschmackskomponenten gelöst. Wenn der

Heißabfüllung

Mit diesem Schichtenfilter werden keine Probleme bezüglich Kunststoffgeschmack bei Heißabfüllung auftreten, Niro-Platten sind für die Filtration mit hohen Temperaturen geeignet.

Schichtenfilter mit Platten aus Niro bestückt ist, besteht diese Gefahr nicht.

Ein weiterer oft unterschätzter Ausgangspunkt von Fremdtönen sind Impellerpumpen. Pumpen, die längere Zeit trocken gelaufen sind, geben öfters einen unangenehmen – an Kunststoff oder Gummi erinnernden – Geschmack an den Wein ab.

Impellerpumpen

Öl-/Dieselgeschmack

Der Geruch von Öl und Diesel wird von der Wachsschicht der Beere, aber auch vom Wein sehr leicht aufgenommen. Kleinste Mengen reichen aus, um den Wein qualitativ zu schädigen. Der Öl- oder Dieselgeschmack kann durch Lagerung der Behandlungsmittel oder des Weines in der Garage, Aufbewahrung eines Treibstoffkanisters im Keller, durch Ventile, die vorher anderswetig genutzt wurden und noch Reste von Öl enthalten oder aber auch über Gase (CO_2 und N_2) und Reduzierventile, die nicht der geforderten Lebensmittelqualität entsprechen, entstehen.

Lagerung

Gase, Reduzierventile

Es ist daher dringend anzuraten, nur neue und für den Lebensmittelbereich geeignete Gase, Armaturen und Ventile im Betrieb zu verwenden.

Gläser

Nicht alle Fremdtöne müssen vom Wein stammen. Werden Kostgläser z. B. in feuchten Kunststoffkästen aufbewahrt, kann das Glas einen Fremdgeruch aufnehmen, der oft erst durch Spülen mit Wein (avinieren) und nicht mit Wasser entfernbar ist.

Fehlerbehebung

Aufgrund der Vielfalt geruchsaktiver Substanzen (meist unbekannt) mit oft ähnlichem Erscheinungsbild ist eine sichere Voraussage zur Behebung des Fremdtones im Wein meist nicht möglich. Vielmehr ist man bei Fremdtönen darauf angewiesen, mittels Vortests verschiedener Behandlungsmittel (evtl. in Kombination) zu prüfen, womit eine Linderung bzw. Beseitigung des Fremdtones erreichbar ist.

Glaubt man im Most bereits einen Fremdton zu erkennen, kann mit einer scharfen Entschleimung und Kohleschönung (bis 100g/hl) eine Milderung erreicht werden.

Das chinesische Sprichwort „Tue nichts – und alles ist getan" gilt leider nur beim Filtergeschmack, der nach ca. 4 Wochen nicht mehr beanstandet wird. Bei allen anderen Fremdtönen gilt es durch Variation der Schönungsmittel die optimale Lösung zu finden. Die Erfahrung zeigt, dass einige Fremdtöne (z. B. Styrolgeschmack) durch Impulsbegasung (CO_2 oder N_2) und Öl-, Medizin- und Lösungsmittelgeschmack durch Milchprodukte (Kaseinpräparate) durchaus behandelbar sind. Der Einsatz von Magermilch ist

Abb. links:
Die Ausbesserung von Roststellen sollte rechtzeitig erfolgen, um die Gefahr eines Lösungsmitteltons im Wein zu vermeiden.

Abb. rechts:
Stickstoffreduzierventile sollten für den Lebensmittelbereich geeignet sein und auch nur dort eingesetzt werden. Schon kleinste Ölreste verursachen einen Ölgeschmack im Wein.

Entschleimung, Kohleschönung

Schönungsmittel

Impulsbegasung

Aktivkohle verboten. Wenn diese Mittel nicht zum Erfolg führen, bleibt als radikalste Form die Aktivkohle (20–100g/hl), die zwar meist den Fremdton, aber damit auch die Farbe und sämtliche typischen Aromen dem Wein entzieht.

Verschnitt Der Verschnitt von fehlerhaften mit fehlerfreien Weinen sollte nur bei leichten Fehlern (Vorprobe) durchgeführt werden, da Fremdtöne der beschriebenen Art auch in starken Verdünnungen meist noch immer merkbar sind. Die Beurteilung von Verschnitten sollte erst 2 Wochen danach erfolgen, da es immer wieder vorkommt, dass der Fremdton wiederkommt.

> *Die meisten Fremdtöne werden durch Unachtsamkeit und Zufall in den Wein eingebracht. Geht man zur rechten Zeit mit offener Nase und Augen durch den Betrieb, lassen sich viele Gefahrenstellen (falsche Lagerung) und „Zufälle" (Asphaltierung), die zu einem Fehlton im Wein führen können, erkennen und beseitigen.*

Dipl.-Ing. Robert STEIDL

9 SO₂-Stich, Firne, Hochfärbigkeit

In diesem Kapitel wird auf Weinfehler eingegangen, die durch die falsche Anwendung von SO_2 verursacht werden. Falsch kann bedeuten, dass dieses Mittel zu hoch oder zu niedrig dosiert oder auch zum unpassenden Zeitpunkt eingesetzt wurde. Die Auswirkungen auf den Wein können je nach Fehlerstärke entweder leicht oder unter Umständen gar nicht mehr korrigiert werden.

Warum überhaupt SO₂-Einsatz?

Die Methode des Schwefeleinschlags bei Holzfässern war schon den Griechen und Römern bekannt, bei uns wurde die Schwefelung im späten Mittelalter eingeführt. Im 15. Jahrhundert gab es die ersten Bestimmungen zur Begrenzung der Einsatzmengen. Wenn auch SO_2 ein toxisches Reagenz ist, so wird sein Ruf als eines der wichtigsten Weinbehandlungsmittel durch seine vielen, voneinander unabhängigen Wirkungen begründet:

toxisches Reagenz

unabhängige Wirkungen

1. Biologische Wirkung
Hemmung von Wilden Hefen und Bakterien (Essig, Säureabbau), die sehr empfindlich reagieren. Dadurch ergibt sich ein Selektionsvorteil und größere Sicherheit bei Gärung und Säureabbau.

2. Reduzierende Wirkung
Sauerstoff wird abgebunden, Weininhaltsstoffe werden vor Oxidation geschützt, bereits Oxidiertes kann wieder reduziert werden.

3. Enzyminaktivierende Wirkung
Sauerstoffübertragende Enzyme werden gehemmt, Farbschädigung dadurch verhindert.

4. Geschmacksverbessernde Wirkung
Abbindung von Nebenprodukten (Carbonylverbindungen wie Acetaldehyd, Pyruvat, etc.).

Zustandsformen der SO₂

Diese vielfältige Wirkung ist auch auf die verschiedenen Zustandsformen der SO_2 zurückzuführen. Doch nicht nur in Wein, auch in Lebensmitteln (z. B. Trockenfrüchte) wird das Mittel eingesetzt, um Bräunungen und Oxidationen zu verhindern.

In welcher Form wirkt SO₂?

wasserlösliches Gas

SO_2 ist ein farbloses, stechend riechendes Gas, das sehr gut wasserlöslich ist und entweder direkt gasförmig, gelöst als schweflige Säure (H_2SO_3) oder in fester Form als Salz (Kaliumpyrosulfit, KPS) zur Verfügung steht.

frei, gebunden

Die Praxis kennt die Wirkung im Wein als „freie" und als „gebundene" schweflige Säure. Beide zusammen machen die „gesamte" schweflige Säure aus. Das Gleichgewicht zwischen den beiden Formen ist von den reaktiven Weininhaltsstoffen abhängig, den größten Anteil der gebundenen schwefligen Säure macht Acetaldehyd aus, weiters Diacetyl, Pyruvat, Ketoglutarat. Wenig Acetaldehyd bedeutet wenig SO_2-Bedarf. Durch einen biologischen Säureabbau wird der Gehalt an Bindungspartnern ebenfalls vermindert, sodass man mit 10–15 mg/l weniger SO_2 auskommt. Die Bakterien reagieren aber auch empfindlich auf Gehalte an gebundenem SO_2.

reaktive Weininhaltsstoffe

Das dem Wein zugesetzte SO₂ liegt in verschiedenen Zustandsformen vor:

1. physikalisch gelöstes SO_2
2. Bisulfit-Ion HSO_3^-
3. Sulfit-Ion SO_3^{2-}

pH-Wert

Der Grad der Aufspaltung in Ionen (Dissoziation) ist vom pH-Wert abhängig. Im Zustand 1 ist die SO_2 nicht dissoziiert, kann dadurch leicht durch Zellwände hindurchtreten und wirkt in dieser Form keimhemmend. Die unterschiedliche Wirkung abhängig vom pH gibt nebenstehende Tabelle an. Wie schon oben erwähnt, wirkt aber nicht nur die freie, sondern auch die gebundene schweflige Säure als Hemmfaktor für den bakteriellen Säureabbau. Der Zustand 2 wirkt reduktiv durch die Bindung mit Weininhaltsstoffen. Der Zustand 3 erfordert hohen pH und kommt daher im Wein kaum vor. (Siehe auch Abb. nächste Seite.)

Hemmfaktor

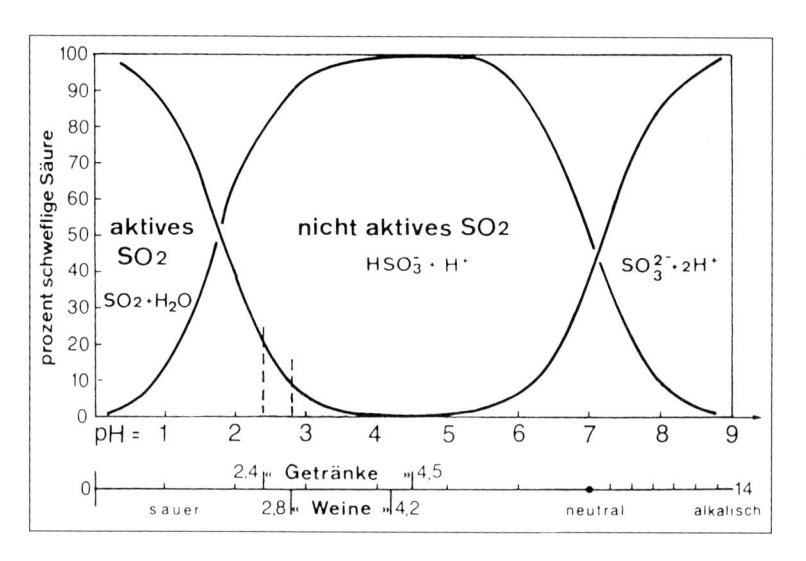

Prozentanteile der Zustandsformen der SO2 in Lösung – abhängig vom pH: je saurer der Most oder Wein, desto mehr keimhemmender Anteil (aus Troost, Technologie des Weines).

Tabelle: Einfluss des pH-Wertes auf den aktiven (keimhemmenden) Anteil des SO2 (aus Troost, Technologie des Weines).

pH	2,8	3,0	3,2	3,4	3,6	3,8	4,0
SO_2 mg/l	9,33	6,06	3,91	2,50	1,59	1,01	0,64
saurer Bereich			säurearme Weine			

Wie wirkt SO_2 im Körper?

Die Auswirkungen werden aufgrund der Häufigkeit und Art der SO_2-Aufnahme unterschieden. Wird in der Luft gelöstes SO_2 eingeatmet, so kommt es ab einer Menge von 6–12 mg/m³ zur Reizung von Nase und Kehle, es gilt eine maximale Arbeitsplatzkonzentration (MAK) von 5 mg/m³. — pulmonale Aufnahme

Wird SO_2 über Nahrungsmittel aufgenommen, so kann kein allgemeiner Grenzwert angegeben werden, da die Empfindlichkeit sehr unterschiedlich ist. Allergiker können bereits bei 5–10 mg negative Reaktionen wie Kopfschmerzen etc. verspüren. Die WHO empfiehlt eine maximal zumutbare Menge von 0,7 mg SO_2 pro Tag und kg Körpergewicht, das entspricht einer Aufnahme von 40–60 mg SO_2/Tag. — orale Aufnahme, Allergiker

Es fehlt nicht an Versuchen, SO_2 aufgrund seiner Toxizität durch andere Mittel zu ersetzen oder überhaupt darauf zu verzichten. Aufgrund seiner universellen Wirkung ist dies jedoch bis jetzt — Toxizität nicht zufriedenstellend gelungen, SO_2 bleibt nach wie vor das Mittel der Wahl. „So wenig wie möglich, so viel wie nötig" ist Grundsatz der rationellen Kellerwirtschaft und so bestehen bei korrekter Anwendung auch keine Bedenken.

Grenzwert — Daraus ergibt sich, dass die Anwendung der gesetzlich erlaubten SO_2-Mengen zu keinen akuten oder chronischen Vergiftungserscheinungen führt, Nebenerscheinungen sind aufgrund der individuellen Empfindlichkeit nicht auszuschließen.

Negative Auswirkungen

Über- als auch Unterdosierung — Sowohl bei Über- als auch Unterdosierung können Fehler beim Wein verursacht werden:
- Farbfehler
  (zu niedrig, Hochfärbigkeit, Braunstich, Brauner Bruch)
- Aromafehler
  (SO_2-Stich, aldehydig, Pferdeschweiß)
- Verstärkte Böckserbildung
- Zerstörung von Vitamin B1
  (Gärstörung, erhöhte Pyruvatbildung bei der Gärung)

Farbfehler

keine Standardisierung — Auch wenn an Beurteilungsschemata gearbeitet wird, gibt es nach wie vor für die „richtige" Farbe des Weines keine standardisierte Klassifizierung, wie sie in anderen Bereichen (z. B. bei Fruchtsäften) existiert. Sowohl Rebsorte, Qualitätsstufe des Weines als auch die Messmethode haben hier genauso Einfluss wie die regionalen Konsumgewohnheiten und die damit verbundene Akzeptanz des Farbtones.

Zu hell, niedrige Farbe

Wird zu stark geschwefelt, so ist bei Weißwein ein sehr „wasserheller" Farbton die Folge. Der Wein wird dann schon optisch als dünn empfunden. Bei Rotwein kommt es zu einer deutlichen Abnahme der Farbdichte und damit zur merklichen Aufhellung.

Hochfärbigkeit, Braunstich, Brauner Bruch

Wesentlich auffälliger als zu wenig Weinfarbe ist ein Stich, der nicht mit dem erwarteten Farbton des Weines übereinstimmt. Ist nur wenig bzw. keine freie SO_2 vorhanden, so kommt es bei Weißwein zu einer Farbveränderung, die zuerst ins Goldgelbe –

hochfärbig –, dann aber ins Bräunliche wechselt. Der Wein beginnt matt und unansehnlich zu wirken.

Bei Rotwein kann der Braunstich schon zu Beginn der Verarbeitung oder erst im fertigen Wein durch fehlenden Oxidationsschutz (wie bei Weißwein) entstanden sein. Wird nicht vollkommen gesundes sondern auch gefaultes Traubenmaterial verarbeitet und noch lange auf der Maische vergoren, ist die Gefahr besonders groß. Der durch erhöhte enzymatische Phenoloxidation schon vor der Maischegärung entstehende Farbfehler ist irreparabel, da Farbstoffe zerstört werden und verloren sind. Tritt der Farbfehler erst im Wein auf, so ist der Schaden meist noch nicht so groß und die Farbe kann durch zeitgerechte Nachschwefelung korrigiert werden. Bei sehr langer Reaktionsdauer kann es zu Polymerisationen der Phenole kommen, die unlöslich werden, ausfallen und dann den „Braunen Bruch" bilden.

Braunstich fehlender Oxidationsschutz

Brauner Bruch

Aromafehler

Überschwefelt, Schwefelmangel

Bei Überdosierung kommt es zum SO_2-Stich – stechendem Geruch, einem sehr harten, stahligen Geschmackseindruck, zusätzlich beginnt im Abgang die SO_2 aus dem Rachenraum in die Nase „zurückzudunsten". Der Weinausbau geht auch wesentlich langsamer vor sich.

Bei Unterdosierung bzw. Mangel ist kein ausreichender Oxidationsschutz mehr vorhanden, der Wein beginnt „aldehydig" zu werden: Anfängliche Aromen nach Nuss und Birnenmost werden mit

SO_2-Stich

aldehydig

Braunstich durch SO_2-Mangel: rechts leichter, links starker Oxidationsschaden. Das mittlere Glas zeigt eine gesunde Weinfarbe.

fortschreitender Entwicklung von einem deutlichen Geruch nach Sherry abgelöst. Ein weiterer Fehlton ist der sogenannte „Pferdeschweiß", ein mikrobiologisch verursachtes Problem bei Barriquelagerung. Brettanomyces – Hefen können sich bei niedrigem SO_2-Spiegel (unter 20 mg/l) langfristig vermehren und damit diesen Aromafehler immer stärker werden lassen.

Sherry, Brettanomyces – Hefen

Firn- bzw. Alterstöne

Petrol- oder Kerosinton, Juchtenton

Wenn auch die Mehrzahl der Konsumenten junge, fruchtige und spritzige Weine bevorzugt, wird eine leichte Firne von Weinkennern durchaus geschätzt. Ein Alterston ist nicht von vornherein als Fehler zu klassifizieren, sofern der Wein seine Reintönigkeit beibehält. Für diesen Charakter, der mit Petrol oder gegerbtem Juchtenleder verglichen wird, ist das 1,1,6-Trimethyl-dihydronaphthalin verantwortlich, ein Produkt des Carotinoidabbaues.

Alterston, Petrol

Altersfirne

Bei längerer Lagerung des Weines nimmt dieser einen eigentümlich bitteren Altgeschmack an, die Dauer bis es zu diesem Fehlgeschmack kommt ist sehr unterschiedlich. Bei der Holzfasslagerung kann dies bereits nach 1 1/2 Jahren erreicht sein, bei Flaschenwein dauert dieser Alterungsprozess wesentlich länger. Maßgebend ist hiebei die Dichtheit des Korkens – dies zeigt auch, dass Sauerstoff am Prozess des Firnwerdens mitwirkt.

bitterer Altgeschmack

Dichtheit des Korkens

Schwefelsäurefirne

Wird in Holzfässern Schwefeleinschlag gegeben, so verdunstet ein Teil des Schwefels und schlägt sich als feine Kügelchen an der kalten Fassinnenwand nieder, genauso kann er bei zu dicht gepackten Schwefelschnitten einfach heruntertropfen. Bei nachlässiger Fassreinigung gelangt dieser dann in den Most bzw. Wein und bietet die Grundlage für Firne und Böckser.

Schwefeleinschlag

Böckser

Wird Wein längere Zeit fassgelagert, so kann es ebenfalls zu diesem Fehler kommen, wenn häufig nachgeschwefelt wird, um Oxidationsverluste auszugleichen. Durch weitere Oxidation entsteht im Laufe der Zeit eine größere Menge Schwefelsäure. Dies wirkt sich geschmacklich insofern aus, als der Wein einen harten, sauren Geschmack bekommt, auch hat man beim Kosten das Gefühl, dass die Zähne komplett blank werden.

Schwefelsäure

Zu wenig und zu viel bei der Fasskonservierung
Oben: Schimmel durch fehlendes SO$_2$
Unten: abgetropfter Schwefel am Fassboden – Grundlage für Schwefelsäurefirne und Böckser

Böckserbildung

Durch zu reduktive Mostbehandlung und Schwefelreste können Böckser begünstigt werden.

Vitamin-B1-Mangel

Sowohl durch SO$_2$ als auch durch gefaultes Material kann ein Mangel an diesem Vitamin B1 („Thiamin") entstehen. Dies kann

Thiamin

SO$_2$-Binder, Gärstockungen — zur Folge haben, dass bei der Gärung mehr Pyruvat (SO$_2$-Binder) gebildet wird, außerdem kann es zu Gärstockungen gerade auch bei Prädikatsweinen (Edelfäule) kommen.

Fehlerbehebung

Analysenfehler

Haltbarkeit der Reagenzien, Reduktone — Die erste Fehlerursache kann eine falsche SO$_2$-Bestimmung sein. Die einfach durchführbaren Bestimmungen auf jodometrischer Basis (SO$_2$-Reagenz, etc.) zeichnen sich einerseits teils durch geringe Haltbarkeit der Reagenzien aus, andererseits werden nicht nur der SO$_2$-Gehalt, sondern auch andere Inhaltsstoffe (Reduktone) mitbestimmt. So kann man davon ausgehen, dass bei einem angezeigten Wert von 10 mg/l oder weniger schon gar keine wirksame SO$_2$ vorhanden ist. Bei Rotwein sind diese einfachen Methoden total ungeeignet. Aufgrund der reaktiven Phenole ist hier nur die – auch amtlich verwendete – destillative Methode nach Lieb-Zacherl geeignet, korrekte Werte zu ermitteln.

Überschwefelung

Verschnitt — Bei geringer Überschwefelung ist es am einfachsten zu warten, bis der Wert auf das zulässige Maß abgesunken ist. Bei höheren Werten ist ein Verschnitt sinnvoll, zumal sich der Wein sonst auch nur sehr langsam ausbauen würde.

Zu geringer Gehalt an SO$_2$

regelmäßige Kontrolle — Nachschwefelung, wobei der Gehalt regelmäßig zu kontrollieren ist. War der Wein nämlich schon sehr im „Minus", so braucht es zuerst einiges bis der vorhandene Acetaldehyd abgebunden ist, erst dann kann sich ein Spiegel an freier SO$_2$ aufbauen. Wenn es auch jeder Winzer individuell mit der Höhe hält, so kann man als Anhaltspunkt von Werten zwischen 30–40 mg/l freier SO$_2$ bei Weißwein ausgehen, bei Rotwein um ca. 10 mg/l weniger. Ein Wert unter 20 mg/l ist aber aus mikrobiologischer Sicht als „kein SO$_2$" zu werten.

Braunstich

kaseinhältige Mittel — Nachwefelung in leichten Fällen, verbleibende Hochfärbigkeit kann eventuell durch eine Schönung mit kaseinhältigen Mitteln verringert oder beseitigt werden, eine Kohlebehandlung ist eine weitere, wenn auch sehr radikal wirkende Möglichkeit.

Bei dem erwähnten Braunstich durch gefaultes Material ist allerdings „der Zug abgefahren". Hier gilt nur die Vorbeugung: Keine Maischegärung mit gefaultem Material, bzw. nur kürzestmöglich, in diesen Fällen auch unbedingte Maischeschwefelung.

Vorbeugung

Altersfirne
Die Hochfärbigkeit und dumpfer, bitterer Geschmack kann ebenfalls mit Kaseinaten behandelt werden, bei Kohleanwendung – siehe oben.

Kaseinate

Schwefelsäurefirne
Obwohl es sich um eine Säure handelt, hilft eine Entsäuerung wenig. Hier wird der Verschnitt die beste Lösung sein.

Vitaminmangel
Nicht zu reduktive Arbeitsweise einerseits, bei gefaultem Material die Abschätzung ob Nährsalze zugegeben werden andererseits, sind die Möglichkeiten eventuellen Problemen aus dem Weg zu gehen.

Nährsalze zugeben

> *Negative Auswirkungen der SO_2 sind immer Fehler und keine Krankheiten. Auch wenn es paradox klingt, dass sowohl zu viel als auch zu wenig dieses altbewährten Behandlungsmittels Probleme bringen kann, so gilt hier ganz besonders der Satz von Paracelsus „Die Dosis macht das Gift". Wäre es anders, so stünde SO_2 nicht schon seit Jahrhunderten in Verwendung.*

Dipl.-Ing. Manfred GÖSSINGER

10 Böckser

Beschreibung des Fehlers

Der Weinfehler „Böckser" – in seinen vielfältigen Formen – ist jedem Winzer und Weinkonsumenten ein Begriff. Vor allem in den letzten Jahren treten vermehrt Fremdtöne im Wein auf, die den typischen und beliebten Geruch und Geschmack vieler Weiß- und Rotweine negativ beeinflussen. Die Beschreibung reicht von „Geruch nach faulen Eiern", „verbranntem Gummi" und „gekochtem Spargel" bis zu „Kohl, Zwiebel und Knoblauch". Aufgrund der zunehmenden Sensibilität beim Konsumenten stellen böckserartige Fehlaromen in Österreich den häufigsten Beanstandungsgrund dar.

Geruch nach faulen Eiern

Das Weinaroma setzt sich aus einer Vielzahl (800–1 000) von verschiedenen Aromakomponenten zusammen. Unter anderem sind auch schwefelhaltige Aromastoffe fixer Bestandteil jedes Weinaromas. Sie werden hauptsächlich während der Gärung gebildet. Das typische Weinaroma wird unter anderem von deren Konzentrationen, Geruchsschwellenwerten und synergistischen Effekten untereinander charakterisiert. Liegen die Konzentrationen der Substanzen in dem üblichen Bereich, erhält der Konsument den gewünschten und einzigartigen Geruchs- und Geschmackseindruck. Werden jedoch einzelne (bereits bekannte bzw. noch nicht bekannte) S-haltige Aromakomponenten verstärkt gebildet, kommt es oft zu geruchlichen bzw. geschmacklichen Veränderungen, die vom Konsumenten zunehmend abgelehnt werden. Dieser in der Fachsprache als „Böckser" bezeichnete Weinfehler war bereits Gegenstand zahlreicher Untersuchungen. Im Folgenden soll auf die Ergebnisse der bisherigen Böckserforschung verbunden mit eigenen Erfahrungen näher eingegangen werden.

S-haltige Aromakomponenten

Stoffliche Grundlagen

Die Einteilung in unterschiedliche Arten von Böcksern ist schwierig. Ein Ansatz beruht auf den verschiedenen Erscheinungszeitpunkten, wobei zwischen Gärungs-, Hefe-, Lager- und Flaschenböcksern unterschieden wird. Ein weiterer Ansatz bezieht sich auf die Aromasubstanzen, die den Böckser verursachen. Hier unterscheidet man zwischen Schwefelwasserstoff- und Merkaptan-Böckser. Heuer findet man verstärkt den sogenannten „Aromaböckser". Es handelt sich dabei um Weine, deren typisches Sortenaroma von einem böckserartigen Fremdton maskiert wird. Gibt man Kupfersulfat zu, tritt das sortentypische Aroma des Weines wieder in den Vordergrund.

Einige Reaktionsmechanismen, die zu böckserartigen Fehlaromen führen können, sind bereits erforscht. Der „klassische" Böckser ist der „Schwefelwasserstoff-Böckser". H_2S ist das Endprodukt der assimilatorischen Sulfatreduktion und Bindeglied zwischen Schwefel- und Stickstoff-Stoffwechsel. Er entsteht während der einzelnen Phasen der Gärung in unterschiedlichen Mengen. Am meisten wird während der ersten Wachstumsphase der Hefe und bei ca. 15 g/l Restzucker gebildet. Sein Geruch erinnert an den fauler Eier. Er wird normal durch die Gärungskohlensäure ausgewaschen. 20–30 µg/l können positiv zum Gärbukett beitragen. Der Geruchsschwellenwert von H_2S im Wein liegt bei 10–100 µg/l.

Reaktionsmechanismen

Schwefelwasserstoff-Böckser

Wird dieser nicht rechtzeitig erkannt und entfernt, entsteht der sogenannte „Merkaptan-Böckser", der einen lauch- bis knoblauchartigen Ton aufweist. Dieser entsteht durch Reaktion von H_2S mit Ethanol bzw. Ethanal zu 1,1-Ethandithiol, ein Merkaptan, das zur Synthese von zyklischen S-Aromastoffen notwendig ist. Sein Geruch erinnert an Zwiebel, Erdnuss und Gummi. Zu den Merkaptanen zählen auch Methan- und Ethanthiol. Sie haben einen niederen Schwellenwert (10 bzw. 1 µg/l) und einen „Maggi-ähnlichen" Geruch. In manchen Weinen kommen sie in höheren Konzentrationen vor, die dennoch nicht beanstandet werden.

Merkaptan-Böckser

Eine weitere Stoffgruppe sind die Sulfide und Disulfide, die einen böckserartigen Fehlton verursachen können. Dimethylsulfid ist am Reifebukett und Spätlesearoma beteiligt. Sein Gehalt nimmt während der Lagerung zu. Es verstärkt auch den fruchtigen Charakter des Weines. Dimethyldisulfid entsteht durch Oxidation von Methylmerkaptan und Diethyldisulfid aus Ethanthiol. Disulfide können von Hefen zu Merkaptanen reduziert werden.

Sulfide und Disulfide

Während der Gärung werden auch Thioessigsäureester (Thioessigsäure-S-methylester und Thioessigsäure-S-ethylester) gebildet. Ihr Geruchsschwellenwert liegt jedoch wesentlich höher (200–300

Thioessigsäureester

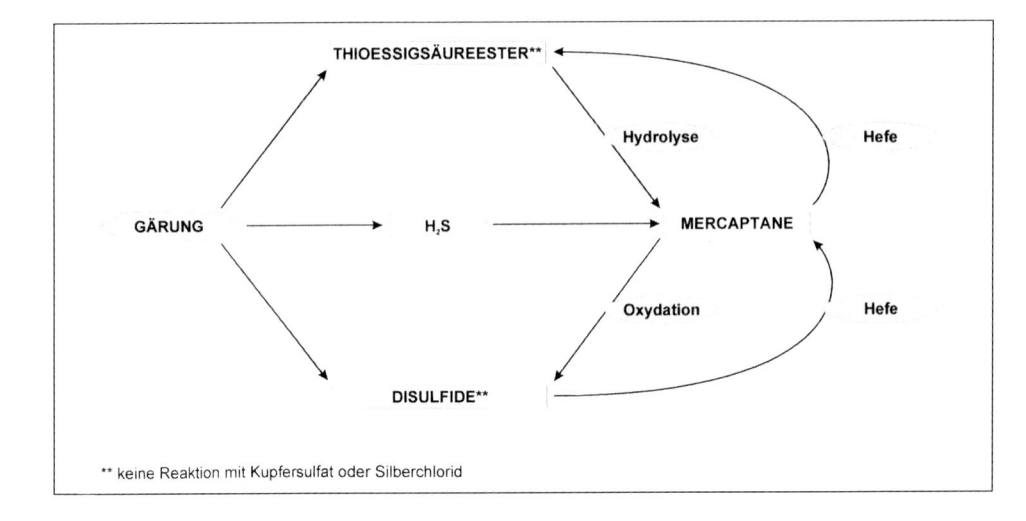

```
                THIOESSIGSÄUREESTER**  ◄─────────┐
               ↗                          \      │
              /                        Hydrolyse  │   Hefe
             /                              \     │
            /                                \    │
   GÄRUNG ─────────► H₂S ─────────► MERCAPTANE   │
            \                                /    │
             \                              /     │
              \                        Oxydation  │   Hefe
               \                          /      │
                ↘                        ↙       │
                  DISULFIDE**  ──────────────────┘

** keine Reaktion mit Kupfersulfat oder Silberchlorid
```

Reaktionsverlauf einiger wichtiger böckserverursachenden, schwefelhältigen Substanzen (Rauhut, 1996).

µg/l) als die Konzentration im Wein (2–20 µg/l). Sie sind daher nur indirekt für den Böckser verantwortlich. Durch Hydrolyse entstehen aus ihnen Merkaptane mit geringem Schwellenwert. Thioessigsäureester werden von der Hefe aus Merkaptanen synthetisiert. Je mehr H_2S während der Gärung gebildet wird, desto höher ist auch die Konzentration anderer Böckservorstufen (z. B. Thioessigsäureester), die oft erst Monate nach der Gärung hydrolysieren und so Fehlaromen im fertigen Wein verursachen. Böckser, die erst im Februar bis März entstehen, stellen ein besonderes Problem dar, weil zu diesem Zeitpunkt die Weine oft schon abgefüllt und verkauft sind.

Ursachen des Fehlers

Für viele Faktoren in der Weinbereitung wurde der Beweis erbracht, dass sie böckserfördernd sind. Im Folgenden seien wichtige Faktoren genannt, die mit der Böckserbildung in einem engen Zusammenhang stehen. Einer dieser Faktoren ist der Spritzmittelrückstand von der Oidiumbekämpfung. Elementarer Schwefel (Netzschwefel) ist eine potenzielle Böckserquelle. Er wird von der Hefe während der Gärung zu Sulfid (H_2S) reduziert. Der durchschnittliche Schwefelgehalt auf den Beeren liegt bei 0,6–5,3 mg/kg. In normalen Jahren (Niederschläge auch im Herbst) ist bei den empfohlenen Konzentrationen und Wartezeiten mit abschließen-

Spritzmittelrückstand, Netzschwefel

der Kupferabschlussspritzung und Mostklärung die Böcksergefahr gering. Untersuchungen haben gezeigt, dass die Schwefelkonzentration von der letzten Spritzung bis zur Lese (empfohlene Wartezeit) um durchschnittlich 68% abnimmt. Nach dem Entschleimen bleiben ca. 10% im Most. Ab 1–2 mg/l Schwefel steigt die Böckserhäufigkeit stark an. In trüben Mosten wurden 0,3–8,9 mg/l Schwefel gefunden.

Andere Wirkstoffe wie Acephat oder Tetramethylthiuramdisulfid werden zu Merkaptanen und Disulfiden gespalten und können so ebenfalls einen Böckser verursachen. Die Hydrolyse wird durch einen tiefen pH-Wert und höhere Temperatur begünstigt.

Merkaptane und Disulfide

Viele Untersuchungen wurden mit Hefestämmen bezüglich Böckserbildung durchgeführt. Dabei wurde festgestellt, dass eine Hefe, die mehr Sulfit produziert, weniger H_2S bildet. Der Grund dafür wird in der unterschiedlichen Sulfit-Reduktase-Aktivität gesehen, ein Enzym, das in der Hefezelle Sulfit zu Sulfid reduziert und ein Unterscheidungsmerkmal bei den Hefestämmen ist.

Hefestämme

Die H_2S-Bildung während der Gärung ist jedoch nicht nur vom Hefestamm sondern auch von vielen anderen Parametern abhängig. Die Stickstoffversorgung der Hefe ist ein wichtiger Punkt in diesem Zusammenhang. Bei der Gärung wird durchschnittlich 140–200 mg/l freier assimilierbarer Stickstoff (FAN) von der Hefe verwertet. Dieser Wert ist in den meisten österreichischen Mosten

Gärung

assimilierbarer Stickstoff (FAN)

In älteren Fasstürchen mit Zugschrauben aus Eisen wurden Schwefel und Holzdübeln verwendet, um den Wein vom Eisen abzudichten. Durch Aufschlagen der Türchen kann der Holzdübel verletzt werden. Der Schwefel kommt so in direkten Kontakt mit dem Wein und kann einen Böckser verursachen. Bei neuen Fässern mit Zugschrauben aus Edelstahl besteht diese Gefahr nicht mehr.

Aminosäuregehalt vorhanden. Wichtig für die Hefe ist der Aminosäuregehalt im Most. Dieser wird von Botrytis, Wassermangel und Begrünung negativ und vom Reifegrad positiv beeinflusst. In heißen, trockenen Jahren ist zwar der Eiweißgehalt (Bentonitbedarf) höher, der Aminosäuregehalt jedoch geringer als in feuchten, kühlen Jahren. Forschungsergebnisse bestätigen, dass der Aminosäuregehalt gegen Ende der Reife stark zunimmt. Die Hefe kann alle Aminosäuren (außer Prolin) als Stickstoffquelle nutzen. Der Gesamtstickstoffgehalt des Mostes hat für die Beurteilung der Stickstoffversorgung der Hefe nur untergeordnete Bedeutung, da sie nicht alle Stickstoffquellen nutzen kann. An einer Methode zur raschen Bestimmung des FAN-Wertes wird gearbeitet. Bei **Stickstoffmangel** kommt es zu einer verminderten Synthese von Aminosäurevorstufen. Die Sulfatreduktase wird dadurch nicht mehr gehemmt und es wird somit mehr H_2S gebildet. Die Zugabe von Hefenährsalzen in den gesetzlich erlaubten Bereichen brachte hier meist keine entscheidende Verbesserung. Zu hohe Gehalte an **schwefelhaltigen Aminosäuren** (Cystein und Methionin) sowie ein Mangel an Vitaminen (Pyridoxin und Pantothensäure) können ebenfalls Ursache von Böcksern sein. Die Tatsache, dass auch Moste mit geringeren Nährstoffgehalten keinen Böcksergeschmack entwickeln, zeigt, dass das Nährstoffangebot allein nicht entscheidend ist.

Neben den Spritzmittelrückständen und dem Nährstoffangebot hat auch der Säuregehalt und **pH-Wert des Mostes** einen Einfluss auf die H_2S-Bildung. Dies zeigt sich anhand der verstärkten Böckserhäufigkeit in säurearmen Jahrgängen wie 1997.

Trubgehalt Der Einfluss des Trubgehaltes auf die Böckserbildung wurde bereits untersucht. Dabei beobachtete man mit zunehmendem Trubgehalt eine steigende H_2S-Bildung. Dies wird einerseits darauf zurückgeführt, dass der Trub die CO_2-Entbindung und damit die H_2S-Freisetzung forciert und andererseits der Hefe mehr schwefelhaltige Aminosäuren zur Verfügung stehen, die sie zu H_2S reduzieren kann. Ein erhöhter Trubgehalt bewirkt auch eine erhöhte Gärintensität und damit verbunden eine verstärkte Wärmeentwicklung. Wird die Wärme nicht abgeführt steigt die Gärtemperatur an – ein Umstand, der die H_2S-Bildung begünstigt. Aber auch der Trubgehalt des Mostes ist nur ein „Steinchen im Böcksermosaik".

anorganische Schwefelquellen Die anorganischen Schwefelquellen wie abtropfende Schwefelschnitten und Schwefeleinlagen in alten Fasstüren sind heute nicht mehr so bedeutend. Die schwefelige Säure stellt jedoch eine Böcksergefahr dar. Untersuchungen zeigten, dass eine Mostschwefelung auf 50 mg/l die H_2S-Bildung verdoppelt.

Als eine weitere Ursache der gestiegenen Böckserhäufigkeit wird die Gebindegröße vermutet. Durch die hohe Flüssigkeitssäule in großen hohen Tanks wird die H_2S-Auswaschung durch die Gärungskohlensäure gehemmt. Am Ende der Gärung bleibt daher mehr Schwefelwasserstoff im Wein als in kleineren niedrigeren Gebinden. Dieser kann dann mit anderen Weininhaltsstoffen zu anderen böckserverursachenden Aromastoffen reagieren.

Gebindegröße

Eine weitere in der Praxis oft beobachtete Ursache von Böcksern ist das lange Liegenlassen des Jungweines auf dem Geläger. Das Geläger besteht aus Hefen, Bakterien, Eiweiß, Phenolen, Weinstein u. a. Die Erfahrung lehrt uns, dass vor allem in säureärmeren Jahrgängen die Gefahr der „Gelägerzersetzung" groß ist. Wird der Wein nicht rechtzeitig abgezogen, kommt es aufgrund chemischer und mikrobieller Prozesse oft zur Entstehung von Böcksern. Als Ursache von Flaschenböcksern werden unter anderem auch Metalle (z. B. Eisen, Zinn, Zink, Aluminium) vermutet. Bei der Reaktion von Metallen mit Säuren entsteht Wasserstoff. Dieser kann schwefelige Säure zu H_2S reduzieren. Ist die Schutzschicht des Kronenkorken verletzt, kann dies zu Böcksern führen.

Geläger

Metalle

Eine hohe Flüssigkeitssäule hemmt die H_2S-Auswaschung durch die Gärungskohlensäure. In hohen Gebinden ist der H_2S-Gehalt am Ende der Gärung daher oft höher.

Fehlervermeidung

Da – wie schon beschrieben – die Ursachen der Böckserbildung vielfältig sein können, als auch aufgrund der Tatsache, dass trotz Einhaltung der bekannten Faktoren immer wieder Böckser auftreten, ist eine „Böckservermeidung" bis heute nicht möglich. Die Hauptursache – wenn es eine gibt – ist noch nicht bekannt. Es gilt vielmehr Verarbeitungsschritte, die eine Böckserbildung fördern, zu vermeiden, um so die Böckserhäufigkeit im eigenen Betrieb zu minimieren. Die Tatsache, dass die Anzahl von Böcksern in den Betrieben unterschiedlich ist, zeigt, dass dies möglich ist. Es gibt Betriebe, die verstärkt mit Böcksern konfrontiert sind. Vice versa sind einige Betriebe fast „böckserfrei".
Was kann man tun um die Böckserhäufigkeit im Betrieb zu reduzieren? Die folgende Tabelle gibt einen kurzen Überblick.

Fehlerbehebung

Rotweine Einige Rotweine weisen nach dem biologischen Säureabbau einen unreinen, dumpfen, böckserähnlichen Geruch auf. Dieser kann **typischer Abbauton** aber vermutlich eher als „typischer Abbauton" als ein Böckser bezeichnet werden. Nach dem Umziehen (Lüftung) und zweimonatiger Lagerzeit im Fass ist bei den meisten Weinen dieser „Fehlton" nicht mehr festzustellen. Eine Böckserbehandlung mit Kupfersulfat oder Silberchlorid ist in diesen Fällen nicht ratsam.

Grüner Veltliner Die Sorte Grüner Veltliner zeigt im Geruch Ähnlichkeiten mit dem Böckseraroma. Ein „lauter" Grüner Veltliner wird oft mit einem

Technologische Schritte zur Verminderung der Böckserhäufigkeit	Einhaltung der empfohlenen Konzentration und Karenzzeit von div. Spritzmitteln Kupferabschlussspritzung
	Keine übermäßigen Schwefelgaben vor der Gärung
	Scharfe Entschleimung – Trubreduzierung
	Vermeidung hoher Flüssigkeitssäulen während der Gärung
	Kontrollierte Gärung (geringe Gärintensität, niedrige Gärtemperatur)
	Schneller Abstich vom Geläger
	Jungweinklärung (Separator, Kieselgur, Schichten)

Böcker verwechselt. Der Übergang ist meist fließend. Letztlich entscheidet der Konsument, ob der Wein einen Fehler hat oder nicht.
Während und nach der Gärung treten öfters zarte böckserähnliche Fehlaromen auf. Bevor der Jungwein jedoch nicht geschwefelt und blank ist, ist eine Beurteilung, ob der Wein behandelt werden soll oder nicht, verfrüht.

Separierte Moste weisen geringere Gehalte an H_2S im Jungwein auf.

Hat der Wein einen Böckser, so gibt es mehrere Möglichkeiten diesen zu beseitigen. Dabei sollte eines immer beachtet werden: Je früher ein Böckser behandelt wird, desto leichter ist er zu entfernen und desto schonender ist es für das Weinaroma.

Beseitigung

Der einfachste Weg ist das Lüften des Weines. Dabei wird der Schwefelwasserstoff vom Luftsauerstoff oxidiert.

Lüftung

$$2\ H_2S + O_2 \rightarrow 2\ H_2O + 2\ S$$

Durch das Lüften kann ein leichter Böckser beseitigt werden. Gelingt die Böckserbeseitigung mit einer einmaligen Lüftung nicht,

Schwefelung

sollte eine andere Methode gewählt werden, da mit jedem Lüften auch ein Aromaverlust verbunden ist.
Die Schwefelung des Jungweines wirkt ebenfalls in manchen Fällen böckserbeseitigend. Hier wird das H_2S vom SO_2 oxidiert.

$$2\ H_2S + SO_2 \rightarrow 2\ H_2O + 3\ S$$

Kupfersulfat

Kann der Böcker nicht durch Lüften oder Schwefeln beseitigt werden, gibt es in Österreich noch die Möglichkeit der Behandlung mit Kupfersulfat oder Kupferzitrat. Vor einer derartigen Behandlung muss der Wein blank sein und einen ausreichenden Gehalt an Freier SO_2 (30 mg/l) aufweisen.

Die Praxis zeigt, dass nicht jeder Böckser mit Kupfersulfat beseitigt werden kann. Vice versa hat auch Silberchlorid nicht immer die gewünschte Wirkung. Oft ist eine erfolgreiche Behandlung nur durch eine Kombination dieser Behandlungsmittel möglich.

Kupfersulfat reagiert mit H_2S und Merkaptanen nach folgenden Gleichungen:

$$H_2S + CuSO_4 \rightarrow CuS + H_2SO_4$$
$$2\ RS^- + 2\ Cu^{++} \rightarrow 2\ Cu^+ + RSSR$$
$$Cu^+ + RS^- \rightarrow CuSR$$

Kupfersulfat reagiert jedoch nicht mit Disulfiden und Thioessigsäureester. Ein Wein, der nach einer Behandlung mit diesen Mitteln keinen Böckser mehr aufweist, kann daher später wieder einen Böckser bekommen, wenn Thioessigsäureester zu Merkaptanen hydrolisieren oder Disulfide zu Merkaptanen reduziert werden.

Höchstwert für Kupferionen

Der Zusatz von Kupfersulfat ist bis zu 1 g/hl erlaubt. Der gesetzliche Höchstwert für Kupferionen im Wein darf 1 mg/l nicht übersteigen. Ab einem Gehalt von 0,7–0,8 mg/l steigt die Gefahr von Kupfertrübungen. Um den Kupfergehalt nach der Böckserbehandlung zu reduzieren, ist eine Blauschönung notwendig.

Derzeit ist in Österreich auch die Behandlung mit Kupferzitrat im Rahmen eines Großversuches erlaubt. Dieses Behandlungsmittel darf nur bei Weinen eingesetzt werden, die ausschließlich in Österreich verkauft werden. Darüber hinaus muss dieser Behandlungsschritt gemeldet werden.

Der Böckser stellt ein kellerwirtschaftliches Problem dar, das bis heute nicht vollständig geklärt ist. Da dieser Weinfehler nicht mit Sicherheit vermeidbar scheint, ist der Winzer gefordert, durch regelmäßiges Kosten und rasches Handeln im Jungweinstadium einen Böckser zu erkennen und gegebenenfalls zu behandeln.

kellerwirtschaftliches Problem

> *Je früher ein Böckser behandelt wird,*
> *desto weniger leidet die Weinqualität.*

Dipl.-Ing. Manfred GÖSSINGER

10a Böckserursachen – Ergebnisse einer empirischen Studie

Die Ursache der vermehrten Böckserbildung ist bis heute nicht geklärt. Aufgrund der Tatsache, dass die Böckserhäufigkeit in den Betrieben unterschiedlich ist, wird jedoch vermutet, dass es Verarbeitungsschritte gibt, die eine Böckserbildung fördern bzw. hemmen. Im Rahmen vorliegender Arbeit wurde untersucht, inwieweit Maßnahmen im Rebschutz, Sorte, einzelne Parameter des Mostes, unterschiedliche Technologien der Betriebe aber auch „unbewusste" technologische Schritte die Böckserhäufigkeit beeinflussen.

Versuchsfeld und Methoden

10 Betriebe

Während der Ernte 1998 wurde die Technologie mehrerer Betriebe untersucht und es wurden begleitend in 10 Betrieben Messungen durchgeführt. Dabei wurden Betriebe aus verschiedenen Weinbaugebieten Österreichs ausgewählt, die unterschiedliche Technologien bei der Lese, Traubenverarbeitung und Jungweinbehandlung einsetzten und keine bzw. massive Böckserprobleme hatten. 9 Spritzpläne wurden erfasst und verglichen. Der Ausbau von über 200 Weinen wurde verfolgt und in über 100 Mosten und Weinen Messungen durchgeführt.

Bei ausgewählten Mosten und Weinen wurde das Redoxpotenzial, Sauerstoffgehalt, pH-Wert, Temperatur, KMW, titrierbare Säure, Stickstoffversorgung, Kupfer- und Eisengehalt sowie der Gehalt an freier schwefeliger Säure gemessen.

Vorkommen von Böcksern

Das Auftreten von Böcksern in den Betrieben war sehr unterschiedlich. Während wenige Betriebe massive Böckserprobleme hatten, war die Zahl derer, die keinen Böckser hatten, ebenso gering. In den meisten Betrieben wurden durchschnittlich 1–3 Weine

(10–30%) wegen dieses Weinfehlers beanstandet. Auffallend war die Tatsache, dass viele Winzer bei Weißweinen Probleme hatten, hingegen nicht bei Rotweinen und vice versa.
Allein dieses Ergebnis zeigt, dass die Ursachen der extremen Böckserhäufigkeit in Österreich primär in der Verarbeitungstechnologie und weniger in der Traubenqualität zu suchen sind. — Verarbeitungstechnologie
Die Intensität und Art von Böcksern war vielfältig. Oft handelte es sich nur um einen schwachen „Aromaböckser". Mit 0,2–0,3 g/hl $CuSO_4$ konnte dieser jedoch entfernt werden, sodass das sortentypische Aroma wieder erkennbar war. Es wurden aber auch typische, intensiv nach faulen Eiern riechende Böckser verkostet.
Während der Gärung waren kurzfristig (einige Stunden) böckserähnliche Aromen erkennbar. Ein Zusammenhang zwischen diesen und einem Böckser im Jungwein konnte nicht gefunden werden. — Gärung

Sortentypische Aromen bestimmter Klone (Grüner Veltliner) sowie die während des biologischen Säureabbaus gebildeten Aromakomponenten, welche einem Böckser ähnlich sind (nach ca. 3 Monaten Lagerzeit im Fass nicht mehr erkennbar), wurden bei der Auswertung nicht berücksichtigt. — Klone

Zeitpunkt der Böckserentstehung

Die Böckserentwicklung wurde ausschließlich am Ende der Gärung und nach der Jungweinschwefelung in nicht geklärten Weinen, die meist noch nicht vom Geläger gezogen wurden, beobachtet. — Jungweinschwefelung
Die Böckserbildung in der Flasche bedingt durch die Reaktion von Weininhaltsstoffen mit dem Kronenkork wurde bei der Verkostung von Versuchsweinen aus der Vinothek der ho. Anstalt beobachtet. Bei diesen Flaschen hatte der Wein die Kunststoffbeschichtung umspült. Zwischen dieser und dem Metall des Kronenkorks wurden schwarze Ablagerungen entdeckt („Metallböckser"). — Kronenkork
Eine Böckserbildung im Zuge der Klärung und Reifung des Weines konnte im Versuchsfeld nicht beobachtet werden.

Mögliche Gefahrenpotenziale

Einfluss von Spritzmittelrückständen

Der Vergleich der Spritzpläne verschiedener Betriebe mit und ohne Böckserproblemen zeigte bezüglich Einsatzmenge und -zeitpunkt keine signifikanten Unterschiede auf. Innerhalb eines Betriebes wurden jeweils alle Weingärten gleich behandelt. Die Weiß- bzw. Rotweintechnologie wurde im Betrieb während der Ernte bei den einzelnen Chargen und Sorten nicht wesentlich verändert. Dennoch hatten einige Weine einen Böckser.

Netzschwefel Der Einfluss des Netzschwefels auf die Böckserbildung ist schon lange bekannt. In den meisten Betrieben wurde Netzschwefel eingesetzt. Mit einer Ausnahme setzten die Winzer mit diesem Spritzmittel ab Mitte Juli aus. Aufgrund des Einsatzzeitpunktes und der hohen Niederschlagsmengen im Herbst kann der Netzschwefel in diesem Jahr als Böckserursache mit hoher Wahrscheinlichkeit ausgeschlossen werden.

Kupferabschlussspritzung Die Kupferabschlussspritzung, die sich positiv auf die Reintönigkeit der Weine auswirken soll, wurde in den meisten Fällen durchgeführt. Die Kupfergehalte der Moste lagen zwischen 0,18 mg/l und 1,68 mg/l (durchschnittlich bei 0,25–0,60 mg/l) und somit weit unter den Werten früherer Jahre (1,7–9,4 mg/l). Dies zeigt, dass durch die hohen Niederschlagsmengen im Herbst 1998 ein Großteil der Spritzmittel von den Trauben schon abgewaschen wurde. Gesamt gesehen hat sich die Böckserhäufigkeit in den Betrieben aufgrund der hohen Niederschlagsmengen nicht wesentlich verändert. Dies lässt darauf schließen, dass auch die Böckser der vergangenen Jahre nicht von Spritzmittelrückständen im Most herrührten. Ein direkter Zusammenhang zwischen Kupfer- und Eisengehalt (0,33–15,64 mg/l) des Mostes und Böckserbildung konnte bei diesen Untersuchungen nicht festgestellt werden.

Hagelschlag

Ein Einfluss von Hagelschlag auf die Böckserhäufigkeit wäre aufgrund der nötigen Intensivierung von Pflanzenschutzmaßnahmen, aber auch durch die erhöhte Traubenschwefelung bei gefaultem Material denkbar.

Um den Einfluss eines Hagelschadens auf die Böckserbildung zu untersuchen, wurden auch Betriebe ausgewählt, wo der Hagel im Weingarten großen Schaden (40–80%) verursachte. Der Hagelschlag war jedoch schon am 22. Juni 1998 und am 6. August 1998. Sowohl die zusätzlichen Spritzungen danach als auch der zu einer sehr früh in der Vegetationsperiode entstandene Schaden an den Beeren – verletzte Beeren waren abgefallen bzw. verheilt – zeigten **kein Einfluss** keinen Einfluss auf die Böckserbildung.

Sorte
Eine Abhängigkeit der Böckserbildung von der Sorte konnte nicht beobachtet werden.

Stickstoffversorgung
Die Ergebnisse der Stickstoffuntersuchungen (1 008–2 620 mg/l Aminosäuren) bestätigten, dass alle Moste einen Wert über den für eine vollständige Gärung ausreichenden Menge von umgerechnet 1 000 mg/l Aminosäuren aufwiesen. Der Stickstoffgehalt der Moste war demnach primär nicht für die Böckserbildung verantwortlich.

Gehalt an Zucker und titrierbaren Säuren, pH-Wert und Temperatur des Mostes
Die Beobachtungen der letzten Jahre zeigten, dass in Jahren mit hohen Lesetemperaturen und Lesegut mit höherem pH-Wert die Böckserhäufigkeit größer war. Dieser Trend war auch 1998 erkennbar. Moste mit sehr hohen pH-Werten (pH-Wert: 3,5–3,6) neigten mehr zur Böckserbildung als saure Moste mit pH-Werten zwischen 3,1 und 3,2. Die Lesetemperatur (10–18° C) hatte keinen Einfluss auf die Böckserbildung. Ein direkter Zusammenhang zwischen Zuckergehalt bzw. titrierbarer Säure (Einfluss auf pH-Wert) im Most und Böckserbildung wurde nicht festgestellt.

höherer pH-Wert

Reduktive Verarbeitung
Die Traubenschwefelung hatte einen signifikanten Effekt auf die Böckserhäufigkeit. Betriebe, die keine bzw. marginale Schwefelung vor der Gärung durchführten, hatten bedeutend weniger Böckserprobleme als die, wo mit 10–15 g KPS/100 kg Trauben das Lesegut behandelt wurde.

Die Traubenschwefelung ist heute in der Weißweintechnologie fest verankert. In den letzten Jahren wurden meist 8–10 g KPS/100 kg Trauben zugegeben. Je nach Presssystem, -technologie und Fäulnisgrad der Trauben lag der Gehalt an freier schwefeliger Säure im Most zwischen 5 mg/l und 26 mg/l. Wurde mit 15–20 g KPS/ 100 kg Trauben geschwefelt, lagen die Werte bei 20–45 mg/l.

Traubenschwefelung

Redoxpotenzial
Um den Einfluss der reduktiven Verarbeitung auf die Böckserbildung zu bestimmen, war es notwendig einen Parameter, der dadurch verändert wird, zu erfassen. Die Messung des Redoxpotenzials eignet sich in diesem Fall sehr gut.

reduktive Verarbeitung

Redoxpotenzial

Das Redoxpotenzial ist ein Maß für die oxidierenden und reduzierenden Kräfte einer Lösung. Das Redoxpotenzial wird vom pH-Wert, Temperatur, Phenol- sowie Metallgehalt beeinflusst. Die Schwefelung, die Zugabe von Ascorbinsäure und die Belüftung sind die wesentlichen Maßnahmen, mit denen der Winzer das Redoxpotenzial des Mostes und des Weines beeinflussen kann.

Verlauf des Redoxpotenzials

Der Verlauf des Redoxpotenzials (Abb. unten) im Most hing vom Zeitpunkt und von der Menge der Schwefelung ab. Ab einem Gehalt an freier schwefliger Säure von 12–15 mg/l kam es zu einer signifikanten Verzögerung der Abbindung des Sauerstoffs, der durch Umpumpen in den Most eingebracht wurde (siehe Abb. nächste Seite). Der gemessene Wert des Redoxpotenzials blieb daher auf niedrigem Niveau (130–160 mV), der des gelösten Sauerstoffs war erhöht (0,20–6,0 mg/l). Wurden die Trauben hingegen nicht geschwefelt, stieg das Redoxpotenzial auf 200–350 mV an. Der gemessene Gehalt an gelöstem Sauerstoff lag dann zwischen 0,05–0,30 mg/l.

Das Diagramm zeigt den durchschnittlichen Verlauf des Redoxpotenzials bei normaler, reduktiver bzw. oxidativer Traubenverarbeitung. Das Redoxpotenzial spielt eine wichtige Rolle bei der Böckservermeidung.

Die sensorische Auswertung der Weine ergab, dass bei Mosten, deren Redoxpotenzial über 200 mV lag (keine bzw. marginale Schwefelung vor der Gärung), nur sehr selten Böckser entstanden. Hingegen war die Böckserhäufigkeit bei jenen Weinen höher, bei denen das Redoxpotenzial des Mostes bei 110–150 mV lag.

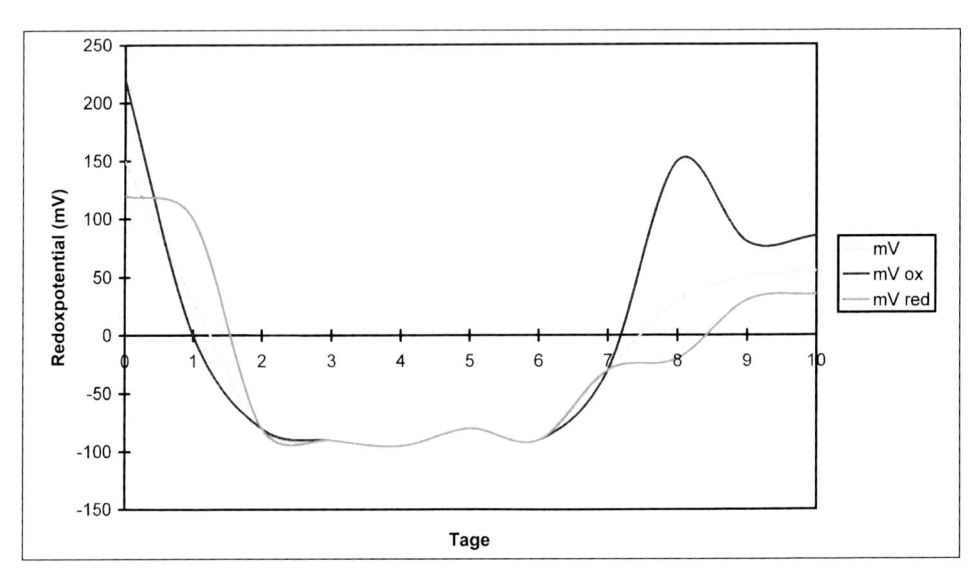

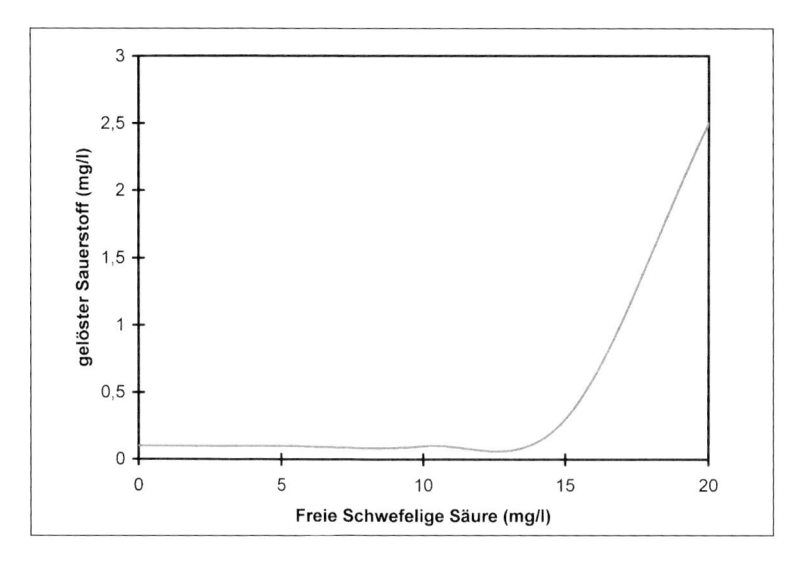

Die Reaktion des gelösten Sauerstoffs mit den Mostinhaltsstoffen verzögert sich ab einem Gehalt an freier schwefeliger Säure von ca. 15 mg/l signifikant.

Nicht nur der Zeitpunkt sondern auch die Verteilung des Kaliumpyrosulfits (KPS) auf die Trauben hatte einen Einfluss auf die Böckserentwicklung. Die Praxis zeigte, dass Betriebe, in denen die erforderliche Schwefelmenge bereits im Bottich vorgelegt wurde (hohe lokale Schwefelkonzentration, niedriges Redoxpotenzial), größere Böckserprobleme hatten. Die gute Verteilung des KPS scheint daher besonders wichtig. Bei rascher Traubenverarbeitung (keine Maischestandzeit) wäre hinsichtlich Böckservermeidung die Mostschwefelung einer Traubenschwefelung vorzuziehen.

gute Verteilung des KPS

Presssystem – Mostklärung

Der Trübungsgrad und der Sedimentationstrubgehalt des Mostes sind vom verwendeten Presssystem abhängig. Je höher die mechanische Belastung desto höher ist der Sedimentationstrubgehalt, aber auch der Trübungsgrad nach der Entschleimung. Mechanisch stark beanspruchte Moste haben einen höheren Anteil an feinen Trubstoffen, die sich während der Entschleimungsphase langsamer bzw. nicht absetzen. Die Folge ist ein hoher Trübungsgrad im entschleimten Most, der die Böckserbildung signifikant beeinflusst.

Sedimentationstrubgehalt

Mostklärung – Reinzuchthefe

Die Mostklärung erwies sich mit Abstand als effizienteste Maßnahme der Böckservermeidung. Mittels scharfer Entschleimung

effizienteste Maßnahme

können sämtliche Rückstände aus dem Weingarten und Keime nativer Mikroorganismen stark reduziert werden. Die Praxis zeigte, dass Betriebe, die keine Mostklärung durchführten, oft massive Böckserprobleme hatten. In diesem Zusammenhang müssen jedoch zwei weitere Parameter zur Beurteilung mitberücksichtigt werden; erstens die reduktive Traubenverarbeitung und zweitens der Reinzuchthefezusatz. Beide Parameter verstärken den böckserfördernden Effekt des hohen Trübungsgrades. Betriebe, bei denen keine Entschleimung durchgeführt und reduktiv gearbeitet wurde, wiesen verstärkt Böckserbildung auf. Wurde zusätzlich noch Reinzuchthefe zugesetzt, stieg die Böckserzahl weiter an. Bei trüben (nicht entschleimten) spontan vergorenen Mosten war die Böckserhäufigkeit wesentlich geringer als bei Zusatz von Reinzuchthefe. Wurden die Trauben stark geschwefelt (10–15 g KPS/100 kg), stieg die Böckserhäufigkeit in beiden Fällen signifikant an. Dies zeigt, dass ein enger Zusammenhang zwischen Traubenschwefelung, Mostklärung und Reinzuchthefezusatz bezüglich Böckserhäufigkeit besteht.

Reinzuchthefezusatz

starke Schwefelung

Der Einfluss der reduktiven Verarbeitung nahm signifikant ab, wenn die Moste scharf entschleimt wurden. Diese Beobachtung lässt vermuten, dass die Böckserursache im Trub des Mostes liegt und durch die reduktive Verarbeitung in ihrer böckserfördernden Wirkung verstärkt wird. Vermutlich sind native Mikroorganismen, die durch ein reduktives Milieu in ihrer Wirkung gefördert werden, an der Böckserbildung unmittelbar beteiligt. Die Tatsache, dass die Zugabe von Reinzuchthefe die Böckserhäufigkeit erhöht, bestätigt die Vermutung, dass die Wechselwirkung zwischen nativen Mikroorganismen und der Reinzuchthefe die Böckserbildung beeinflusst. Die Theorie der Spritzmittelrückstände als Böckserursache kann so mit hoher Wahrscheinlichkeit ausgeschlossen werden.

reduktive Verarbeitung

Mikroorganismen

Warum der Zusatz von Reinzuchthefe zu trüben Mosten die Böckserhäufigkeit erhöhte, wurde nicht näher untersucht. Eine höhere Gärintensität konnte nicht beobachtet werden. Es wird jedoch vermutet, dass durch die Reinzuchthefezugabe native Hefen aufgrund der „starken Konkurrenz" schneller absterben und autolysieren und so das Mikroklima für die Böckserbildung schaffen.

Entschleimungstrub

In Entschleimungstrub- und Scheitermostfraktionen ist der Gehalt an freier schwefeliger Säure gering, der Trubgehalt und das

Redoxpotenzial dagegen hoch. Dennoch ist die Böckserhäufigkeit gegenüber den schlecht entschleimten Mosten mit Reinzuchthefezusatz gering. Dies unterstreicht den Zusammenhang zwischen reduktiver Verarbeitung, Trubgehalt und Hefezusatz bezüglich Böckserbildung.

Mostbentonit – Entschleimungsgrad

Die Reduktion der Schwefelwasserstoffbildung durch Einsatz von Mostbentonit ist bekannt. Dies konnte bei dieser Arbeit bestätigt werden. Wurden die Moste mit mehr als 1,5 g/l Mostbentonit entschleimt, war die Böckserhäufigkeit geringer. Inwieweit dies von der Adsorptionsfähigkeit des Bentonit bezüglich Inhaltsstoffen des Mostes oder der verstärkten Keimreduzierung abhing, wurde nicht untersucht. Eigene Untersuchungen ergaben jedoch, dass der Trübungsgrad des Mostes durch Zugabe von Mostbentonit bei der Entschleimung verringert werden konnte.

Böckserhäufigkeit geringer

Keimreduzierung

Während der Entschleimung sedimentieren Trubstoffe (organisch und anorganisch). Bei einem frühzeitigen Abzug bzw. wenn die noch trüberen Schichten im unteren Bereich des Entschleimungsbehälters zum blanken Most mitabgezogen werden, ist der Wirkungsgrad der Entschleimung vermindert. Wird die gesamte entschleimte Fraktion in einem Gebinde vergoren, ist der Trubanteil pro Liter, der so im Most bleibt, gering. Viele Böckser wurden jedoch in Gebinden beobachtet, die nur mit Most aus den untersten Fraktionen des Entschleimungstanks befüllt wurden. In diesen wurde durch einen ungenauen Abzug die Keimzahl nativer Mikroorganismen im „entschleimten" Most unverhältnismäßig hoch (Aufkonzentrierung des Trubgehaltes, Erhöhung der Keimzahl).

Trubanteil

native Mikroorganismen

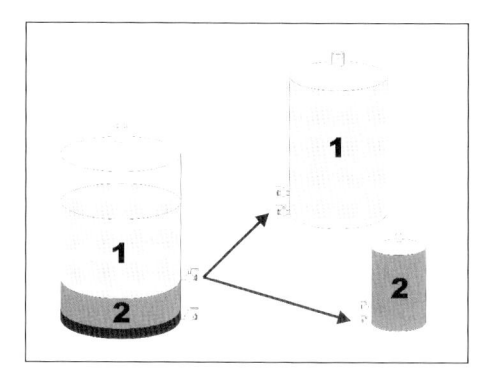

Vermehrt treten Böckser in jenen Gärgebinden auf, die nur mit den untersten Fraktionen des Entschleimungstanks (2) befüllt wurden. In diesen ist der Trubgehalt oft höher als im Ausgangsmost.

Abtrennung der Seihmostfraktion

Schwefelmenge

Die Abtrennung der Seihmostfraktion und dessen getrennte Vergärung war ein weiterer Schritt, der zu vermehrter Böckserbildung führte. Der Grund dafür lag einerseits im erhöhten Gehalt an freier schwefliger Säure (20–45 mg/l; niederes Redoxpotenzial; Tabelle 3) und andererseits im Trubgehalt. Eigene Untersuchungen haben gezeigt, dass der Trubanteil in der ersten Fraktion (Seihmost) am höchsten ist (15–20%). Die Berechnung der Schwefelmenge auf die Trauben bezieht man üblicherweise auf die Gesamttraubenmenge. Wird jedoch die Seihmostfraktion getrennt verarbeitet, enthalten ca. 40–50% des Mostes ca. 90% der Schwefelmenge. Die Folge ist ein niedrigeres Redoxpotenzial (80–100 mV) im Most. Die Böckserhäufigkeit steigt dadurch stark an.

Gärgebinde

kleine Gebinde

Die Zahl der Böckser war in großen Tanks höher als in kleinen Gebinden. In Tanks über 1 500 l stieg die Gärtemperatur, wenn nicht gekühlt wurde, auf über 30° C an. Das niedrigste gemessene Redoxpotenzial während der Gärung lag in kleinen Gebinden (25–1 000 l) mit –70 und –100 mV niedriger als in großen Tanks (5 000–20 000 l) mit –110 und –130 mV.

erhöhter Kohlensäuredruck

dickere Gelägerschicht

Der Grund für die höhere Böckserhäufigkeit in großen Gebinden lag vermutlich darin, dass einerseits aufgrund der höheren Flüssigkeitssäule (erhöhter Kohlensäuredruck) in großen Gebinden (3 000–20 000 l) Hefen schneller absterben und autolysieren und andererseits in der dickeren Gelägerschicht – bedingt durch das größer werdende Verhältnis von Gärvolumen zu Absetzfläche – ein geeignetes Umfeld für unerwünschte Mikroorganismen geschaffen wird.

Eine weitere vermutete Ursache: Große Gebinde werden meist in mehreren Schritten befüllt. Der Verschnitt gärender Moste erwies sich ebenfalls als böckserfördernd.

Aufgrund der Sortenverhältnisse in österreichischen Betrieben wurde meist die Sorte Grüner Veltliner in den größeren Gebinden vergoren. Es wird vermutet, dass aus diesem Grund bei dieser Sorte der Böckser vermehrt auftrat.

Gärintensität

Bei den Untersuchungen konnte kein Einfluss der Gebindegröße auf die Gärintensität beobachtet werden. Unabhängig vom Gebinde lag die durchschnittliche Gärdauer zwischen 6 und 10 Tagen.

Gärverlauf – Hefemanagement

Kommt die Hefe in ein anderes Milieu (Temperatur, pH-Wert, Zuckerkonzentration) gibt sie vorerst einmal Aminosäuren und Nukleotide ab. Erst wenn sie sich an die veränderten Bedingungen adaptiert hat, baut sie wieder Reservestoffe in die Zelle ein. Die Metaboliten der Hefe während der Gärung sind vom Milieu des Substrates am Beginn der Gärung abhängig. Die Enzymaktivität in der Hefezelle, als auch die Alkohol- und SO_2-Toleranz werden durch reduktive bzw. oxidative Verhältnisse bei der Inokulation beeinflusst. Die beobachtete signifikante Erhöhung der Böckserhäufigkeit bei Schwankungen in der Gärintensität durch den Verschnitt gärender Moste (Sturm) bzw. Sturm mit Most liegt vermutlich darin begründet. Entschleimungstrub- und Scheitermostfraktionen fallen während der Ernte diskontinuierlich an. Die Böckserhäufigkeit bei diesen Weinen stieg signifikant an, wenn frischer Most erst dann wieder zugepumpt wurde, wenn die Gärung bereits ausklang bzw. beendet war. Die Zugabe von Mostfraktionen während der stürmischen Gärung hatte hingegen weniger Einfluss. Die Zugabe von Most zu Sturm in der Gärendphase ist böckserfördernd. Bei schleppenden Gärungen traten ebenfalls verstärkt Böckser auf. Die Zeit, in der das Redoxpotenzial auf sehr niedrigem Niveau liegt, hat vermutlich ebenfalls eine Bedeutung. Durch die „Wiederbelebung" der Gärung durch Zugabe von Most kurz vor Gärende wird dies bewusst gefördert.

Eine wichtige Rolle spielt in diesem Zusammenhang das „Hefemanagement". Die Ergebnisse zeigten, dass Böckser immer auch verstärkt dort auftraten, wo inaktive bzw. abgestorbene Hefe zu gärendem Most zugegeben wurde.

Jungweinbehandlung

Ein beginnender Fehlgeruch wurde zuerst im unteren Bereich des Gärtanks bemerkt. Das Geläger scheint daher immer der Ausgangspunkt der Böckserbildung zu sein. Je länger der Jungwein auf dem Geläger belassen wurde desto höher war die Böcksergefahr. Bereits wenige Tage nach der Jungweinschwefelung wurde in vielen Fällen ein Böckser festgestellt.
Die Jungweinklärung (Reduktion der Keimzahl von Hefen und Bakterien) stellt neben der Mostklärung die wichtigste Maßnahme zur Verhinderung eines Böcksers dar. Wurde der Jungwein nach der Gärung separiert und erst dann geschwefelt, war dieser meist

fehlerfrei. Vice versa stieg die Böckserzahl, wenn der Abzug und Klärung des Jungweines erst im Dezember oder später durchgeführt wurde. Die Schwefelung zu einem Zeitpunkt (Gärendphase), in dem aufgrund des reduzierten Nährstoffangebotes die Vitalität der Hefen abnahm, verschärfte die Stresssituation der Hefen und somit die Böcksergefahr.

Stresssituation der Hefen

Rotweintechnologie

Im Rahmen des Projektes wurden auch Rotweine bezüglich Böckserbildung untersucht. Dabei zeigte sich, dass die „kritischen Punkte" bei der Rotweintechnologie bei der Pressung und Vorbereitung für den biologischen Säureabbau (BSA) lagen. Auf die Maischeschwefelung (max. 6 g KPS/100 kg) wurde in den meisten Fällen verzichtet. Die Böckserhäufigkeit bei Rotweinen konnte durch eine scharfe Klärung vor dem BSA stark reduziert werden. Wurden die Rotweine vor der Erwärmung für den BSA separiert, reduzierte sich die Böckserhäufigkeit signifikant. Die Abtrennung und der getrennte Ausbau des Seihmostes waren auch beim Rotwein böckserfördernd. Die Vermutung liegt nahe, dass hier die Belüftung beim Pressen (ohne SO_2) die Böckserbildung hemmt. Das Redoxpotenzial eines noch gärenden Blauen Portugiesers (Seihmost) lag bei –72 mV, das vom Pressmost bei 45 mV. Während der nicht belüftete Seihmost einen Böckser aufwies, war der Pressmost fehlerfrei. Dies zeigt, dass der Sauerstoffeintrag beim Pressvorgang (Erhöhung des Redoxpotenzials) neben der Jungweinklärung auch in der Rotweintechnologie zur Böckservermeidung beiträgt.

Pressung, biologischer Säureabbau

Klärung vor dem BSA

Sauerstoffeintrag

Die bisherigen Ergebnisse zeigen, dass bei der heute oft praktizierten Weißweintechnologie (Traubenschwefelung: max. 10 g KPS/100 kg Trauben, scharfe Entschleimung mit Mostbentonit und Reinzuchthefezusatz) die Böcksergefahr gering ist. Böckser entstehen vermehrt dann, wenn unbewusst bzw. bewusst versucht wird, mit höheren Schwefelmengen fruchtigere Weine zu erzeugen bzw. wenn auf die Mostklärung verzichtet wird.

höhere Schwefelmengen

Will man Böckser vermeiden, muss man primär zwei Parameter beachten: Erstens die Menge und den Zeitpunkt der Schwefelung vor der Gärung und zweitens die Most- und Jungweinklärung (siehe Abb. unten, S. 99). Für die Produktion fruchtiger Weine wird eine Traubenschwefelung empfohlen. Je nach Gesundheitszustand und Verarbeitungsgeschwindigkeit wird mehr oder weniger Schwefel (6–12 g KPS/100 kg Trauben) dazu notwendig sein. Je höher die Schwefelgaben, desto schärfer muss die Mostklärung erfolgen. Die Entschleimung (24 h) mit Mostbentonit (2–3 g/l) reicht im Normalfall aus, um einen Böckser zu vermeiden. Ist dies im Betrieb vom zeitlichen Ablauf her nicht möglich, bleibt die Entscheidung, ob man entweder keine Traubenschwefelung durchführt oder auf die Reinzuchthefe verzichtet. Die Kombination von Traubenschwefelung, hohem Trübungsgrad im Most und Reinzuchthefezusatz führt vermehrt zu Böcksern (siehe folgende Abb.). Werden große Gärgebinde verwendet, ist die Entschleimung besonders wichtig, um eine größere Gelägerschichtdicke zu verhindern.

Entschleimung

Trauben-
schwefelung

Trübungsgrad

Gelägerschicht-
dicke

Böckserfördernde Faktoren.

Einige böckserfördernde bzw. -hemmende technologische Schritte seien abschließend nochmals zusammengefasst.

Böckserfördernd
- übermäßige Traubenschwefelung
- getrennter Ausbau der Seih- und Pressmostfraktionen
- unzureichende Entschleimung
- ungenauer Abzug aus dem Entschleimungstank
- Verschnitt gärender Moste
- Zeitpunkt der Jungweinklärung und -schwefelung

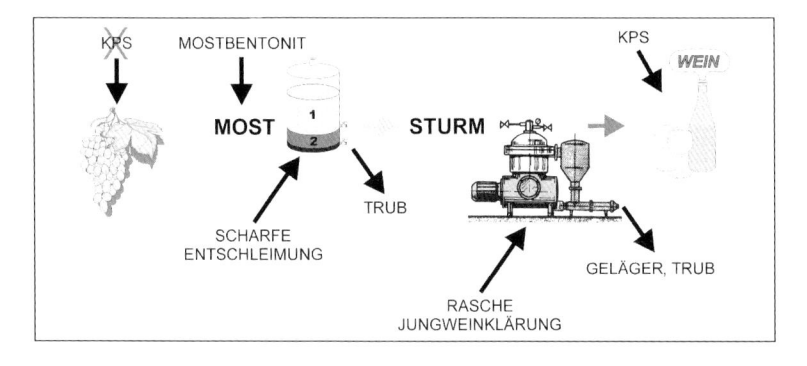

Böckserhemmende Faktoren.

Böckserhemmend
- keine/schwache Traubenschwefelung (evtl. Most- statt Traubenschwefelung)
- scharfe Entschleimung
- kühle Gärung ohne Schwankungen in der Gärintensität
- rasche Jungweinklärung mit anschließender Schwefelung

Parameter verschiedener Mostfraktionen: Die separate Vergärung der Seihmostfraktion führt aufgrund der hohen Gehalte an freier schwefeliger Säure (niedriges Redoxpotenzial) und Trubstoffen oft zu Böcksern.

	Seihmost	Pressmost	Scheitermost
SO_2 (mg/l)	24	3	–
pH-Wert	3,18	3,25	3,30
O_2 (mg/l)	0,24	0,15	0,10
Redoxpotenzial (mV)	121	160	242
Temperatur (° C)	11,2	10,9	10,6
Sedimentationstrub (%)	17	5	2
TE/F-Wert	88	103	150

Dipl.-Ing. Dr. Reinhard EDER

11 Untypische Alterungsnote (UTA)

Synonyme: Naphthalinnote (Mottenkugeln), Waschmittelton, Seifenton, Akazienton, Stickstoffböckser, schmutzig-nasser-Wäscheton

Beschreibung des Fehlers

Bei einigen Weißweinen aus Deutschland sowie aus südlichen Weinbauländern kann in den letzten Jahren vermehrt eine untypisch rasche Alterung festgestellt werden. Bei diesen Weinen treten bereits ein halbes Jahr nach der Gärung, noch während der Fassreifung, negative Veränderungen des Buketts auf, die mit untypischer Alterungsnote (UTA) beschrieben werden. Die Weine wirken stumpf, ausdruckslos und das rebsortentypische Bukett ist oft nicht mehr erkennbar. Der geruchlich dominierende Eindruck erinnert dabei weder an Edelfirne noch an oxidierte Weine. Im Gegensatz zu gereiften Weinen ist die Weinfarbe blass bis wasserhell. Auch weisen derartig veränderte Weine häufig den charakteristischen Geruchs- und Geschmackseindruck von Hybridweinen (Hybridton, Foxton) auf. Gelegentlich verstärkt sich der unerwünschte Geruchseindruck nach dem Einschenken und ist auch im leeren Kostglas noch feststellbar. Bei sehr intensiver UTA werden die Weine als bitter, gerbend und am Gaumen haftend beschrieben.

halbes Jahr nach der Gärung

Hybridweine

bitter, gerbend

Sensorische Beschreibung von Weinen mit untypischer Alterungsnote:

Farbe: blass bis wasserhell
Geruch: Sortenbukett maskiert, Fremdton erinnernd an Mottenkugeln bzw. Direktträgerweine (Stachelbeer- bzw. Erdbeerton)
Geschmack: stumpf, ausdruckslos

Empirische Untersuchungen ergaben, dass die UTA jahrgangsabhängig vermehrt bei kleinen Weinen auftritt. Die Ursachen für sol-

kleine Weine

	che mangelhaften Weine können vielfältig sein, beispielsweise ein
früher Lesetermin	zu früher Lesetermin, schwachwüchsige, überlastete Rebstöcke, zu hohe Erträge oder allgemein ein zu heißer, trockener Standort. Insbesondere trat dieser Weinfehler auf, wenn die Weingärten
Trockenheit	während des Monats August unter Trockenheit litten. So konnte beispielsweise in gestressten Weingärten durch eine zusätzliche Bewässerung der Fehlton vermieden werden, während die Vergleichsvariante deutlich UTA aufwies.
aromareiche Rebsorten	Es scheint, dass aromareiche Rebsorten wie Müller Thurgau, Kerner und Bacchus besonders anfällig sind, aber auch bei Weinen der Sorte Rheinriesling wurde dieser Fehler relativ häufig festgestellt. Beanstandungen von Weinen aufgrund der untypischen Alterungsnote nehmen insbesondere in Deutschland stark zu. Wurde diesem Fehler noch vor einem Jahrzehnt keine/kaum Beachtung geschenkt, so rangiert die UTA inzwischen an zweiter Stelle der Ablehnungsgründe bei der deutschen Qualitätsweinprüfung.

Insbesondere bei sonnigen aber auch trockenheitsgefährdeten Spitzenlagen ist eine leistungsfähige Bewässerungsanlage eine wesentliche Voraussetzung für die Produktion hochwertiger und langlebiger Weine.

Für die österreichischen Weine erschien das Phänomen der ungewollten, frühzeitigen Alterung aus mehreren Gründen bisher unproblematisch. Einerseits werden bei uns die Weißweine i. d. R. sehr jung getrunken, sodass ihnen kaum Zeit zum Altern bleibt und andererseits sind/waren unsere Weingärten gut mit Nährstoffen und Bodenfeuchtigkeit versorgt. Aufgrund mannigfacher Veränderungen bei der Weingartenbewirtschaftung (z. B. Dauer der Begrünung, Begrenzung der Stickstoffdüngung) und der zunehmenden Trockenheit in manchen Weinbaugebieten (z. B. bestimmte Gebiete des Weinviertels) sind inzwischen aber auch bei österreichischen Weißweinen UTA-analoge Symptome feststellbar. So musste bei einigen Weinen des Jahrganges 1996 bereits nach einem Jahr ein deutlicher Verlust des Sortenaromas und das Auftreten dumpfer, matter Bukettnoten beobachtet werden. Eine vorausschauende Beschäftigung mit diesem Weinfehler ist daher in Hinblick auf die Erhaltung der hohen Qualität der österreichischen Weißweine von Nöten.

Bodenfeuchtigkeit, Weingartenbewirtschaftung

Verlust des Sortenaromas

Stoffliche Grundlagen

Als Leitsubstanz für diesen Weinfehler wurde das 2-Aminoacetophenon (2-AAP) identifiziert. Es handelt sich hierbei um eine aus dem Tryptophanabbau stammende, natürliche Weinsubstanz, die jedoch bei Konzentrationen größer 1 µg/l unangenehme sensorische Veränderungen bewirkt. Die Gehalte an 2-AAP liegen in normalen Weinen i. d. R. unter 0,3 µg/l (= 0,0000003 g/l !) und in leicht fehlerhaften Weinen zwischen 0,5 und 1,5 µg/l. In Weinen mit sehr intensiver UTA wurden Gehalte bis zu 3 µg/l nachgewiesen. Die Schwellenwertkonzentration für die geruchliche bzw. geschmackliche Wahrnehmung liegt in wässriger Lösung bei 0,2 µg/l, in Weißweinen zwischen 0,5 und 1,5 µg/l und in Rotweinen bei 1,5 µg/l und höher. Der in wässriger Lösung auftretende Geruch wird jedoch nicht mit einer an die UTA erinnernden Note, sondern mit bestimmten Blütendüften (z. B. Akazien, Orange) verbunden. Erst durch das Zusammenwirken mit Weinaromastoffen entstehen die UTA-typischen Geruchseigenschaften. Grundsätzlich konnte eine signifikante Korrelation zwischen dem Gehalt an 2-AAP und der Intensität der UTA nachgewiesen werden. Es zeigte sich aber, dass die Geruchsqualität der UTA durch ein Zusammenwirken von 2-AAP mit anderen Aromastoffen des Weines bedingt wird.

2-Aminoacetophenon (2-AAP)

Blütendüfte

Weitere Substanzen, die bei UTA-Weinen in erhöhten Konzentrationen vorliegen, sind das Methylanthranilat, Indol und Skatol, welches einen dumpfen Geruch nach schmutziger Wäsche aufweist. Ebenso eine große Bedeutung als Ausgangssubstanz dieses Weinfehlers dürfte das Phytohormon Indolessigsäure haben, es werden daher künftig vermehrt Studien über Vorkommen und Bedeutung dieser Substanz in der Rebe durchgeführt werden müssen.

Methylanthranilat

Indolessigsäure

Da die Qualität und Intensität des gesamten Weinaromas einen entscheidenden Einfluss auf die sensorische Wahrnehmbarkeit der UTA ausübt, ist es möglich, dass dieselbe Konzentration an 2-AAP in einem kleinen, dünnen Wein eine deutliche UTA verursacht, während bei einem kräftigen, vollen Wein kein Fehler feststellbar ist.

kleiner, dünner Wein

Gemeinsam mit dem Anthranilsäuremethylester und dem Anthranilsäureethylester ist das 2-AAP die Leitsubstanz für den Foxton von Amerikanerrebsorten. Die Konzentrationen der Anthranilsäureester liegen in Weinen von Vitis vinifera jedoch deutlich unterhalb ihrer Geruchsschwellenwerte (100 µg/l). Auch die Gehalte anderer Substanzen wie z. B. Indol, Indolessigsäureethylester und Vitispiran, die vergleichbare sensorische Eigenschaften wie 2-AAP aufweisen und als typische Alterungskomponenten bekannt sind, liegen in UTA-Weinen i. d. R. unterhalb der sensorischen Schwellenwertkonzentrationen. Es ist aber durchaus vorstellbar, dass diese Substanzen synergistische, geruchs- und geschmacksverstärkende Wirkungen auf die UTA ausüben.

Foxton

Ursachen des Fehlers

Die Biogenese des 2-AAP, das in Wechselwirkung mit anderen Weininhaltsstoffen die negativen Geruchs- und Geschmacksveränderungen hervorruft, ist im Wesentlichen aufgeklärt. 2-AAP kann auf enzymatischem und/oder mikrobiologischem Weg aus der Aminosäure Tryptophan entstehen, wobei verschiedene Zwischenprodukte (z. B. Indolessigsäure, Skatol, Kynurenin) nachweisbar sind. Ein indirekter Beweis für diesen Bildungsweg ist die Tatsache, dass es in Modellversuchen möglich war, durch den Zusatz von Tryptophan, Indolessigsäure oder Kynurenin eine verstärkte Bildung von 2-AAP hervorzurufen und somit eine untypische Alterungsnote zu induzieren.

Aminosäure Tryptophan

Weiters ist eine physikalisch-chemische Bildung durch gekoppelte Oxidation ebenfalls aus Tryptophan möglich, welcher bei der Weinbereitung eine große Bedeutung zukommen dürfte. Ausgehend von der Beobachtung, dass das Phänomen UTA bei Rotweinen üblicherweise nicht auftritt, wurde experimentell nachgewiesen, dass reduzierend wirkende Substanzen wie beispielsweise L-Ascorbinsäure (Vitamin C) und Phenole (Tannine) das Auftreten von UTA verhindern können. Andererseits haben Studien betreffend den zeitlichen Verlauf der UTA-Bildung ergeben, dass durch die Schwefelung die Bildung von UTA-charakteristischen Substanzen induziert wird. Es wird daher angenommen, dass infolge der SO_2-Zugabe im Wein freie Sauerstoffradikale gebildet werden, die eine oxidative Spaltung der Indolessigsäure und in weiterer Folge die Bildung der unerwünschten Aromastoffe (z. B. 2-Aminoacetophenon, Skatol) verursachen. Die UTA-vorbeugende Wirkung von L-Ascorbinsäure und Phenolen ist daher vermutlich auf deren Sauerstoffradikale abbindende Wirkung zurückzuführen. Es gibt jedoch Befürchtungen, dass die vermehrte Zugabe von L-Ascorbinsäure andersartige, negative Auswirkungen auf die Weinqualität (Böckser!) haben könnte.

gekoppelte Oxidation

L-Ascorbinsäure, Phenole (Tannine)

Schwefelung

Phenole

Von Rapp und Versini werden hauptsächlich weinbauliche Aspekte als Bildungsursachen der UTA in den Vordergrund gestellt. So wird das Auftreten der UTA im Wein als eine typische Stressreaktion, wie sie beispielsweise durch Wassermangel, Stickstoffmangel, schlechte Rebernährung und hohe Ozonbelastung verursacht wird, angesehen. Insbesondere Trockenstress während der ersten Augustwochen wird als UTA-fördernder Faktor angesehen. Dementsprechend sollten geeignete Maßnahmen zur UTA-Vermeidung bereits vor der Anlage eines Weingartens (z. B. Wahl des Standorts, Wahl der Unterlagsrebsorte) oder spätestens bei der Weingartenpflege (z. B. Bodenbearbeitung, Bewässerung) gesetzt werden. Beispielsweise konnte im Rahmen von weinbaulichen Versuchen gezeigt werden, dass bei einer zu frühen Traubenlese die Ausbildung der UTA begünstigt wird. Einerseits liegen in Weinen aus später Lese die Gehalte an 2-AAP tendenziell niedriger als bei früher Ernte und andererseits werden die unangenehmen Geruchsnoten durch die stärkere Ausprägung des Sortenbuketts maskiert. Zur Vermeidung von Trockenstress für die Rebe während trocken-heißer Witterungsperioden hat sich ein frühzeitiges Umbrechen der Dauerbegrünung als sehr vorteilhaft erwie-

Stressreaktion, Wassermangel, Stickstoffmangel

Anlage eines Weingartens

frühe Traubenlese

Vermeidung von Trockenstress

Die Bodenabdeckung mit Stroh stellt eine Möglichkeit zur Verbesserung der Nährstoffversorgung und Vitalität von Weingartenböden dar.

Höhe des Ertrages sen. Die Höhe des Ertrages hat bei optimal versorgten Weingärten grundsätzlich keinen Einfluss auf die Ausprägung einer UTA. Ein Zusammenhang dieses Weinfehlers mit der Applikation von Pflanzenschutzmitteln konnte bisher nicht festgestellt werden.

Ursachen einer untypischen Alterungsnote:
- gestresste Weingärten
  (z. B. Wassermangel, Nährstoffmangel, schlechte Bodenbiologie)
- kleine Weine durch frühe Ernte und hohe Erträge
- zu reduktiver Ausbau infolge eines nicht adäquaten SO_2-Managements

Fehlervermeidung

Durch eine forcierte Lagerung bei 50° C kann im Voraus getestet werden, ob Weine hinsichtlich UTA-Bildung gefährdet sind. Weiters wurde von der Lehranstalt in Veitshöchheim ein einfacher **UTA-Fix-Test** Test zur Beurteilung der UTA-Anfälligkeit von Weinen entwickelt. Bei der Verarbeitung von Lesegut aus kritischen Jahrgängen bzw. Standorten konnte durch den prophylaktischen Zusatz von Mostgelatine (100–150 ml/hl) das Auftreten von UTA vermieden werden. Auch die Hochkurzzeiterhitzung derartiger Moste hat sich **Hochkurzzeiterhitzung** grundsätzlich bewährt. Bei ausreichender Stickstoffversorgung des Mostes hat die Gärung keinen Einfluss auf die Ausbildung einer UTA. Liegt jedoch ein (trockenheitsbedingter) Mangel an assimilierbaren Stickstoffverbindungen im Most vor, wird von der Hefe auch vermehrt Tryptophan als Stickstoffquelle herangezogen und in Folge 2-AAP gebildet. In solchen Fällen ist der Zusatz von Hefenährsalzen (z. B. Diammoniumphosphat) zur Vermeidung einer UTA empfehlenswert.   Hefenährsalze

Fehlerbehebung

Liegt der Fehler im Wein bereits vor, ist eine Behebung der UTA kaum mehr möglich. Umfangreiche Schönungsversuche haben ergeben, dass eine Behandlung mit Bentonit, Kasein, PVPP und Kieselsol/Gelatine beinahe wirkungslos ist. Eine vorübergehende Verringerung des UTA-Fehlers kann durch eine Umgärung mit   Umgärung
Hefe erzielt werden. Eine nennenswerte Verringerung von 2-AAP war nur bei extrem hohen Dosierungen von Kohle (75–150 g/hl)   Kohle,
und Mostonit K (30 g/hl) möglich, die so behandelten Weine waren   Mostbentonit K
aber dann dünn und ausdruckslos.

> *Die untypische Alterungsnote ist ein relativ „junger" Weinfehler, der bei einigen Winzern und Konsumenten noch nicht bekannt ist. Da dieser Fehler, wenn er im Wein vorliegt, kaum mehr zu beheben ist, sollten vorbeugende Maßnahmen zu seiner Vermeidung ergriffen werden. Die als wesentliche, stoffliche Ursache identifizierte Substanz 2-Aminoacetophenon wird hauptsächlich infolge von Stresserscheinungen (z. B. Trockenheit) bereits von der Rebe gebildet. Da im Zuge der Reife die UTA-typische Wahrnehmung durch andere Weininhaltsstoffe überlagert und maskiert wird, sollte eine sehr frühe Lese vermieden werden. Bei der Verarbeitung von UTA-gefährdetem Traubenmaterial empfiehlt sich der Zusatz von Mostgelatine und eine maßvolle Schwefelung. Hinsichtlich der empfohlenen Zugabe von L-Ascorbinsäure kann derzeit noch keine endgültige Aussage getroffen werden.*

Dipl.-Ing. Robert STEIDL
12 Aldehydton, Kahmgeschmack, Luftgeschmack

Stärkerer Lufteinfluss ist aus Erfahrung für einen Wein eher schädlich als nützlich. Neben dem Verschwinden der Fruchtigkeit durch Oxidation kann sowohl bei jungen als auch bei alten Weinen ein eigenes Fehleraroma immer stärker merkbar werden, das uns vom Sherry her bekannt vorkommt – dem Geruch und Geschmack nach Acetaldehyd. Der Wein wird dann als oxidativ, aldehydig, mitunter auch als kahmig beanstandet.

Beschreibung des Fehlers

Chemisch gesehen gehört er zur Stoffgruppe der Aldehyde, die zusammen mit den Ketonen zu den primären Oxidationsprodukten der Alkohole gezählt werden.

<small>Oxidationsprodukte</small>

Nach der chemischen Nomenklatur wird er als „Ethanal" bezeichnet, „Acetaldehyd" ist der gebräuchliche Trivialname. Acetaldehyd ist eine sehr reaktionsfreudige Substanz, aufgrund des sehr niedrigen Siedepunktes von 20° C und der damit verbundenen Flüchtigkeit ist er auch sensorisch in geringen Konzentrationen gut wahrzunehmen. Ab ungefähr 10 mg/l ist er schmeckbar, eine gewisse Veränderung im Wein ist aber bereits ab 5 mg/l zu bemerken, wenn auch nicht eindeutig anzusprechen. Acetaldehyd ist einer der Hauptbindungspartner für SO_2 im Wein, für die Abbindung von 1 mg Acetaldehyd werden 1,45 mg SO_2 benötigt. Die chemische Sicht des Entstehens durch Oxidation ist im Weinbereich erst die zweite Möglichkeit, denn als erstes wird Acetaldehyd bei der alkoholischen Gärung aus Brenztraubensäure gebildet und ist die Vorstufe des Ethylalkohols (Ethanol). Diese Aldehydbildung ist auch ohne chemisches Verständnis leicht erkennbar, denn bei diesem Umsetzungsschritt wird CO_2 freigesetzt – die Gärungskohlensäure. Erst später kann im Zuge der Lagerung durch den

<small>sensorisch gut wahrzunehmen</small>

<small>Hauptbindungspartner für SO_2</small>

Abbau von Ethanol ebenfalls Acetaldehyd entstehen, ein Vorgang der durch Mikroorganismen bewirkt werden kann, der aber auch beim Alkoholabbau im menschlichen Körper abläuft.

Mikroorganismen

Ursache des Fehlers

1. Bei der alkoholischen Gärung

Acetaldehyd (Ethanal) ist die Vorstufe des Ethanols – des Ethylalkohols. Zu Beginn der Gärung kommt es in der Wachstumsphase der Hefen zu einem starken Anstieg des Acetaldehyds, da dieses aus der Hefezelle freigesetzt wird. Es entstehen Konzentrationen bis zu 200 mg/l, im weiteren Verlauf nimmt dieser Gehalt jedoch mehr und mehr ab, sodass er bis auf einen geringen Rest unter 30–50 mg/l am Ende der Gärung absinkt. Heute sind Endgehalte unter 20 mg/l keine Seltenheit.

Beginn der Gärung

Bei einer sehr langsam verlaufenden Gärung ist mit einer hohen Acetaldehydbildung zu rechnen, da durch vorzeitiges Absetzen die Hefe ungleichmäßig verteilt ist und es zu Konzentrationsunterschieden kommt, die zu höherem Ethanalgehalt führen.
Ebenso ist erwiesen, dass Spontangärungen eine höhere Ethanalkonzentration aufweisen als eine Vergärung mit Reinzuchthefe.

langsam verlaufende Gärung

Möglichkeiten der Entstehung von Acetaldehyd.

Bei der Gärung:

Brenztraubensäure →(Enzym)→ Acetaldehyd →(Enzym)→ Ethanol
                                    ↘ CO_2

Bei Weinlagerung:

Ethanol →(Luftoxidation oder Enzym)→ Acetaldehyd →(Enzym)→ Essigsäure

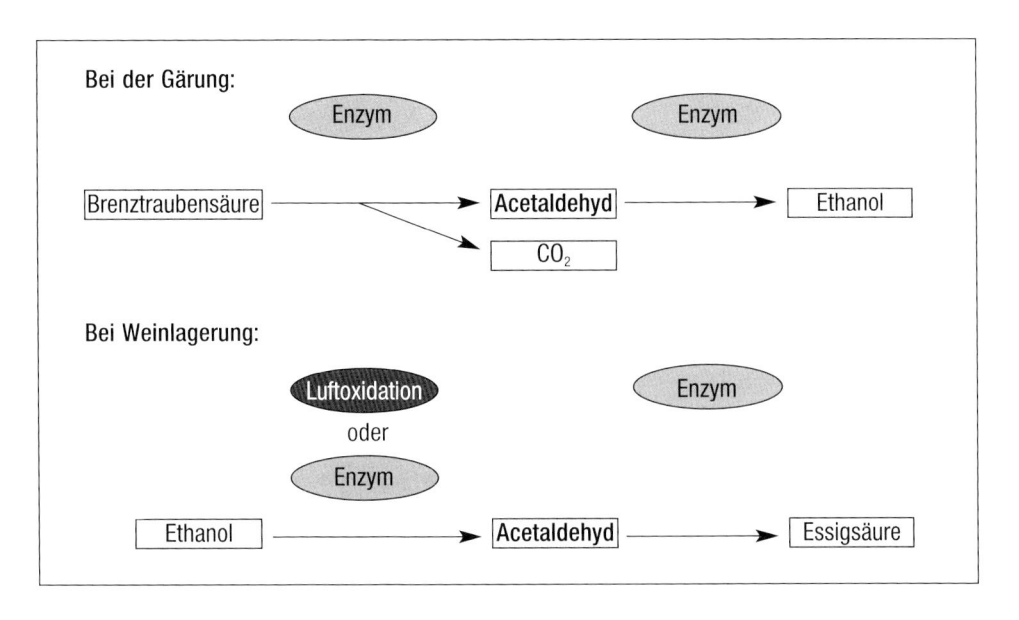

2. Oxidation im fertigen Wein

nichtenzymatische Oxidation

Bei Luftkontakt entsteht Acetaldehyd durch eine nichtenzymatische Oxidation von Ethanol. Dazu ist auch die Bildung von Wasserstoffperoxid notwendig, das aus Polyphenolen und anderen umsetzbaren Stoffen entsteht. Dieser Mechanismus wird bei der Barriquelagerung ausgenützt, er dient der Farbstabilisierung. Im fertigen Wein erhöht sich der Acetaldehyd erst nach längerem, ungehinderten Luftzutritt.

Dieser Reaktionsmechanismus trifft auch bei alten Flaschenweinen zu.

3. Durch Kahmhefen

Weinoberfläche

Diese gelten als Acetaldehyd-, Essigsäure- und Esterbildner. In Gegenwart von Luft bildet sich auf der Weinoberfläche eine teilweise dicke Hefeschicht aus, die Alkohol veratmen kann, wobei im Zuge dieses Alkoholabbaues Acetaldehyd, Essigsäure und deren Ester gebildet werden. Erst wenn der größte Teil des Alkohols veratmet ist, wird auch die Essigsäure restlos abgebaut.

Kahmgeschmack

Vor allem diese Esterbildung ist schuld an einer nachteiligen Veränderung von sortentypischem Geruch und Geschmack: Der Wein hat einen Kahmgeschmack, er schmeckt oxidiert, ausgezogen und dünn, oft erinnert er an Obstmost.

4. Sherryerzeugung

Saccharomyces cerevisiae

Die Entstehung von Acetaldehyd wird bei der Produktion von Sherry bewusst angestrebt. Hier bildet sich ebenfalls unter Luftzutritt eine Hefedecke aus. Im Gegensatz zu Punkt 3 besteht diese aber nicht aus Kahmhefe, sondern aus entsprechenden Sherryhefen, die den Saccharomyces cerevisiae – den Weinhefen – zuzuordnen sind. Sie gedeihen nur bei einem bestimmten Alkoholgehalt, der sich im Bereich von 14,5–15,5 vol% bewegen sollte. Aus dem Alkohol wird wiederum Acetaldehyd gebildet, es entstehen zahlreiche Nebenprodukte, aber bei gutem Verlauf unter den speziellen Bedingungen keine Essigsäure.

5. Im menschlichen Körper

Kopfschmerz

Beim Alkoholabbau, wobei der chemische Ablauf nach den gleichen Grundregeln abläuft. Durch das Enzym Alkoholdehydrogenase wird das Ethanol zuerst zu Acetaldehyd und dann weiter bis zur Essigsäure abgebaut, wobei das Stadium des Vorhandenseins des Acetaldehyds an den unangenehmen Folgen von Kopfschmerz (Katergefühl) festzustellen ist.

Fehlervermeidung

Da – wie schon erwähnt – Ethanal aufgrund seiner Reaktivität einer der Hauptbindungspartner für SO_2 ist, sollte im Bemühen den Gesamt-SO_2-Gehalt niedrig zu halten, darauf geachtet werden, dass bereits bei der Gärung wenig Acetaldehyd entsteht.
Die Verwendung von Reinzuchthefe kann die Menge des bei der Gärung produzierten Acetaldehyds im Vergleich zur Spontangärung um bis 40% verringern. Eine geringe Aldehydbildung ist auch ein Selektionskriterium bei der Zuchtauswahl der Hefestämme.

Die Gärung sollte zügig, nicht zu langsam ablaufen, auf eine gute Verteilung der Hefe – eventuell durch Aufrühren bei schleppender Gärung – sollte geachtet werden. Dadurch wird vermieden, dass die Hefe durch Konzentrationsunterschiede eine „Fehlinformation" bekommt und vermehrt Acetaldehyd produziert.

Keinesfalls darf in die Gärung geschwefelt werden, um einen ruhigeren Verlauf zu erzielen. Zwei negative Effekte hätte eine solche Maßnahme: Einerseits wird die Hefeaktivität nur kurz gemindert, da der vorhandene freie Acetaldehyd das SO_2 sofort abbindet, andererseits wird sofort neuer Aldehyd gebildet, da die Hefe die für sie jetzt zu geringe Konzentration ausgleichen will. Das Resultat ist höherer Gehalt an Acetaldehyd und Gesamt-SO_2 im fertigen Wein.

Abb. links
Immervolltanks: Unterschiedliche Weinmengen können immer spundvoll aufbewahrt werden. Auf Sauberkeit und guten Zustand der Dichtung muss aber geachtet werden!

Abb. rechts
Colmatore: In Italien eine gebräuchliche Methode. Der Glasspund erlaubt zugleich eine optische Kontrolle des Füllungsgrades des Fasses und das Entweichen der Kohlensäure beim BSA.

nicht in Gärung schwefeln

Vermeiden	Vermeiden sollte man auch das Verschneiden von frischem Most mit bereits gärendem. Dies bringt eine Erhöhung des Ethanalgehaltes, da die plötzliche Konzentrationsverminderung die Hefe sofort durch zusätzliche Produktion auszugleichen sucht. Auch wenn diese Methode sehr praktisch und kostensparend in Bezug auf Hefebeimpfung ist, muss man sich über die Konsequenzen im Klaren sein.
„Raue Fülle"	Nach abgeschlossener Gärung ist das Auffüllen des Behälters – die „Raue Fülle" – und damit Ausschaltung der Luftoxidation oberstes Gebot.
Selbstklärung	Danach ist die Erhaltung eines reduktiven Milieus wichtig: Bleibt der Wein auf der Feinhefe liegen, so sollte diese von Zeit zu Zeit aufgerührt werden, wird der Wein sofort geklärt, so ist eine Jungweinschwefelung zur Abbindung des vorhandenen, gebildeten freien Acetaldehyds notwendig. Wird auch nicht gleich abgezogen, so unterstützt eine Schwefelung am Geläger die Selbstklärung.
Schwefelung	Vor der Schwefelung sollte man sich durch Kontrolle des Restzuckergehaltes (z. B. Clinitest) vergewissern, ob der Wein auch wirklich trocken durchgegoren ist, sofern dies angestrebt wird. Klingt die Gärung nämlich langsam aus und ist kaum mehr merkbar, so können doch noch einige Gramm Restzucker vorhanden sein. Schwefelt man zu früh, so wird mit größter Wahrscheinlichkeit die Gärung abgebrochen – höherer Acetaldeyd und unerwünschte Restsüße sind die Folge.
durchschnittliche Gehalte	Durchschnittlich kann man nach der Gärung bei trockenen Weißweinen mit einem Gehalt von 20–35 mg/l Acetaldehyd rechnen. Da zur Abbindung und geschmacklichen Inaktivierung die 1,45fache Menge notwendig ist, bedeutet das eine SO_2-Menge von 30–50 mg/l. Danach ist aber noch keine freie SO_2 vorhanden, diese muss noch dazu addiert werden. Strebt man also einen Gehalt von 30 mg/l an, so wird sich die Jungweinschwefelung bei ca. 60–70 mg/l SO_2 bewegen.
Rotweine	Bei Rotweinen liegt die Dosierung meist um 10–20 mg /l niedriger. Bei restsüßen Weinen, die durch Gärungsunterbrechung erhalten wurden, ist der Gehalt an Acetaldehyd höher und benötigt daher auch eine stärkere Jungweinschwefelung, die Dosierung ist unterschiedlich, liegt aber meist bei zumindest 100 mg/l SO_2.

Bei Prädikatsweinen mit Restsüße kommt es bei der Lagerung darauf an, dass nicht eine ungewollte weitere Vergärung stattfindet.

Gerade ein leichtes „Dahinbröseln" kann übersehen werden, in Folge fehlt der Restzucker und durch die sehr langsame Gärung ist besonders viel Acetaldehyd entstanden (siehe S. 81).

„Dahinbröseln"

Wichtig ist, dass nach der Gärungsunterbrechung keine gärfähigen Hefen mehr im Wein sind und die Lagerbedingungen entsprechend gewählt werden. Dazu gehört nach der groben Abtrennung der Hefe

Gärungsunterbrechung

- EK-Vorfiltration
- Einlagerung in steril gemachte Behälter
- ausreichende Jungweinschwefelung und freier SO_2-Gehalt
- kühle Lagerung
- regelmäßige Kontrolle (CO_2-Entbindung, SO_2, Restzucker)

Ein biologischer Säureabbau führt zu einer Verringerung des Ethanalgehalts und damit in Folge zu einem geringeren SO_2-Bedarf, was ebenfalls einen Beitrag zur Verringerung des Gesamt-SO_2 darstellt.

biologischer Säureabbau

Auch bei Stahltanks werden die Colmatore eingesetzt. Ob der Tank voll ist, sieht man schon von weitem. Günstig ist auch der zylindrische abgesetzte Deckel, so wird die Kontaktfläche zur Luft möglichst klein gehalten.

Durch die größere Verdunstungsoberfäche ist das Risiko einer Luftblasenbildung bei Barriques wesentlich höher. Silikonstopfen dichten gut ab, sodass das Fass nicht zur Seite gedreht werden muss, um Infektionen im Spundbereich zu vermeiden. Kontrolle und Auffüllen sind leichter möglich.

Fehlerbehebung

spundvoll gefüllter Behälter
- Das Wichtigste ist zu allererst ein spundvoll gefüllter Behälter zur Ausschaltung des Lufteinflusses. Sind Kahmhefen vorhanden, was bei Weinen mit geringerem Alkoholgehalt leichter vorkommen kann, so müssen diese vorher von der Oberfläche entfernt werden.

Schwefelung
- Nach dem Auffüllen kann der freie Acetaldehyd durch eine kräftige Schwefelung gebunden werden.

Ist der Fehler im vor kurzem fertig gegorenen Jungwein aufgetreten, so wird mit einer ausreichenden Schwefelung die Sache erledigt sein. Die Höhe hängt vom Gehalt des freien Acetaldehyds ab, sie kann allerdings bereits über dem Wert für die (sofortige) Jungweinschwefelung liegen. Auf jeden Fall gehört der SO_2-Spiegel danach regelmäßig kontrolliert.

Kahmhefen
Hatte die Luft allerdings schon länger Einfluss und sind eventuell Kahmhefen gebildet, so wird der dadurch entstandene Geschmack nicht mehr vollständig entfernbar sein. Durch die längere Wirkungsdauer kommt es zu irreversiblen Veränderungen durch Reaktion des Acetaldehyds mit anderen Verbindungen und Weininhaltsstoffen. In solchen Fällen hat nach SO_2-Zusatz der Wein zwar keinen Sherryton mehr, weist aber trotzdem einen an Apfelmost erinnernden, oxidativen fehlerhaften Charakter auf. Hier bleibt nur mehr der Verschnitt. Bei Rotwein kann ein im Verlauf der Oxidation dabei entstandener Braunstich nicht mehr rückgängig gemacht werden.

> *Die Vermeidung des Aldehydtones ist relativ einfach, bei rationell durchgeführter Kellerwirtschaft sollte er gar nicht auftreten. Und wenn man besonders sparsam mit SO_2 umgehen will und soll – gerade dann ist eine regelmäßige Kontrolle des Weines unerlässlich. Zusätzlich haben wir schon die Möglichkeit bei der Vergärung auf einen geringen Gehalt dieses Inhaltsstoffes hinzuarbeiten.*

FL Ing. Herbert SCHÖDL

13 Essigstich – flüchtige Säure

Beschreibung des Essigstiches

Bei Anwesenheit von größeren Mengen an Essigsäure ergibt sich im Wein ein Geruch und Geschmack nach Salatessig. Bei intensivem Auftreten kann der Geruch auch stechend wirken. Gesunde Weine weisen einen Gehalt von 0,2–0,5 g/l auf. Empfindliche Weintester beanstanden Weine bereits ab etwa 0,6–0,7 g/l.

stechende Wirkung

Zu den flüchtigen Säuren zählen neben der wichtigen Essigsäure auch Ameisensäure und höhere Fettsäuren wie etwa Propionsäure, Buttersäure, Valeriansäure und andere. Die flüchtigen Säuren kommen im Wein nur zum Teil in Form der freien Säuren vor, zum Teil sind sie auch mit Alkohol verestert. Der Gehalt an Estern, besonders an Essigsäureethylester (Ethylacetat) ist ebenfalls ein Gradmesser für Verdorbenheit. Ab 200 mg/l werden Weine beanstandet. Der Essigesterton, auch „Uhuton" genannt, tritt oft in Kombination mit Essigsäure auf.

Essigsäureethylester

„Uhuton"

Die als normal angesehenen Werte an Essigsäure werden durch Hefen während der alkoholischen Gärung in Abhängigkeit vom Zuckergehalt gebildet.

Gesetzliche Bestimmungen

Die Maximalwerte an flüchtiger Säure sind durch die EU-Verordnung 1493/99 geregelt.

WEINART	g/l flüchtige Säure, berechnet als Essigsäure
Weißwein, Rosé, Spätlese, Auslese	1,08
Rotwein	1,2
Eiswein	1,8
Beerenauslese	1,8
Trockenbeerenauslese	2,4
Ausbruch	2,4

Ursachen der Krankheitsentwicklung

1. Essigsäurebakterien

Essigsäurebakterien benötigen für ihre Entwicklung unbedingt Sauerstoff. Sie sind aerob. Auch sind sie sehr wärmebedürftig, ihr Temperaturoptimum liegt zwischen 30 und 35° C, unter 10° C vermehren sie sich kaum mehr.

wärmebedürftig

1.1 Bakterientätigkeit vor der alkoholischen Gärung

Essigsäurebakterien und Hefen sind natürlich auch schon im Weingarten verbreitet. Verletzungen an Beeren führen zum Saftaustritt, daraus ergibt sich wiederum eine optimale Vermehrungsmöglichkeit für beide Mikroorganismen, da nicht nur austretender Most sondern auch Sauerstoff und meist auch Wärme ausreichend vorhanden sind. Das Aufspringen von Beeren infolge übermäßigen Dickenwachstums durch intensive Niederschläge verursacht besonders bei dünnschaligen Frühsorten erhebliche Gefahr der Essigbildung. Besonders gefährdet sind Müller Thurgau, Frühroter Veltliner und Blauer Portugieser. Aber auch Traubenfäule infolge Hagelschlag oder Wespenbefall sind äußerst problematisch.

Sauerstoff, Wärme

Hagelschlag oder Wespenbefall

Besonders hinzuweisen ist in diesem Zusammenhang auch auf die Art und Organisation der Traubenannahme. Jeder Qualitätsbetrieb muss trachten die Traubenstandzeiten so kurz wie möglich zu halten. Die lose Schüttung mit geringen Schütthöhen (25–40 cm) verhindert ein selbstständiges Aufplatzen auch bei dünnschaligen Sorten. Ehebaldigste Anlieferung und Traubenverarbeitung sind besonders bei warmem Lesewetter von entscheidender Bedeutung für die Qualität des nachfolgenden Produktes.

Traubenannahme

Sind die Trauben nicht gesund, so können Essigsäurebakterien bis zum Eintreten der alkoholischen Gärung sehr großen Schaden anrichten. In Maischen liegt meist ein höherer Sauerstoffgehalt als in Mosten vor. Aus diesem Grund sind besonders Maischen aus ungesunden Traubenmaterial gefährdet, essigstichig zu werden.

Essigsäurebakterien

Essigsäurebakterien sind sehr SO_2-empfindlich. Eine Maischeschwefelung mit 25–75 mg/kg bewirkt eine Bakterienhemmung und damit etwas Zeitgewinn bis zum Beginn der Gärung. Nach Einsetzen der Gärung ist kaum mehr notwendiger Sauerstoff für die Vermehrung von Essigsäurebakterien vorhanden.

Maischeschwefelung

Wespenfraß an Trauben als eine der Ursachen für essigstichige Weine (Foto: R. Eder).

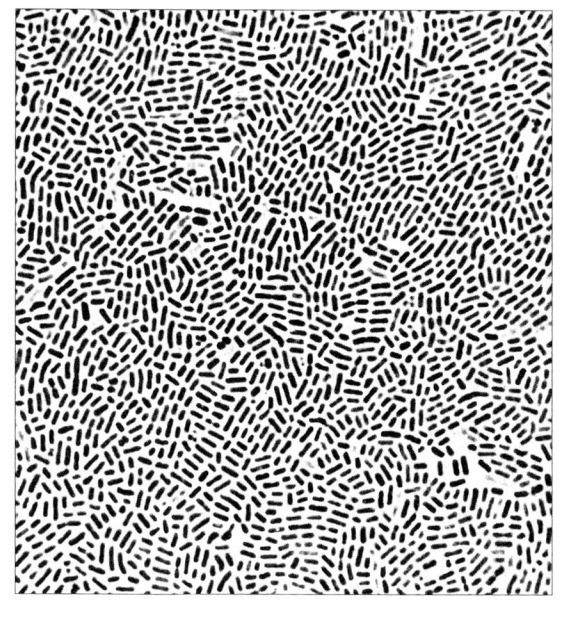

Mikroskopische Aufnahme von Essigsäurebakterien in 1000facher Vergrößerung aus „Mikroskopische Beurteilung von Weinen und Fruchtsäften in der Praxis" von H. Lüthi und U. Vetsch.

1.2 Bakterientätigkeit nach der alkoholischen Gärung

Im Wein bildet vor allem der reichlich vorhandene Alkohol das Substrat für die Weiterentwicklung von Essigsäurebakterien. Allerdings nur unter Vorhandensein von ausreichend Luftsauerstoff und Temperatur. „Behilflich" bei der Produktion von Essigsäure

Luftsauerstoff

	im Wein sind auch die Kahmhefen. Weine mit wenig freier SO_2 und einem Alkoholgehalt unter 12 vol% bilden gerne unter einer
„Weißwerden"	Lufblase eine weiße Haut („Weißwerden"), auf der zusätzlich auch Essigsäurebakterien Halt finden und aus Alkohol Essigsäure bilden. Der Luftsauerstoff muss durch ständig voll gefüllte Behälter verdrängt werden. Eine der wichtigsten Aufgaben des Kellermei-
Vollhalten der Behälter	sters ist das Vollhalten der Behälter, regelmäßiges Stiften (Topping) ist sehr wichtig. Besonders bedeutend ist das Ausfüllen bei der Anwendung von Barriques, da hier größere Mengen von Sauerstoff vom Wein aufgenommen werden, andererseits neues Fassholz sehr viel Flüssigkeit aufnimmt und es dadurch zu kleinen bis größeren Luftblasen kommt. Während einer mehrmonatigen Barriquelagerung können bei Extrembedingungen bis zu 10%
Schwund	Schwund auftreten, der regelmäßig, am besten in wöchentlichen Abständen ergänzt werden muss. Die Anwendung von dicht sitzenden Silikonstopfen verhindert stärkeren Luftzutritt ebenso wie das leichte Seitlichdrehen der Barriques, damit eine allfällige Luftblase nicht direkt unter dem Spund entsteht.

2. Milchsäurebakterien

Neben Essigsäurebakterien, die nur unter Einfluss von Luftsauerstoff vermehrungsfähig sind, können auch Milchsäurebakterien unter Ausschluss desselben Essigsäure bilden. Besonders gefähr-

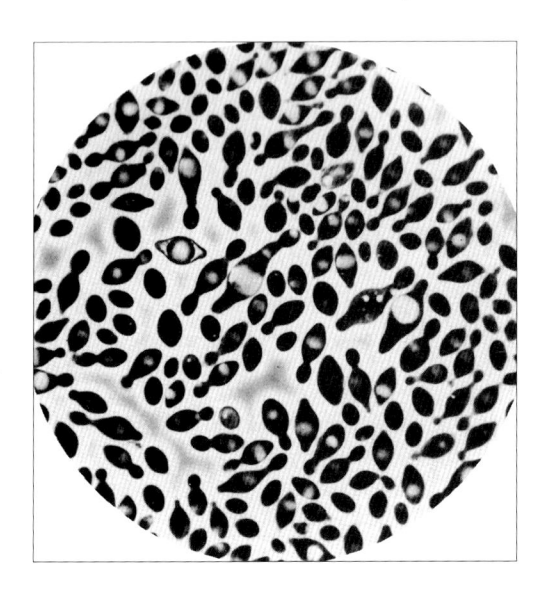

Mikroskopische Aufnahme von „Apiculatus-Hefen" (Kloeckera apiculata) in 1000facher Vergrößerung aus „Mikroskopische Beurteilung von Weinen und Fruchtsäften in der Praxis" von H. Lüthi und U. Vetsch.

det sind Weine mit Restzucker, bei denen ein biologischer Säureabbau durchgeführt wird. Neben Essigsäure produzieren Milchsäurebakterien auch D-Lactat. Grundsätzlich soll daher ein biologischer Säureabbau erst nach vollständiger Vergärung angestrebt werden.

Weine mit Restzucker

3. Hefen
Die herkömmlich in der Weinbereitung angewendeten Hefen aus dem Artenkreis von Saccharomyces cerevisiae bilden unter Bedingungen der Weinbereitung 0,2– 0,5 g Essigsäure/l.
Apiculatushefen (Gattungen Hanseniaspora und Kloeckera) dagegen produzieren wesentlich mehr an flüchtiger Säure. Sie werden auch als „wilde" Hefen bezeichnet und sind im Stande 0,5–1,2 g/l Essigsäure zu bilden. Der gefürchtete Essigsäureethylester (Ester- oder Uhuton) stammt ebenfalls von Apiculatushefen und lässt Weine fehlerhaft erscheinen oder vermindert die Reintönigkeit.

Apiculatushefen, „wilde" Hefen

Hefen der Gattung Brettanomyces produzieren neben flüchtiger Säure auch Ethylphenole, welche in geringen Mengen für positives Weinaroma sorgen, jedoch nach Überschreitung von Schwellenkonzentrationen unerwünschte Aromanoten in den Wein einbringen („Pferdeton", „Pferdeschweiß").

Brettanomyces, „Pferdeschweiß"

Deckenbildende Kahmhefen können neben der Trägerfunktion für Essigsäurebakterien auch selbst Essigsäure und Ester bilden, sie sind leider relativ resistent gegenüber SO_2, jedoch können sie sich bei Alkoholwerten über 12 vol% kaum mehr vermehren.
Apiculatus- und Brettanomyceshefen werden durch freie schweflige Säure gehemmt. Die üblichen SO_2-Gaben in Maische oder Most in Mengen von 25–50 mg/l hemmen das Wachstum von Apiculatus und Brettanomyces, während Saccharomyces cerevisiae wesentlich SO_2-toleranter ist.

Vermeidung von Essigstich

Da dieser Weinfehler kaum zu entfernen ist, erscheint es umso wichtiger, folgende wichtige Punkte zu beachten:

1. Gesundes Traubenmatreial
Alle weinbaulichen Maßnahmen, die Traubenfäule verhindern, sind rechtzeitig durchzuführen: Laubarbeit, harmonische Trieb-/Traubenverteilung am Stock, Schutz vor Vogel- und Wespenfraß etc.

regelmäßige Kontrolle

Besonders wichtig erscheint die regelmäßige Kontrolle des Traubenbehanges und die Wahl des optimalen Lesezeitpunktes.

2. Reinigung und Desinfektion der Traubenübernahme

regelmäßige Reinigung

Traubenreste, Most und Trester sind idealer Nährboden für Essigsäurebakterien. Eine regelmäßige Reinigung sämtlicher mit Maische/Most in Kontakt kommender Gerätschaften, Armaturen, Schläuche, Fixleitungen etc. ist täglich durchzuführen. Hohe Außentemperaturen zur Lese fördern die Bildung flüchtiger Säure.

3. Maische- oder Mostschwefelung

Essigsäurebakterien und unerwünschte „wilde" Hefearten werden durch 25–50 mg/l SO_2-Gabe in ihrer Entwicklung wesentlich gehemmt. Sollte extrem faules Lesegut vorliegen, so ist eine Schwefelung der Maische mit 75–100 mg SO_2/l vorzunehmen.

4. Rasche Angärung durch Hefeeinsatz

Rasches Angären

Die Verwendung von Reinzuchthefe gewährleistet die Vergärung durch einen kontrollierten und bekannten Hefestamm. Unerwünschte Hefen werden dadurch unterdrückt, die Bildung von flüchtiger Säure reduziert. Rasches Angären beschleunigt die Kohlensäurebildung, aerobe Essigsäurebakterien können sich mangels Sauerstoff kaum vermehren. Optimaler Hefebesatz kann auch durch Zusatz von stürmisch gärendem Most in Mengen von 1–2% zu Weißmost und 2–5% zu Rotweinmaischen erreicht werden. Der Hefebesatz sollte bei Starttemperaturen zwischen 18 und 20° C erfolgen.

Schräglagerung von Barriques mit Silikonstopfen zur Vermeidung von übermäßigem Zutritt von Luftsauerstoff.

Weinfehler | Essigstich – flüchtige Säure

5. Auffüllen der Behälter – Vermeidung von Luftblasen

Das Ausfüllen (Stiften) zum Ausgleich von Schwund oder Volumsveränderung infolge Temperaturschwankungen sollte regelmäßig (z. B. 1x wöchentlich) durchgeführt werden.

6. Reinigung und Desinfektion von Fässern und Tanks

Fässer, die mit essigstichigem Wein befüllt waren, müssen besonders sorgfältig gereinigt und desinfiziert werden. Sie sollen ausgedämpft und anschließend nasskonserviert werden.

Behebung von Essigstich

Der Essigstich gehört zu den gefährlichsten Weinkrankheiten. Eine Heilung ist nur in leichten Fällen durch Verschnitt möglich. Dabei ist es notwendig den fehlerhaften Wein vor dem Verschnitt einer Sterilfiltration zu unterziehen, damit Essigsäurebakterien und Hefen entfernt werden. Keinesfalls kann man Essigsäure durch eine Entsäuerung mit Kalk oder durch eine Kohleschönung verringern, oftmals tritt der Essigstich dann noch stärker hervor.

Weinkrankheiten

> *Weine mit starkem Essigstich eignen sich nur noch zur Essigherstellung.*

Dipl.-Ing. Dr. Susanne BERGER

14 Milchsäureton, Buttersäureton, Mannitstich, Bitterton

Der Biologische Säureabbau (BSA)

Die enzymatische Umwandlung der L-Äpfelsäure in L-Milchsäure begleitet von CO_2-Bildung wird von Milchsäurebakterien (MSB) verursacht. Man spricht daher von biologischem oder bakteriellem Säureabbau (BSA) oder, der chemischen Reaktion entsprechend, von Malolactat-Gärung. Ursprünglich stellte sich der BSA spontan und zumeist unerwünscht in säurearmen Rotweinen ein und führte zum Verderb. Auch heute wird der BSA vorwiegend in Rotweinen eingeleitet, da sich die Milchsäurebakterien dort besser vermehren. Gelegentlich wird auch in Weißweinen, wenn sie mehr sekundäre Aromen benötigen, der BSA der chemischen Entsäuerung vorgezogen. Die sensorischen Veränderungen wirken sich aber stärker aus und hängen stark vom Mut und Fingerspitzengefühl des Kellermeisters ab. Jedenfalls muss der BSA nicht mehr dem Zufall überlassen bleiben. Es sind ausreichend chemische und mikrobiologische Parameter, die für eine gezielte Qualitätsoptimierung herangezogen werden können, bekannt. Trotzdem ist ein gewisses Maß an Respekt vor dem Ökosystem, das im Zuge eines BSA aufgebaut wird, durchaus berechtigt. Schließlich wird der BSA nach der 1. Gärung in einem zumeist gelungenen Produkt eingeleitet, das kein Winzer schädigen oder gar verderben will. Hält er sich an bestimmte Prinzipien, stellt der BSA ein elegantes Werkzeug zur Entsäuerung und Harmonisierung dar.

Milchsäurebakterien (MSB) unterscheiden sich von Hefen durch ihre Größe, ihren Zellaufbau, ihre Nährstoffansprüche und physiologischen Eigenschaften und durch ihr Wärmebedürfnis. Kurzum, der BSA stellt den Kellermeister vor eine völlig andere Aufgabe.

Milchsäurebakterien

Entsäuerung und Harmonisierung

Insgesamt wirkt sich der bakterielle Äpfelsäureabbau dreifach auf den Wein aus: *Wirkung*
1. Verminderung der Wasserstoffionenkonzentration und Anstieg des pH-Wertes
2. Geschmacksveränderung durch Abnahme des sauren Geschmackes und Ausprägung zusätzlicher Komponenten
3. Biologische Stabilisierung, da ansonsten befürchtet werden muss, dass der BSA erst in der Flasche abläuft.

Chemische Reaktionen während eines BSA

1. Chemische Stabilisierung der Weine

Die L-Äpfelsäure ist chemisch eine Dicarbonsäure mit zwei dissoziierbaren $COO-H^+$-Gruppen. Im Zuge des BSA findet die enzymatische Umwandlung der L-Äpfelsäure in CO_2 und L-Milchsäure, *L-Äpfelsäure* eine Monocarbonsäure mit nur einer dissoziierbaren $COO-H^+$-Gruppe, statt. Die L-Äpfelsäure wird erst nach dem Verbrauch von Glucose verwendet. Die Milchsäurebakterien haben eine relativ hohe Affinität zur Äpfelsäure. Sie sind bestrebt, die für sie unangenehme Säure zu reduzieren. Die Menge an Wasserstoffionen, die von der Äpfelsäure stammen, wird auf die Hälfte reduziert, der pH-Wert wird folglich um einige Zehntel erhöht. Milchsäure ist *Milchsäure* chemisch und geschmacklich weniger sauer. Sie verleiht dem Wein in mäßiger Konzentration einen samtigen, runden, harmonischen Ton.

Aus 1 g L-Äpfelsäure entstehen 0,67 g L-Milchsäure, CO_2 und Sekundärstoffwechselprodukte. Die Bildung von CO_2 kommt im *Bildung von CO_2* übrigen einer geringfügigen Extraktabnahme gleich. In der Berechnung der titrierbaren Gesamtsäure als Weinsäure ergibt der Abbau von 2 g Äpfelsäure (berechnet als Weinsäure) eine Verringerung der Gesamtsäure (berechnet als Weinsäure) auf etwa 1 g/l. Normalerweise sind im abgebauten Wein 0,5–1,5 g/l Milchsäure enthalten. Mehr als 2 g/l erwecken den Verdacht auf Zusatz von Milchsäure.

Eine sehr vorteilhafte Veränderung der chemischen Zusammensetzung des Weines ensteht durch die Verringerung der SO_2-Bin- *SO_2-Bindungs-* dungspartner im Lauf des BSA. Die Dehydrogenasen (Enzyme) *partner* der MSB reduzieren fast zur Gänze Brenztraubensäure zu Milchsäure und Acetaldehyd zu Ethanol. Auch Pyruvat und Ketoglutarsäure nehmen ab. Damit sinkt der Bedarf an schwefliger Säure um 10–15 mg.

Positive Effekte:
- Abbau der Äpfelsäure in die harmonisierende Milchsäure
- Brenztraubensäure wird zu Milchsäure umgebaut.
- Aus Acetaldehyd entsteht Ethanol.

2. Qualitätsmindernde Nebenprodukte

Außer der Umsetzung von L-Äpfelsäure in L-Milchsäure werden andere Kohlenstoffquellen, wie z. B. Fructose, Gluconsäure, Zitronen- und Brenztraubensäure, Polyalkohole und Glycerin umgesetzt. Dabei entstehen geringe Mengen Essigsäure, Acetoin und höhere Alkohole. Aus organisch gebundenem Stickstoff wird neben verschiedenen Stoffwechselprodukten Ammoniak (NH3) gebildet. Aminosäuren können in Abhängigkeit vom Bakterienstamm zu 24 verschiedenen biogenen Aminen abgebaut werden, die zur Vielfalt der Stoffwechselprodukte beitragen. Keine Angst! Es besteht kein Grund den BSA in Zukunft insgesamt zu vermeiden. Nur nach Infektion mit unerwünschten Bakterien manifestieren sich diese Substanzen als Fehl- oder Mufftöne.

- *Wenn unerwünschte Bakterien am Werk sind oder der BSA unkontrolliert verläuft, entstehen chemische Verbindungen, die sich sensorisch sehr negativ auswirken können.*

Milchsäurebakterien, die am BSA beteiligt sein können

Welche sekundären Stoffwechselprodukte letztendlich während eines BSA gebildet werden, hängt von den Inhaltsstoffen des Mediums, vorwiegend aber von Gattung und Stamm der MSB, die im Jungwein die Oberhand gewinnen, ab. Die chemische Zusammensetzung und Menge der Sekundärstoffwechselprodukte entscheiden über die Aromakomponenten nach abgeschlossenem BSA. Grundsätzlich benötigen die MSB wie auch die Hefen für ihre Vermehrung Zucker (Glucose). Glucose wird zur Energiegewinnung hauptsächlich zu Milchsäure und CO_2 umgebaut. Je nach Stamm entstehen auch unterschiedliche Mengen an Essigsäure oder Ethanol. Man unterscheidet hinsichtlich der Abbauprodukte aus Glucose im Wein homofermentative und heterofermentative MSB.

1. Homofermentative MSB (z. B. Pediococcus damnosus)

Zu den homofermentativen MSB zählen kugelförmige (Kokken z. B. Pediococcus damnosus) und stäbchenförmige Bakterien (Stämme der Gattung Lactobacillus). Pedioccocus damnosus und einige Lactobacillusstämme bilden aus Hexosen D- und L-Milchsäure, aber auch Essigsäure in geringen, vom Stamm abhängigen Mengen. D- und L-Milchsäure unterscheiden sich voneinander durch ihre optische Aktivität (ist die Fähigkeit, die Schwingungsebene von linear polarisiertem Licht zu drehen). Mehr als 1 g/l D-Milchsäure im Wein deuten auf mikrobiologischen Verderb oder auf Zusatz von Milchsäure hin. Pediococcus damnosus bildet zusätzlich sensorisch unangenehm wirkende Mengen an Diacetyl und ist, wie auch einige heterofermentative Lactobacillen, von einer Schleimhülle umgeben. Diese Schleimhülle besteht aus Verbindungen von Zucker (Glucose und Mannose) mit Ribonukleinsäuren und Eiweißmolekülen. Größere Mengen verursachen das Zähwerden des Weines.

Lactobacillus

mikrobiologischer Verderb

2. Heterofermentative MSB (z. B. Oenococcus oeni)

Heterofermentative MSB bilden im Vergleich wesentlich mehr Essigsäure aus Glucose und andere Nebenprodukte (z. B. Ethanol, Acetaldehyd). Zu den heterofermentativen Milchsäurebakterien zählt neben einigen Lactobacillusarten Oenococcus oeni (früher Leuconostoc oenos), der eben wegen seiner physiologischen Eigenschaften für den BSA bevorzugt eingesetzt wird. Obwohl Oenococcus oeni ein heterofermentativer Stamm ist und aus Zucker dementsprechend mehr Essigsäure produziert, erzeugt er während des Äpfelsäureabbaus in Abwesenheit von Zucker (Glucose) weniger qualitätsmindernde Stoffwechselprodukte, wie zum Beispiel Diacetyl.

Oenococcus oeni

Diacetyl

- *Bakterien der Gattung Oenococcus oeni, die im Mikroskop als kettenbildende Diplokokken erscheinen, erzeugen während des Verbrauches von Äpfelsäure weniger unerwünschte Nebenprodukte als andere Gattungen.*

Fehler im Zuge des BSA

1. Essigstich

Glucose liegt nach der Gärung durch Hefe nur noch in geringen Mengen vor. Für eine ausreichende Vermehrung benötigen die Bakterien 0,4–0,8 g/l, höchstens aber 3–4 g/l Restzucker. Mehr ist nicht erwünscht, da andernfalls zu viel Essigsäure entsteht. Der Wein kann sogar verderben, wenn die Hefen nicht durchgegoren

Restzucker

haben, der BSA zu früh einsetzt und der verfügbare Zucker in D-Milchsäure und in Essigsäure, Aldehyde und Alkohole umgewandelt wird. Essigstichige Weine schmecken nicht mehr, abgesehen davon, dass das Weingesetz i. d. g. F. (EU-Weinmarktordnung 1493/99) folgende Maximalwerte für flüchtige Säuren vorschreibt: 1,08 g/l für Weißwein, 1,2 g/l für Rotwein, 1,8 g/l für Beerenauslese und Eiswein und 2,4 g/l für Trockenbeerenauslese, Ausbruch und Strohwein.

Maximalwerte

- *Wenn mehr als einige g/l Zucker im Wein enthalten sind und ein biologischer Säureabbau beginnt, könnten durch einen BSA die gesetzlich vorgeschriebenen Maximalwerte für flüchtige Säuren überschritten werden.*

2. Diacetyl, Lindton

Besondere Bedeutung kommt auch dem Diacetyl, einem der zahlreichen Nebenprodukte, zu. Es wird mehr von homofermentativen MSB, unter anderen von Pediococcus damnosus, weniger durch Oenococcus oeni, erzeugt und zählt zu den bedeutendsten Aromakomponenten, die während eines BSA entstehen. Diacetyl ist eine geruchs- und geschmackintensive Verbindung, die schon in einer Verdünnung von 1 : 1 000 000 sensorisch wirksam wird. In moderater Konzentration (1 mg/l im Weißwein, 5 mg/l im Rotwein) verleiht Diacetyl dem Wein eine buttrige Note, höhere Konzentrationen müssen aber als Fehler bezeichnet werden. Der Wein „käselt", schmeckt süßlich-säuerlich, kratzend und nach Sauerkraut. Dem Diacetyl wird auch der Milchsäure- oder Abbauton zugeschrieben. In verdorbenen Weinen tritt dieser Fehler durch starke Kontamination mit schleimbildenden Pediococcen oder Lactobacillen auf. Zum Lindton kommen das Zäh- und Öligwerden des Weines.

Pediococcus damnosus

buttrige Note

3. Mannit und Acrolein

Nicht zu beheben sind der oben angeführte Essigstich, die Bildung von Mannit und der Bitterton. Mannitstichige Weine sind an ihrem widerlichen Geschmack zu erkennen. Der Mannitstich wird durch heterofermentative MSB in der Phase des Weinausbaues durch Verwertung von Fructose hergestellt. Neben Mannit entsteht meistens Essigsäure, die ebenfalls von heterofermentativen MSB aus Fructose gebildet wird. Besonders gefährdet gegenüber dem Auftreten eines Mannitstiches sind säure- und alkoholarme Weine sowie Weine, die unzureichend geschwefelt wurden.

Bitterton

säure- und alkoholarme Weine

Manche Lactobacillus-Stämme bauen Glycerin, das nach der 1. Gärung in ausreichenden Mengen vorhanden ist, ab. Der Verlust von körperbildendem Glycerin ist an sich schon unerwünscht. Einige MSB bilden dabei 3-Hydroxypropionaldehyd, eine Verbindung, die spontan in Acrolein zerfällt. Die Verbindungen zwischen Phenolen und Acrolein schmecken bitter: Man spricht vom Bitterwerden des Weines. Im späten Stadium kommt es zu makroskopischen Veränderungen wie Farbstoffausfällungen, Bodensätzen und Trübungen.   *Glycerin*

- *Diacetyl in geringen Konzentrationen im Wein schmeckt buttrig, in größeren Mengen zeugt diese chemische Verbindung für verdorbene Produkte.*
  Das bittere Mannit wird aus Fructose in säure- und alkoholarmen Weinen gebildet.
  Nach Abbau der Äpfelsäure kann auch Glycerin von den Milchsäurebakterien angegriffen werden. Es ensteht das ebenfalls bittere Acrolein.
  Daher ergibt sich für die Praxis im Sinne einer rationellen Kellerwirtschaft: Säureabbau nur kontrolliert durchführen, freien Schwefel kontrollieren.

4. Biologische Stabilität

Wenn der BSA einmal eingeleitet ist, ob spontan oder durch Beimpfung mit Bakterienkulturen, sollte er möglichst zu Ende geführt werden. Durch wiederholte sensorische Beurteilung kann der Fortschritt des BSA grob abgeschätzt werden. Äpfelsäure sollte aber vor dem Abbruch analytisch bestimmt und bei einer Restkonzentration von 0,1–0,2 g/l Äpfelsäure beendet werden. Wenn die Milchsäurebakterien nicht gestoppt werden, beginnen sie mit der Verwertung von anderen Kohlenstoffquellen, wie zum Beispiel Weinsäure. Aus Weinsäure entstehen Essigsäure und anderen Sekundärprodukte.   *analytische Kontrolle*

Falls der BSA vorzeitig abgebrochen wird, muss unbedingt die Möglichkeit für sterile Flaschenfüllung gegeben sein. In halb abgebauten Produkten besteht immer die Gefahr einer bakteriellen Aktivität zu einem späteren Zeitpunkt.   *Abbruch*

- *Eine sterile Flaschenfüllung verhindert auch bei längerer Lagerung einen unkontrollierten BSA.*

Steuerung des BSA

Weinkrankheiten, Maßnahmen

Maßnahmen zur Förderung bzw. Hemmung eines biologischen Säureabbaues.

Weinfehler, die sich im schlimmsten Fall zu Weinkrankheiten im Zuge eines BSA entwickeln können, sind ähnlich einer Fehlgärung auf eine falsche Zusammensetzung der Mikroflora zurückzuführen. Es gibt für das Gelingen aber klare Richtlinien. Um die richtigen MSB zu fördern oder auch zu verhindern, bedarf es bestimmter Maßnahmen, die in folgender Tabelle (modifiziert, nach Dittrich H., Mikrobiologie des Weines) im Überblick zusammengefasst sind.

	Förderung	Hemmung
Keimzahl	Zusatz von Bakterienkulturen	EK-Filtration, Sterilfüllung
Säure/pH	Teilentsäuerung	
Temperatur	Warme Gärung	Kühle Gärung, kalte Lagerung
Klärung Abstich	Erhaltung des Hefefeintrubes	Vorklärung Abstich nach Gärungsende
SO_2	Wenig oder gar kein SO_2	H_2SO_3-Spiegel über 30 mg/ml
Nährstoffe	Zusatz von Heferinden, Vitamine	

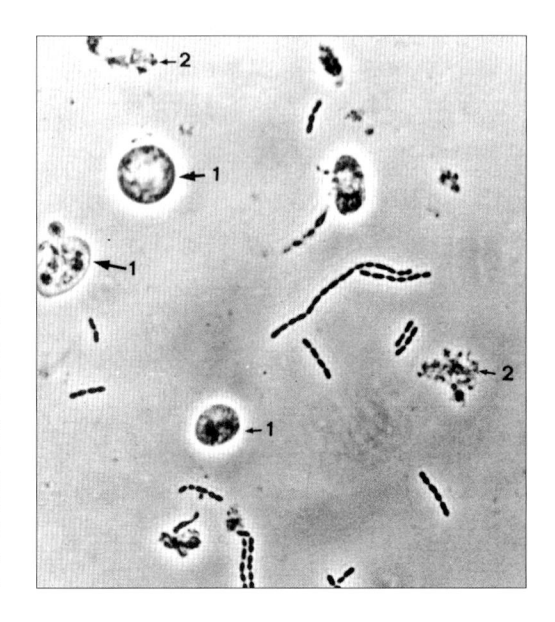

Mikroorganismen in einem im Säureabbau befindlichen Wein (Phasenkontrast) in 1 200facher Vergrößerung aus „Mikroskopische Beurteilung von Weinen und Fruchtsäften in der Praxis" von H. Lüthi und U. Vetsch.

1. Bakterien und Keimzahlen

Die einfachste Förderung eines mikrobiellen Stoffumsatzes erfolgt durch die Erhöhung der Keimzahl des Erregers. Ähnlich wie für die Hefegärung besteht die Möglichkeit, käufliche Bakterienpräparate planmäßig zuzusetzen. Die angebotenen Stämme gehören bevorzugt dem Stamm Oenococcus oeni (früher Leuconostoc oenos), teilweise auch der Gattung Lactobacillus oder Pediococcus an. Die Bakterien vermehren sich beschränkt durch den Verbrauch des Restzuckers. Mit einer Lebendzellzahl von ca. 10^7/ml – das sind 10 000 000 Zellen pro Liter – sind die Milchsäurebakterien eventuellen Kontaminanten überlegen. Das Risiko für eine Fehlgärung wird geringer. Der BSA setzt schneller ein, geht zügiger voran und führt meistens zu reintönigeren Produkten. In jedem Fall sind die Gebrauchsanweisungen des Erzeugers ausschlaggebend und unbedingt einzuhalten. Etwas mehr Zeit, Genauigkeit und Fingerspitzengefühl benötigt die optimale Vermehrung der natürlichen Flora. Am günstigsten wirkt sich auch in diesem Fall Oenococcus oeni aus bereits bekannten Gründen aus. Die Weinflora ist mit freiem Auge nicht erkennbar. Bakterien (0,5 Mikrom) sind noch kleiner als Hefen (5–10 Mikrom). Mit einem einfachen Mikroskop ab 600facher Vergrößerung sind nicht nur Hefen sondern auch Bakterien sichtbar. Die Abbildung von Seite 130 zeigt einen sich im Säureabbau befindlichen Wein. Die für Oenococcus oeni typischen Ketten, nicht näher identifizierte Trubstoffe (2) und die ovalen Weinhefen (1) sind gut voneinander zu unterscheiden. Ein negatives Beispiel, das Sediment eines verdorbenen Weines zeigt die folgende Abbildung auf der nächsten Seite. Dominierend an der Zahl sind die schleimbildenden Kokken (L). Sie bilden charakteristische Vierergruppen (Tetraden). Die dicken und schmalen Stäbchen (M, W) sind Weinschädlinge. Zum Größenvergleich ist auch hier eine Hefe abgebildet (H).

Im Fall von Beimpfung mit Kulturen und ganz besonders im Fall des spontanen BSA stehen die Anforderungen der unter den gegebenen Bedingungen stark beeinträchtigten Milchsäurebakterien im Vordergrund. Beim Einleiten des BSA besteht die Aufgabe darin, das Leben der Bakterien in einem höchst unwirtlichen Umfeld zu ermöglichen. Denn der pH-Wert im Jungwein liegt sehr niedrig, die optimale Wachstumstemperatur der Bakterien wird zumeist nicht erreicht, die Hauptnährstoffe Zucker und organischer Stickstoff wurden bereits weitgehend von der Hefe ver-

Sediment eines verdorbenen Rotweines (Phasenkontrast) in 1200facher Vergrößerung aus „Mikroskopische Beurteilung von Weinen und Fruchtsäften in der Praxis" von H. Lüthi und U. Vetsch.

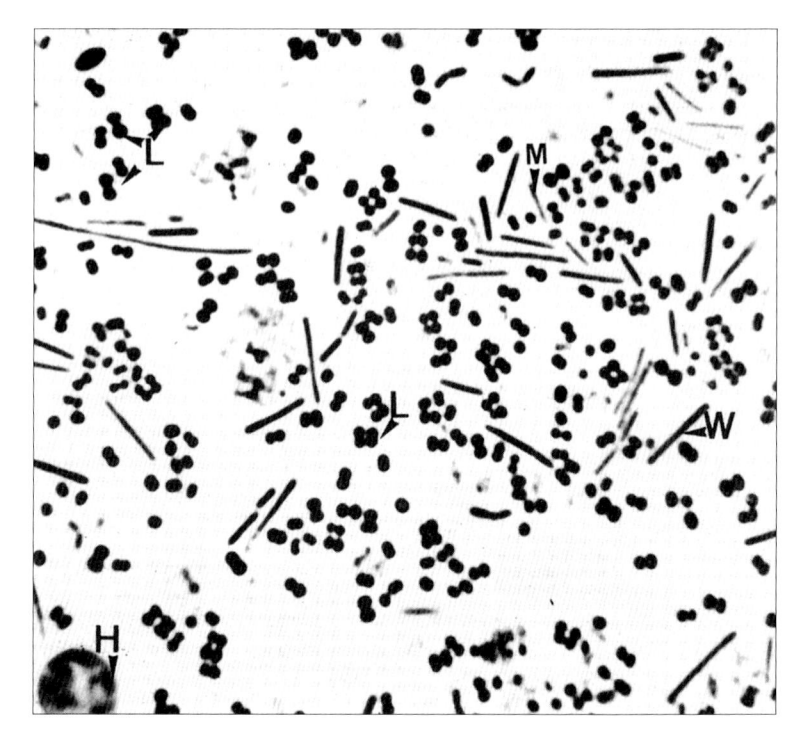

schweflige Säure braucht, Alkohol, CO_2 und schweflige Säure (ca. 10 mg/l freies SO_2 oder 30 mg/l gesamt-SO_2) hemmen die Vermehrung der MSB ebenfalls. Man sollte also durchaus jede mögliche und erlaubte Verbesserung vornehmen.

2. pH-Wert

Der Gehalt an Äpfelsäure und auch Milchsäure kann sensorisch beurteilt werden, sollte aber vor dem Abbruch quantitativ bestimmt werden und eine Restkonzentration von 0,1–0,2 g/l betragen.

Restkonzentration

Die Wasserstoffionenkonzentration (pH-Wert) stellt für die Vermehrung der Bakterien einen wichtigen Faktor dar. Infolge ihres Säuregehaltes haben Moste und Weine einen sehr niedrigen pH-Wert. Er liegt normalerweise zwischen 3,0 und 3,4 in einem Bereich, in dem die Vermehrung einiger spezialisierter Bakterien noch möglich ist. Unter pH 3,0 findet überhaupt keine Vermehrung mehr statt, ab pH 3,5 vermehren sich Pedioccocus damnosus

Vermehrung

und andere Kontaminanten. Am besten bewährt sich pH 3,3–3,4. Der kleine Spielraum zwischen pH 3,3 und pH 3,5 reicht aus um Oenococcus oeni zu fördern und Stämme der Gattung Pediococcus zu hemmen. Liegt der pH-Wert natürlicherweise zu tief, kann mit etwas Entsäuerungsmittel, z. B. $CaCO_3$, entsäuert werden.

Entsäuerungsmittel

- *Der optimale pH-Wert von 3,3–3,4 wird durch geringfügiges Entsäuern erzielt.*

3. Temperatur

Die Temperatur spielt vor allem in der Phase des Einleitens eine große Rolle. Die optimale Vermehrungstemperatur der meisten Bakterien liegt bei 25–30° C. Ungefähr 22° C sind erforderlich, um den BSA in Gang zu bringen. Geringere Temperaturen führen zu verzögerter Einleitung, Fehlleitung oder Hemmung und es entstehen unreine Endprodukte. Die Restwärme der Gärung unmittelbar nach dem ersten Abzug ermöglicht normalerweise ausreichende Vermehrung und sollte genützt werden. Wenn keine warmen Räumlichkeiten zum Lagern der Weine zur Verfügung stehen, können herkömmliche Methoden der Erwärmung angewendet werden. Am einfachsten sind Mostwärmer anzuwenden, haben aber den Nachteil, dass im nahen Umfeld des heißen Gerätes die Bakterien absterben. Dadurch wird die Keimzahl reduziert und der Fortschritt des BSA beeinträchtigt. Besser wirkt ein Infrarot-Heizstab, der ebenfalls ins Medium getaucht wird (siehe Abb. unten). Die Wärme konzentriert sich nicht am Gerät sondern verteilt sich mit der Infrarotstrahlung im Medium. Die Bakterien haben nicht unter örtlicher Überhitzung zu leiden. Auch isolieren-

Restwärme der Gärung

Mostwärmer

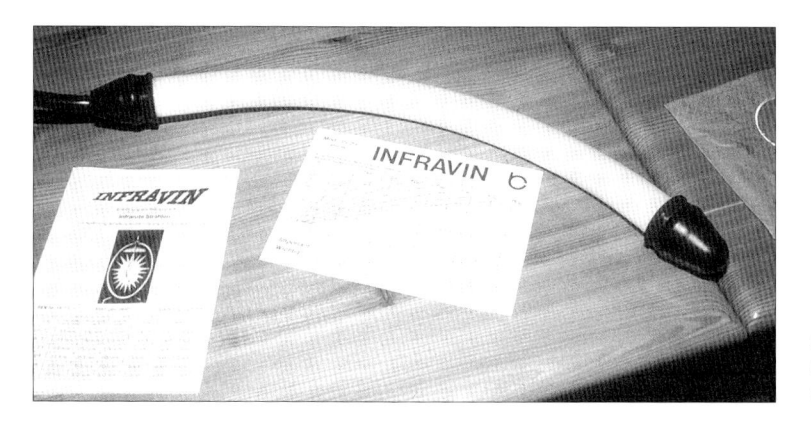

Fotografie eines Infrarot-Heizstabes (Foto: M. Pastler).

de Ummäntelungen helfen, wenn man nicht ohnehin beheizbare Stahltanks in Betrieb nimmt. Das Einstellen der entsprechenden Temperatur ist jedoch die „Conditio sine qua non" für die Durchführung eines BSA.

- *Bakterien sind sehr temperaturempfindlich. Technische Hilfsmittel für die Mosterwärmung sorgen für ausreichende Wärme (ca. 22° C).*

4. Hefetrub und Nährstoffe

Die Erhaltung des Hefetrubes nach Entfernung des Gelägers erfüllt zwei Aufgaben: Einerseits ernähren sich die Milchsäurebakterien von den Aminosäuren und Vitaminen, die während der Gärung von den Hefen gebildet werden. Besonders profitieren die MSB von den freigesetzten Zellinhaltsstoffen der abgestorbenen, autolysierten Hefen. Das wiederholte Aufrühren des Hefe-Bakterientrubes verteilt die Nährstoffe im gesamten Medium.

Andererseits erhalten die Hefen das reduktive Umfeld und verhindern schädliche Oxidationen (z. B. Essigsäurebildung).

Nährstoffe können auch in Form von Heferindenpräparaten und Vitaminpräparaten zugesetzt werden.

- *Im wenig nährstoffreichen Wein spielen Hefefeintrub oder zugesetzte Präparate eine wichtige Rolle bei der Anreicherung der äpfelsäureabbauenden Bakterien.*

5. SO_2

SO_2 wirkt unspezifisch antimikrobiell, hemmt aber insbesondere die SO_2-empfindlichen MSB. Bei einer Konzentration unter 10 mg/l (bei pH 3,4) sind die MSB noch lebensfähig. Bereits während der Traubenverarbeitung kann im Hinblick auf einen geplanten BSA der Zusatz von SO_2 niedrig gehalten werden. Wenn gesundes Lesegut und Reinzuchthefe zum Einsatz kommen, kann ganz darauf verzichtet werden. Die Schwefelung des Jungweines würde den BSA völlig verhindern. Wenn der BSA andererseits beendet oder abgebrochen werden soll, empfiehlt sich in jedem Fall ein Spiegel an freiem SO_2 von ca. 30 mg/l. Diese bakteriziden Bedingungen sollten auch zusätzlich zu einer Entkeimungsfiltration geschaffen werden, da keine der beiden Stabilisierungsmaßnahmen völlige Stilllegung bakterieller Aktivität erreicht.

Die „Kellerhygiene" insgesamt spielt im Zusammenhang mit dem BSA eine bedeutende Rolle. Ein Fass, in dem ein BSA stattgefunden hat, stellt auch nach gründlicher Reinigung eine Infektionsquelle dar und sollte nur noch für diesen Zweck verwendet werden. Besonders in Fugen und unter Weinsteinablagerungen in Barriques, aber auch in Schläuchen und Leitungen halten sich Infektionsherde.

Infektionsquelle

- *Hygiene beim Umgang mit Bakterien in den Phasen der Füllung und Lagerung ersparen viele Sorgen.*

Zusammenfassung

Für die Einleitung und Durchführung eines BSA ist die Erfüllung mehrerer fördernder Bedingungen wesentlich:
Nur Temperaturen von ca. 22° C ermöglichen die Vermehrung der MSB. Der pH-Wert stellt ein wichtiges Steuerungsinstrument dar. Bei pH 3,4 liegen ideale Bedingungen für die Vermehrung der Diplokokken (Oenococcus oeni) vor. Etwas Restzucker und organischer Stickstoff in Form von Hefetrub oder zugesetzten Heferindenpräparaten und Vitaminen tragen zur gesunden Entwicklung der Flora bei.
Begleitende sensorische und chemische Analysen stellen essenzielle Kontroll- und Steuermaßnahmen dar. Auch das Eintreten des BSA sollte nicht dem Zufall überlassen werden. Lange Anlaufphasen sind als Risiko für das Produkt zu betrachten und möglichst zu vermeiden. Nach rechtzeitigem Abbruch, Zusatz von SO_2 und Sterilfüllung beginnt die Reifung des Weines. Der Wein braucht mindestens drei Monate zur Abrundung und Entfaltung des Aromas.
Einige Weinfehler können sich einschleichen, wenn der BSA unkontrolliert erfolgt. Hauptsächlich eine falsche Zusammensetzung der Mikroflora und zeitliche Verzögerungen beim Einleiten und Ablauf führen zu Fehltönen oder, noch schlimmer, zum Verderb. Zu den unerwünschten chemischen Veränderungen zählen übermäßige Bildung von Essigsäure, D-Milchsäure, Diacetyl, Aldehyden und Polyalkoholen, Bittertöne und das Zähwerden des Weines. Aber auch Nachtrübungen in der Flasche können Kummer bereiten. Kummer mit der Kellertechnik wird hier zu Lande aber seltener. Viele Winzer suchen Zugang zu modernem Know-how und nützen die unerschöpflichen Quellen wissenschaftlicher Erkenntnisse. Der BSA erfordert viel Aufmerksamkeit. Wenn diese aufgebracht wird, sitzt vielleicht auf einem der Fässer die Schwarze Katze des eigenen Weinkellers.

Temperatur

organischer Stickstoff

unerwünschte chemische Veränderungen

Dipl.-Ing. Dr. Reinhard EDER

15 Biogene Amine

Biogene Amine sind eine mannigfache Substanzgruppe die in einer Vielzahl verschiedener Lebensmittel vorkommen und im menschlichen Organismen Unverträglichkeitsreaktionen auslösen können. Da ihr Abbau durch Alkohol und Acetaldehyd gehemmt wird kommt dem Genuss alkoholischer Getränke in diesem Zusammenhang eine besondere Bedeutung zu.

Bildung und Vorkommen biogener Amine in Lebensmitteln

Biogene Amine sind in niedrigen Konzentrationen (Milligramm pro Liter bzw. Kilogramm) natürliche Inhaltsstoffe von verschiedenen Lebensmitteln wie beispielsweise Käse, Fisch, Sauerkraut, Rohwürste, Orangen, Himbeeren, Avocado, Tomaten und Spinat. Die hauptsächliche Entstehungsursache ist die Decarboxylierung von Aminosäuren so wird beispielsweise das bekannteste biogene Amin Histamin aus der Aminosäure Histidin gebildet. Weitere mögliche Bildungswege sind die Aminerung von Aldehyden und Ketonen durch Transaminasen und der enzymatische Abbau anderer stickstoffhaltiger Substanzen.

Im Zuge der Weiterverarbeitung landwirtschaftlicher Primärprodukte wie beispielsweise Milch, Trauben mittels mikrobiologischer Umsetzungen z.B. alkoholische Gärung, biologischer Säureabbau, Reifung von Wurst und Käse können höhere Gehalte dieser Substanzen entstehen. Deshalb ist auch bei Produkten mit bewußter mikrobieller Behandlung wie Käse, Sauerkraut und auch Wein vermehrt mit Unbekömmlichkeitsreaktionen zu rechnen.

Lebensmittel

Aminosäuren

mikrobiologische Umsetzungen

Wirkung biogener Amine im Körper

Allgemeine Aussagen über die Wirkung von biogenen Aminen im Körper sind nicht zielführend, da die individuelle Empfindlichkeit stark unterschiedlich ist. Die Verträglichkeit biogener Amine hängt insbesondere von der Aminooxidase-Aktivität der Darmschleimhaut und der Leber ab, so weisen Personen mit Histamin-Unverträglichkeit i.d.R. eine geringe Aktivität der Aminooxidase auf und sind somit bedeutend für Migräne und ähnliche Symptome anfälliger. *Unverträglichkeit*

Die Mengenangaben zur Toxizität der verschiedenen Substanzen ist in der Literatur sehr unterschiedlich beschrieben und stark von der Art der Verabreichung (oral oder intravenös) abhängig. Neben Histamin dürfte insbesondere ß-Phenylethylamin von gesundheitlicher Bedeutung sein, da die orale Aufnahme von Apfelsaft und Wein (Gehalte von 5–50 mg/l) mit erhöhten Gehalten zu Symptomen wie Kopfschmerzen, Schwindel und Übelkeit führte. Zusätzlich kann es zu Wechselwirkungen mit anderen Komponenten unserer Ernährung kommen, die oftmals synergetische Effekte zur Folge haben. Grundsätzlich wirken sie im Organismus entweder vaso- oder psychoaktiv. Üblicherweise werden Symptome wie Kopfschmerzen, Juck- und Hustenreiz, Übelkeit, Erbrechen, Durchfall, Augendruck, Kreislaufschwäche und Atemnot mit biogenen Aminen in Verbindung gebracht, wobei jedoch anhand von konkreten Beschwerdeproben kein direkter Zusammenhang zwischen Amingehalten und Beschwerden festgestellt werden konnte. *Toxizität* *Symptome*

Abbau biogener Amine im Körper

Für gewöhnlich ist der Abbau geringer Dosen mit Hilfe der körpereigenen Mono- und Diaminooxidasen kein Problem. Kritisch wird es erst, wenn die Dosis zu hoch ist oder der Abbau durch Inhibitoren, die in bestimmten Medikamenten (z.B. Antidepressiva) enthalten sind, gehemmt wird. Auch der Genuss von alkoholischen Getränken wie beispielsweise Wein kann problematisch sein, weil Alkohol und sein Abbauprodukt Acetaldehyd (Ethanal), eine Blockade der Aminooxidasen hervorrufen und somit eine längere Verweilzeit der biogenen Amine im Körper bewirken. Die Bildung von krebserregenden Nitrosaminen aus sekundären Aminen wie beispielsweise Spermin oder Dimethylamin stellt eine mögliche, weitere gesundheitsschädigende Wirkung biogener Amine dar. *Inhibitoren* *Alkohol, Acetaldehyd*

Trotz der mehrfach beschriebenen negativen gesundheitlichen Wirkung sind nur in Einzelfällen Höchstwerte für biogene Amine *Höchstwerte*

"Biologischer Säureabbau" bedeutet nicht automatisch "biogene Amine".

im Allgemeinen (z.B. USA: Thunfisch ≤ 20 mg Histamin/100g) und für Wein im Speziellen definiert worden, so gilt beispielsweise in der Schweiz ein Maximalwert von 10 mg/l für Histamin.

Histamin Im Most ist Histamin nicht enthalten, es entsteht vorwiegend nach der Gärung vor allem durch einen biologischen Säureabbau. Bei einem schlechten Verlauf, wenn Pediokokken beteiligt sind, ist mit einem höheren Gehalt zu rechnen. Der Ablauf eines biologischen Säureabbaus allein ist also zwangsläufig noch kein Grund für höhere Gehalte an biogenen Aminen.

Um die vorhanden Mengen im richtigen Licht zu sehen, sollte man bedenken, dass in verschiedenen Lebensmitteln ein 10–100facher Gehalt an Histamin vorhanden ist, z.B. bei Schimmelkäsen. Wie schon oben kurz erwähnt, hat man beim alleinigen Verzehr des Lebensmittels oder Weines keine Beschwerden. Der Einfluß der biogenen Amine wird jedoch durch Alkohol, den man zu sich genommen hat verstärkt – die sogenannte synergistische Wirkung. Die Ursache muß also nicht bei hohem Histamingehalt des Weines liegen.

synergistische Wirkung

Vorkommen biogener Amine im Wein

keine allgemeinen Aussagen

Zahlreiche Untersuchungen haben ergeben, dass man keine allgemeinen Aussagen über die Gehalte biogener Amine in Wein treffen kann, sondern dass die Werte in weiten Bereichen variieren (1. Bereich = Weisswein, 2. Bereich = Rotwein; n.n.=nicht nachweisbar): Histamin: 0,1–12 bzw. 0,1–28 mg/l; Tyramin: 0,1–6,5 bzw. 0,1–8 mg/l; Putrescin: 0,1–4,8 bzw. 0,9–35 mg/l; Cadaverin: n.n–29 bzw. n.n.–21,8 mg/l; Isopentylamin: 0,2–20 bzw. 0,1–4,6 mg/l; Phenylethylamin n.n.–13 bzw. n.n.–1,4 mg/l und Ethylamin 0,1–20 bzw. 0,9–2,0 mg/l.

weite Bereiche

Die Gehalte biogener Amine in österreichischen Weiß- und Rotweinen (Probenanzahl > 100) wurden an der HBLAu.BA Klosterneuburg untersucht, wobei allgemein niedrige Werte auch beim Histamingehalt festgestellt wurden.

Histamingehalt in mg/l	Probenzahl	Durchschnittlicher Histamingehalt	Minimaler bis maximaler Wert
Weißweine	56	0,83	0,16-4,22
Rotweine	38	1,20	0,21-6,33
Prädikatsweine	16	0,38	0,16-0,83
Schaumweine	26	0,56	0,16-5,9

Auch in deutschen Arbeiten wurden bei über 90% der untersuchten Weißweine und 70% der Rotweine Werte unter 1 mg/l festgestellt.

Vorkommen biogener Amine im Prädikatswein

Da die bisherigen Ergebnisse gezeigt haben, dass insbesondere Weine aus gefaulten Lesegut hohe Konzentrationen an biogenen Aminen aufweisen, war es von großen Interesse die Situation in edelsüßen Produkten zu untersuchen. Um diesen Sachverhalt zu klären wurden 22 österreichische Prädikatsweine des Handels untersucht. Anhand der graphischen Darstellung der durchschnittlichen Gesamtkonzentration ist deutlich ersichtlich, dass mit steigender Mostgradation die Konzentration an Aminen steigt. Lediglich Eisweine wiesen auffällig niedrige Werte auf, dies kann aber auf deren spezielle Herstellungsweise (Konzentrierung durch Frost und nicht durch Botrytis) zurückgeführt werden. Es ist evident, dass mit zunehmendem Grad der Botrytisinfektion („Edelfäule") die Gehalte an Phenylethylamin und Isopentylamin stark zunehmen, während hingegen die Gehalte an Histamin, Tyramin,

gefaultes Lesegut

Mostgradation

Botrytisinfektion

"Botrytiston"

Putrescin und Cadaverin praktisch unverändert bleiben. Wiederum auffällig sind die relativ niedrigen Histamingehalte (< 0,20 mg/l), wobei anzunehmen ist, dass die Konzentrationen bereits in den Trauben so gering waren. Zu vergleichbaren Ergebnissen kamen deutsche Kollegen im Zuge der Untersuchung von 31 Rieslingweinen mit deutlichem „Botrytiston", wobei auch hier nur die Gehalte an Ethanolamin, Isopentylamin und Phenylethylamin in einigen Proben (15–30%) etwas erhöht waren, während die Gehalte der anderen Amine in den üblichen Bereichen lagen.

Abhängigkeit der Gehalte biogener Amine von der Traubenqualität

Hygiene und pH-Wert, Traubengesundheit

Die effektiv vorhandene Konzentration biogener Amine im Wein hängt einerseits vom natürlichen Gehalt in den Beeren und andererseits von den Bedingungen insbesondere Hygiene und pH-Wert während der Weinherstellung ab.

Traubenfäulnis führt zu einem deutlichen Anstieg der Gesamtgehalte biogener Amine insbesondere von Isopentylamin und Phenylethylamin.

Die große Bedeutung der Traubengesundheit auf die Gehalte biogener Amine wurde anhand von Vergleichsuntersuchungen festgestellt. In österreichischen Mosten bzw. Weinen der Jahre 1998–2000, die aus gesundem Lesegut hergestellt wurden, waren die Gesamtgehalte von sieben analysierten biogenen Amine mit 4,11 mg/l bzw. 7,27 mg/l recht niedrig. Auch die Moste bzw. Weine aus gefaulten Trauben wiesen im internationalen Vergleich noch relativ niedrige Werte auf (10,8 mg/l bzw. 28,79 mg/l, die Werte waren aber deutlich höher als bei gesundem Lesegut. Der durchschnittliche Gesamtamingehalt in Most aus verfaulten Lesegut lag um ca. 150% höher als bei gesundem Lesegut. Die höheren Gesamtamingehalt waren vorwiegend auf Isopentylamin und Phenylethylamin zurückzuführen, während die Gehalte der anderen biogenen Amine (auch Histamin) nur geringe Zunahmen zeigten. Grundsätzlich waren die Histamingehalte als eher niedrig einzustufen (Maximalwert: 5,89 mg/l).

verfaultes Lesegut

Diese Untersuchungen belegen eindrucksvoll, dass die Maßnahmen zum Erzielen eines gesunden Lesegutes bzw. gegebenenfalls die Entfernung gefaulter Trauben durch getrennte Lese oder Sortierbänder von großer Bedeutung für die Bekömmlichkeit des Weines sind. Aufgrund der festgestellten Konzentrationszunahmen, kann somit festgestellt werden, dass die Gehalte biogener Amine, so wie auch bei anderen Lebensmitteln (z.B. Fisch, Rohwurst) durchaus als Qualitätskriterium angesehen werden können. Insbesondere die Gehalte an Isopentylamin und Phenylethylamin können sehr als Indikatorsubstanzen zur Beurteilung der phytosanitären Qualität des Traubenmaterials herangezogen werden.

Qualitätskriterium

Einfluss der Traubengesundheit auf Gehalt biogener Amine.

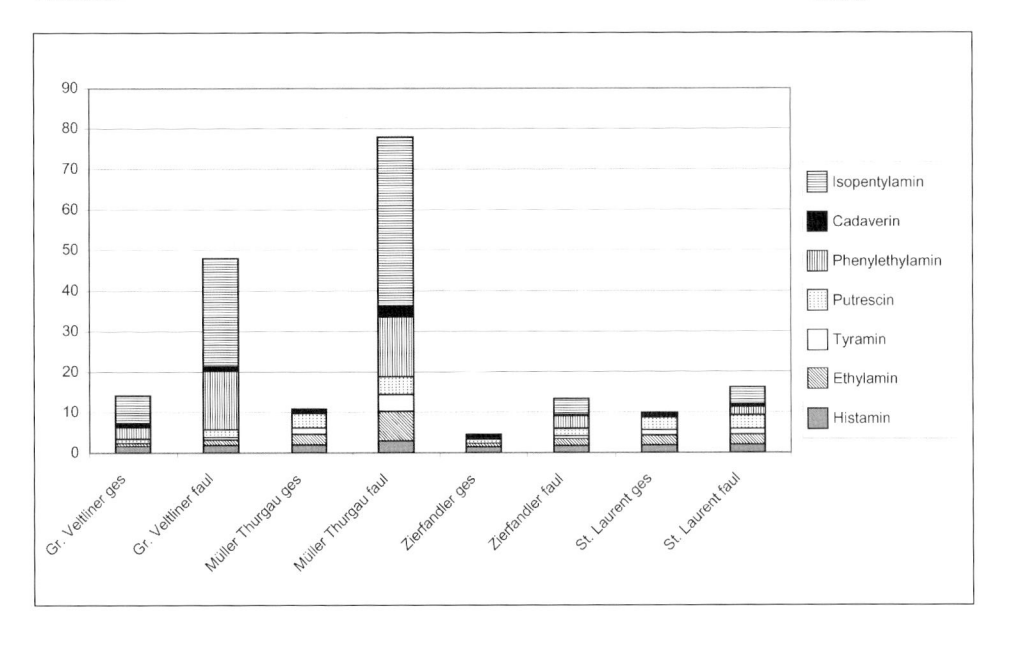

Bildung biogener Amine im Zuge der Weinbereitung:

Der Einfluss der Verarbeitungstechnologie auf die Gehalte biogener Amine ist recht gut erforscht. Während des ganzen Prozesses der Weinherstellung beginnend mit der Mostbehandlung, Maischestandzeit, alkoholischen Gärung, biologischen Säureabbau und Lagerung können verschiedenen Amine entstehen bzw. deren Gehalte erhöht werden. Eine besondere Bedeutung kommt hierbei dem pH-Wert zu, da festgestellt wurde, dass insbesondere bei pH-Werten über 3,6 unerwünschte bakterielle Umwandlungen begünstigt werden. Während der alkoholischen Gärung wird hauptsächlich Ethanolamin gebildet, außerdem sollen infolge einer Vergärung mit Reinzuchthefen im Vergleich zu einer Spontangärung verstärkt biogene Amine gebildet werden. Mehrere Untersuchungen haben gezeigt, dass ein spontaner, unkontrollierter biologischer Säureabbau mit Bakterien der Gattung Lactobacillus bzw. Pediococcus zu erhöhten Gehalten biogener Amine, insbesondere Histamin, führt. Bei Verwendung von kommerziell erhältlichen Bakterienstarterkulturen (selektionierte Oenococcus oeni) sind hingegen keine bzw. nur marginale Zunahme festgestellt worden.. Auch sollte vermieden werden, dass durch zu hohe Gaben an SO_2 (50 mg/l SO_2) vor dem biologischen Säureabbau die erwünschten Bakterien unterdrückt und somit Schaderreger gefördert werden. Da die Bildung biogener Amine i.d.R. auf mikrobiologische Aktivitäten zurückzuführen ist, können erhöhte Gehalte insbesondere an Cadaverin, Putrescin und Histamin als Verderbnisindikator bzw. als Zeichen einer mangelnden Kellerhygiene angesehen werden.

Vermeidung erhöhter Gehalte an biogenen Aminen
- Verwendung gesunder Trauben
- Saubere, kontrollierte rasche Vergärung
- Vermeidung von pH-Werten > 3,6
- Biologischer Säureabbau mit Starterkulutren, Unterdrückung unerwünschter Pediococcen und Lactobacillen
- Ordentliche Betriebs- und Kellerhygiene

Verminderung der Gehalte biogener Amine im Wein
- Es gibt verschiedene Studien, die zeigen dass biogene Amine im nachhinein durch Schönungsmittel teilweise aus dem Wein entfernt werden können, allerdings ist die Adsorptionsfähigkeit der einzelnen Substanzen unterschiedlich stark.

Bentonit

- Die beste Histamin reduzierende Wirkung weist das Bentonit auf, wobei aber der Effekt einerseits von der Anwendungskonzentration und andererseits von der Histaminkonzentration im Wein abhängig ist. Bei hohen Histaminkonzentrationen und Anwendungsmengen von 400 g/hl Bentonit sind Reduktionen bis ca. 70% möglich, während hingegen bei niedrigen Histaminwerten und 100 g/hl Bentonit kaum eine Wirkung festgestellt wurde. Weiters ist Bentonit auch geeignet Isopentylamin und Cadaverin zu binden und dadurch die Gehalte deutlich zu reduzieren.
- Sollte Mostbentonit eingesetzt werden, so erscheint es daher sinnvoll, eine gewünschte Eiweißstabilisierung nicht ausschließlich im Most durchzuführen, sondern sich noch etwas „Luft" zur Weinbehandlung zu lassen.
- Auch mit Aktivkohle läßt sich Histamin entfernen, aufgrund der starken Aromabeeinflussung wird aber Bentonit vorzuziehen sein.
- Anderen Behandlungsmitteln wie z.B. Casein, Gelatine, Hausenblase, PVPP bewirken keine selektive Verminderung biogener Amine.

Schönung mit Bentonit – das wirkungsvollste Verfahren zu Verringerung erhöhter Histamingehalte.

Dipl.-Ing. Manfred GÖSSINGER

16 Zähwerden, Lindwerden

Als Weinkrankheiten werden sortenuntypische, unangenehme und störende Geruchs- und Geschmackskomponenten bezeichnet, die mikrobiellen Ursprungs sind. Meist handelt es sich dabei um Hefen und Bakterien, die sich durch fehlerhafte Verarbeitung und mangelnde Kellerhygiene vermehren und wachsen können. Manche Weine sind aufgrund ihrer Zusammensetzung krankheitsanfälliger als andere Weine.

Weinkrankheiten

Wissend um die Gefahr, ist der Winzer in diesen Fällen besonders gefordert durch vermehrte Aufmerksamkeit und Kontrolle im Betrieb die Entstehung von Weinkrankheiten zu vermeiden bzw. rasch zu behandeln. Neben vielen anderen werden auch das Zähwerden und Mäuseln der Weine zu den Krankheiten gezählt. Dank der heutigen Technologie können die Gefahren im Zaum gehalten werden.

Beschreibung der Krankheit

dickflüssig bis schleimig

flüchtige Säure

Das Zähwerden des Weines ist eine verhältnismäßig harmlose Weinkrankheit, da der Wein in den meisten Fällen wieder „repariert" werden kann. Zäh gewordene Weine weisen fast immer eine Trübung auf. Je nach Stadium der Krankheit sind die Weine dickflüssig bis schleimig und ziehen Fäden beim Ausgießen. Oft wird eine leichte Kohlensäurebildung beobachtet. Kohlensäurebläschen steigen nur langsam an die Oberfläche. Der Geschmack ist fad, aber das Bukett leidet anfangs nicht. Zähe Weine haben häufig einen erhöhten Gehalt an flüchtiger Säure.

Ursachen und Vermeidung

biologischer Säureabbau

Die Krankheit tritt verstärkt bei Weinen auf, die entweder sehr früh in Flaschen gefüllt wurden und dort einen biologischen Säureabbau erlebten oder wenn die Jungweine nach der Gärung nicht ausreichend geschwefelt, aufgefüllt und nicht schon in der kalten Jahreszeit geklärt wurden. Vor allem säure-, alkohol- (unter 11 vol%) und gerbstoffarme Weine mit wenig Luftkontakt sind besonders gefährdet. Wird solcher Wein längere Zeit bei höheren Temperaturen (über 20° C) auf dem Hefedepot gelagert, steigt die Gefahr des Zähwerdens stark an. Untersuchungen zeigten, dass einige Bakterien (Pediococcus- und Leuconostoc-Arten) Zucker in viskositätserhöhende Polysaccharide umwandeln können. Dabei wird aus Glucose, Fructose, Saccharose und Maltose ein Komplex aus Glucose und Mannose mit Ribonukleinsäuren und Protein gebildet (Schleim). Zu den wichtigsten Schleimbildnern zählen Pe-

Schleimbildende Pediokokken: Einzelkokken (1), Diplokokken (2) und Tetraden (3), 1300fache Vergrößerung, Phasenkontrast aus dem Buch „Mikrobiologie des Weines" von H. H. Dittrich.

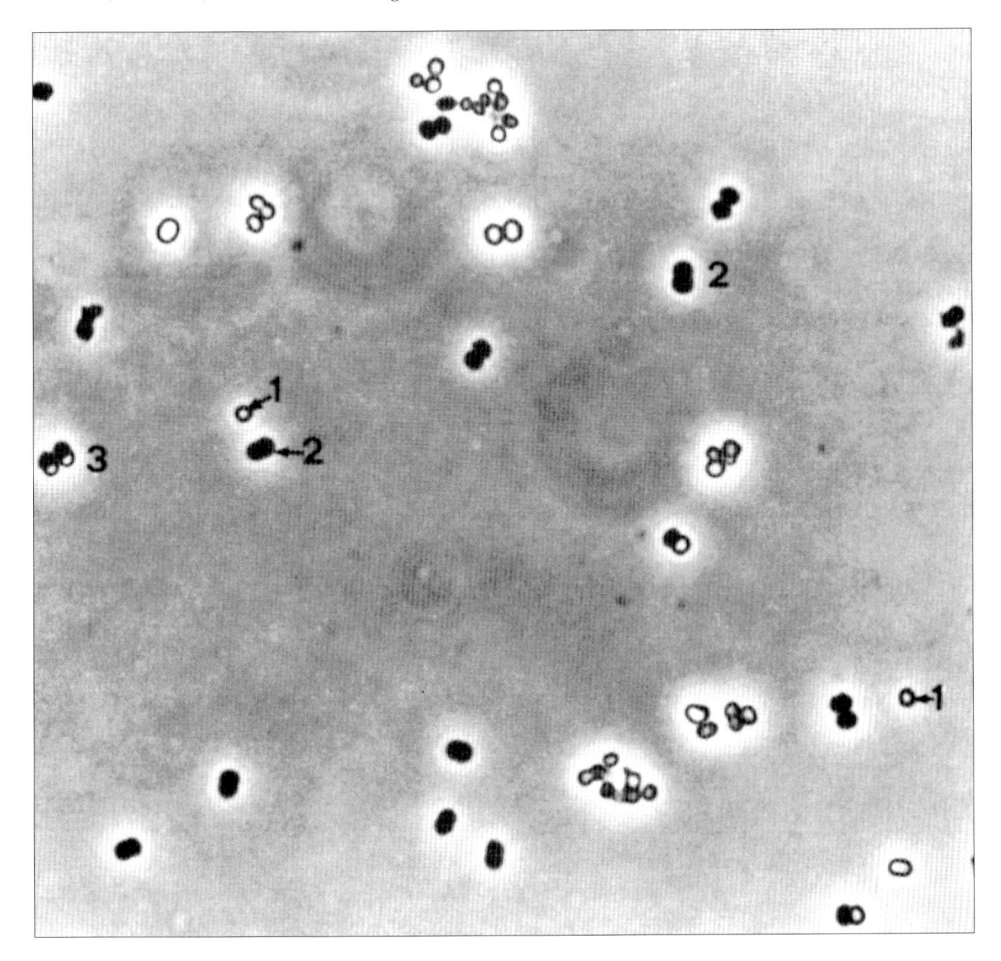

diococcus damnosus (Krankheitsbild ab einer Keimzahl von ca. 106 bis 6x106) und Leuconostoc mesenteroides sowie Leuconostoc dextranicum. Aber auch einige Lactobacillus-Stämme sind zur Schleimbildung befähigt. Das Zähwerden des Weines während des biologischen Säureabbaus wurde oft beobachtet. Es handelt sich dabei um heterofermentative Milchsäurebakterien, die neben der Milchsäure auch Schleimstoffe bilden können. Nach dem Säureabbau liegt der pH-Wert über 3,4 (bis zu 5,5). Der optimale pH-Wert für die Schleimbildung liegt bei 5,5–6,0. Diese Bakterien sind fakultativ anaerob und wärmeliebend. Durch eine Belüftung und Kühlung kann daher die Schleimbildung gehemmt werden.

biologischer Säureabbau

Andere Mikroorganismen beeinflussen die Polysaccharidbildung. So wurde beobachtet, dass Essigbakterien, Hefen und Schimmelpilze die Schleimbildung steigern können. Einige Hefen und Schimmelpilze sind selbst Schleimbildner. Die Schleimbildung beginnt daher bevorzugt beim Hefetrub am Boden des Fasses, wo sich diese Mikroorganismen gut vermehren können und schreitet dann bis zum Spundloch nach oben vor. Die frühzeitige Erkennung dieser Krankheit gelingt daher nur durch eine Probenahme aus dem unteren Bereich des Fasses.

Polysaccharidbildung

Bei rationeller Kellerwirtschaft tritt diese Weinkrankheit nur äußerst selten auf, da durch eine scharfe Entschleimung (mind. 12 h) und gezielten Schwefeleinsatz (ca. 6–10 g KPS/hl) die Keimzahl bereits im Most stark reduziert werden kann. Wird darauf geachtet, dass der Most die erforderliche Reife aufweist (bzw. Aufbesserung auf mind. 17 KMW [Alkohol: 11 vol%], dieser vollständig durchgärt, der Jungwein schnell geklärt wird und einen konstanten freien Schwefelgehalt von mind. 30 mg/l hat, ist die Gefahr des Zähwerdens des Weines minimal. Bei Weinen mit besonders niedrigen Säure- oder Alkoholwerten kann durch Verschnitt mit sauren und alkoholreicheren Weinen die größte Gefahr gebannt werden.

scharfe Entschleimung

Schwefelgehalt

Behandlung von zäh gewordenen Weinen

Tritt diese Krankheit auf, ist diese umgehend zu behandeln, da das Zähwerden meist auch von einer beginnenden Diacetylbildung begleitet wird. Der Milchsäurestich (erhöhter Gehalt an flüchtiger Säure) ist dann die Folge des Zuwartens der Behandlung bei dieser Weinkrankheit.

Diacetylbildung, Milchsäurestich

Zum Zerschlagen des zähen Weines eignen sich entweder die Brause, der Spritzkopf oder der Besen.

Zäh gewordene Weine werden am besten über eine Brause, Reißrohr, Besen oder Pumpe (Rotor) geführt. Durch die Belüftung und mechanische Beanspruchung wird die schleimige Struktur des Weines „zerschlagen". Der Wein sollte stark geschwefelt (15 g KPS/hl) und nach einigen Tagen vom abgesetzten Trub mittels Vorklär- und Entkeimungsschichten filtriert werden. **Brause**

Eine Schönung mit Aktivkohle (10–30 g/hl) kann in manchen Fällen eine leichte geschmackliche Verbesserung bringen. **Aktivkohle**

Krankheitskeime werden meist mit den Trauben in den Keller gebracht. Mittels scharfer Entschleimung und gezielter Maischeschwefelung kann die Keimzahl schon frühzeitig reduziert und somit die Krankheitshäufigkeit drastisch vermindert werden. Säurearme Weine mit niedrigem Alkoholgehalt bieten vielen Bakterien ein „lebenswertes" Umfeld. Sauberes Arbeiten und regelmäßige Kontrollen lassen aber in der Regel Weinkrankheiten keine Chance. **Keimzahl**

sauberes Arbeiten

Zähwerden	
Krankheitsgefahr gefördert durch:	**Behebung:**
• geringen Säuregehalt	• Schleim zerschlagen (z. B. Brause)
• hohen pH-Wert	• Filtrieren
• geringen Alkoholgehalt	• Schwefeln
• geringen Gerbstoffgehalt	• Filtrieren
• unzureichende Schwefelung	• evtl. Aktivkohleschönung
• späte Klärung	
• warme Lagerung trüber Weine	

Dipl.-Ing. Manfred GÖSSINGER

17 Mäuseln

Beschreibung der Krankheit

Das Mäuseln ist eine Weinkrankheit, auf die der Konsument unterschiedlich anspricht. Während ein Kunde oft bei geringem Fehlton den Wein ablehnt, wird der mäuselnde Wein von einem anderen Kunden als solcher nicht erkannt. Öfters wird das Mäuseln mit einem leichten Böckser, der von der Hefezersetzung herrühren kann, verwechselt. Ist man unsicher, ob der Wein mäuselt oder nicht, hilft die altbewährte Methode der Weinbeurteilung. Man legt die Hand auf das Glas und schwenkt dieses so, dass die Handfläche mit Wein benetzt wird. Durch sofortiges Riechen an der Hand, bzw. vorheriges Verreiben des Weines auf der Handfläche, werden Weinaromen verstärkt wahrgenommen. Oft erkennt der geübte Weintrinker das Mäuseln bereits am Geruch. Die an Mäuseharn erinnernden Aromen stören das natürliche Weinaroma. Stärker wirkt sich das Mäuseln als Nachgeschmack auf der Zunge und am Gaumen aus. Ein unangenehmer Geschmack, der meist einige Sekunden nach dem Schlucken des Weines im Mund entsteht, macht den Wein ungenießbar.

Riechen

Nachgeschmack

Das Mäuseln tritt oft in Verbindung mit erhöhter flüchtiger Säure auf. Die Weine schmecken dann oxidiert, unsauber und stichig.

Ursachen und Vermeidung

Das Mäuseln tritt verstärkt bei Jungweinen mit Restzucker auf. Besonders gefährdet sind auch hier säurearme, warm vergorene Weine, die in trübem Zustand längere Zeit warm gelagert wurden. Es wurde auch beobachtet, dass durch eine mäßige Belüftung dieser Weine (Erhöhung des Redoxpotenzials) die Entstehung der Weinkrankheit gefördert wird.

mäßige Belüftung

In der Literatur werden als Verursacher des Mäuselns einerseits Bakterien (einzelne Bacillusstämme: Lactobacillus brevis und Lactobacillus cellobiosus) und andererseits Hefen (Brettanomyces-

Bakterien

Stämme) angeführt. Diese produzieren bei Anwesenheit von Lysin und Ethanol 2-Acetyl-tetra-hydropyridin eine Verbindung mit einem sehr niedrigen Geschmacksschwellenwert (1,6 ppb). In unserem Klimabereich sind für diese Krankheit hauptsächlich Lactobacillen verantwortlich – erst in zweiter Linie die Hefen. Im Zusammenhang mit Brettanomyces-Wachstum findet man meist den Begriff des Mäuselns. Der Grund liegt vermutlich darin, dass Brettanomyceshefen neben vielen anderen Substanzen auch verstärkt Ethylacetat und Acetamid produzieren. Substanzen, die – den mäuselnden Weinen ähnliche – Geruchs- und Geschmackseindrücke vermitteln.

Lactobacillen

Brettanomyces

Amerikanische Untersuchungen mit Rotwein zeigten, dass Brettanomyceshefen nur in Holzfässern wuchsen, nicht jedoch in Nirotanks. Es wird vermutet, dass durch die Extraktion von Substanzen aus dem Holz, kombiniert mit dem eindiffundierten Luftsauerstoff, das Wachstum dieser Hefen begünstigt wird.

Holzfässer

Der oft beobachtete erhöhte Gehalt an flüchtiger Säure stammt nicht von Essigsäurebakterien sondern aus dem Metabolismus der Krankheitsverursacher.

flüchtige Säure

Will man seine Weine vor dieser Krankheit schützen, empfiehlt sich eine Keimreduzierung im Most mittels scharfer Entschleimung und mäßiger Schwefelung, ein schneller Abzug von der Hefe mit Klärung (Separator oder Vorfiltration) und eine ausreichende Schwefelung der Weine (Gehalt an freier schwefeliger Säure mind. 25 mg/l).

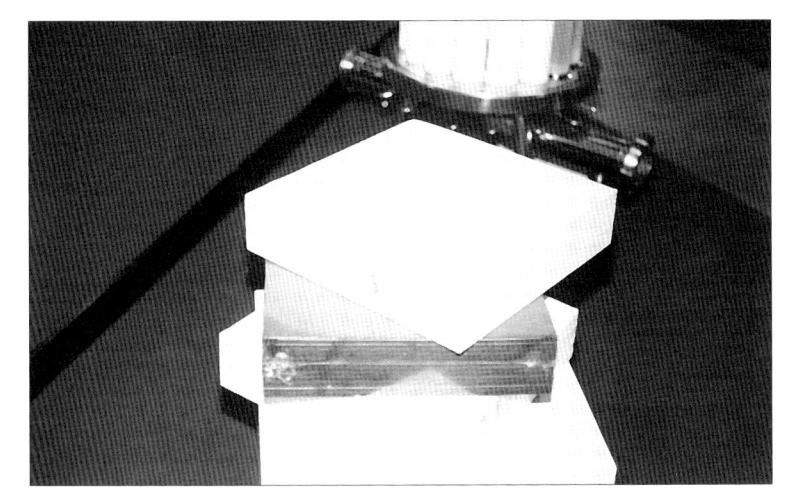

Entschleimung

Die Entkeimungsfiltration sollte bei keiner Behandlung von Weinkrankheiten fehlen. Die Reduktion der Keimzahl von Krankheitserregern spielt hier eine wesentliche Rolle.

Behandlung von mäuselnden Weinen

Schwefelung, Entkeimungsfiltration

Bei leichter Geschmacksbeeinflussung hilft oft schon eine starke Schwefelung und anschließende Entkeimungsfiltration. Bringt die Schwefelung nicht den gewünschten Erfolg, hilft möglicherweise der Verschnitt mit einem säurereicheren Wein. Der Verschnitt sollte zuerst im Kleinen (Vorversuch) getestet werden. Wenn diese beiden Maßnahmen nicht helfen, bleibt die Möglichkeit des Umgärens. Mit einer Aktivkohle- (20–100 g/hl) oder Hefeschönung (5% : 5 l Hefe/hl) kann ebenfalls eine Linderung des Mäuselgeschmacks erreicht werden. Tritt starkes Mäuseln auf, ist der Wein nicht mehr wiederherstellbar und daher als verdorben zu betrachten.

Umgären

Mäuseln	
Krankheitsgefahr gefördert durch:	Behebung:
• geringen Säuregehalt	• starke Schwefelung
• hohen pH-Wert	• Verschnitt mit säurereichem Wein
• hohe Gärtemperatur	• Umgären
• leichte Belüftung	• evtl. Aktivkohle- oder Hefeschönung
• unzureichende Schwefelung	
• warme Lagerung trüber Weine	

Dipl. Ing. Dr. Reinhard EDER

18 Brettanomyces – Pferdeschweißton

Die Bewertung eines fehlerhaften Weines mit Pferdeschweißton ist so wie vieles anderes von der Dosis und der persönlichen Empfindsamkeit abhängig. Genau genommen ist dieser Weinfehler eine Krankheit, die von speziellen Hefen der Gattung Brettanomyces verursacht wird. Kranke Weine stellen eine besondere Gefahr für produzierende Betriebe dar, da sie nicht nur „per se" schlecht sind, sondern auch andere, bis dahin gute Weine infizieren und somit schädigen können. Um ein Auftreten bzw. eine Verbreitung dieser Krankheit zu vermeiden gibt es eine Vielzahl von Maßnahmen, die im Folgenden besprochen werden.

Eine wesentliche Grundvoraussetzung zur Krankheitsbehandlung ist das bewusste Erkennen, Ansprechen und Nachweisen des Weinfehlers.

Beschreibung der Krankheit

Das typische Erscheinungsbild dieser Krankheit sind Weine, mit einem charakteristischen, süßlich-scharfen, an Pferdeschweiß erinnernden Aroma, einem bitumenartigen, speckig-animalischen Geschmack, häufig erhöhten Gehalten an flüchtiger Säure und gelegentlichem Auftreten von Mäuseln. Bei schwacher Ausprägung und in einigen Weinbaugegenden wird dieser Weinfehler nicht als solcher erkannt und als gebiets- und verfahrenstypisches Charakteristika angesehen („Bodenton"). Aufgrund der mannigfachen und konzentrationsabhängigen Veränderungen wird diese Krankheit durch verschiedene Synonyme umschrieben: **Pferdeschweißton, Pferdestall, Lederton, Teerton, Medizinalton, Pharmazieton, „Nasser Hund"**

Aroma

Mäuseln

Synonyme

Sensorische Beschreibung von Weinen mit Pferdeschweißton:

Geruch: süßlich-scharf, an Pferdeschweiß erinnernd
Geschmack: teerartig, speckig-animalisch, erinnert an geselchtes Fleisch, Pharmazieton, angebrannter Gummi, säuerlich (Essigsäure), gelegentlich vergesellschaftet mit Mäuseln

Vorkommen und Beurteilung von Weinen mit Pferdeschweißton:

Beim Pferdeschweißton handelt es sich um ein Krankheitssymptom, das in heimischen Weinen erst seit wenigen Jahren und das auch nur partiell und regional beschränkt in nennenswertem Ausmaß auftritt. Besonders anfällig sind kräftige, phenolreiche Rotweine mit Barriquereifung und auch Schaumweine. Trotz des in Österreich eher geringen Auftretens ist anzunehmen, dass bereits eine Vielzahl der österreichischen Weinkunden mit derart beschädigten Weinen konfrontiert wurde, ohne gemerkt zu haben, dass der Wein fehlerhaft war. Das Erkennen pferdeschweißiger Weine ist für den ungeschulten Weinkoster gar nicht so leicht möglich, da diese Produkte zusätzliche, teilweise auch interessante Aromen und Geschmackseindrücke (z.B. rauchig, teerig, würzig, speckig, erdig) aufweisen und aufgrund ihrer Herkunft – zumeist aus einem der traditionellen Rotweingebiete Europas – und ihres Preises, eine hohe Qualität erhoffen lassen.

Zusätzlich geschieht es auch bei nationalen und internationalen Blindverkostungen immer wieder, dass Weine mit Pferdeschweißton sehr hoch bewertet werden, da diese Weine einen gewissen internationalen Typus verkörpern (die Krankheit ist ja weltweit verbreitet und kommt in den besten Häusern vor !) und somit auch ein Wiedererkennungseffekt besteht („ein typischer Vertreter des Gebietes").

Dass Pferdeschweiß auch positive Aspekte hat, wird in Form eines Spezialweines mit der Bezeichnung „Sueur de Cheval" (= Pferdeschweiß) vom Lipizzaner-Weingut Zehetbauer (Schützen) gezeigt. Dieser Wein hat infolge einer langen Barriquelagerung bei hohen Temperaturen einen auffälligen „Brett-Ton", welcher aber angeblich bei einigen Konsumenten sehr beliebt ist.

Ist ein Wein mit Pferdeschweißton dabei? Insbesondere Rotweine, die in gebrauchten Barriques gelagert wurden sind häufig mit „Brett" infiziert.

Der gleichen Kategorie können Forschungsarbeiten an der Cornell-Universität (USA) zugeordnet werden. Hierbei besteht das Ziel Brettanomyces „quasi" zu domestizieren, d.h. die positiven aromaverändernden Eigenschaften zu stärken und die negativen möglichst zu unterdrücken. Derzeit werden weltweit Brettanomyces Stämme gesammelt und hinsichtlich ihrer Merkmal und Erbsubstanz untersucht – möglicherweise findet sich eine idealer Stamm darunter, der dann in (naher oder ferner) Zukunft als aromaverstärkende Hefe in den Handel gelangen könnte.

Brettanomyces domestizieren

Ich bin aber der Meinung, dass trotz der großen Verbreitung und teilweisen internationalen Akzeptanz „Brett-Weine" als solche angesprochen und beurteilt werden sollten. Bei vergleichbar ähnlich häufig auftretenden Fehlern (z.B. erhöhte Gehalte an flüchtiger Säure in Rotweinen bzw. Böckser bei Weißweinen) hat man ja auch nicht resigniert und den Fehler als „gottgegeben" hingenommen.

Akzeptanz

Wie entsteht der Pferdeschweißton – stoffliche Grundlagen:

Im Zuge gaschromatographischer Untersuchungen vieler fehlerhafter Weine wurde festgestellt, dass erhöhte Gehalte an **flüchti-**

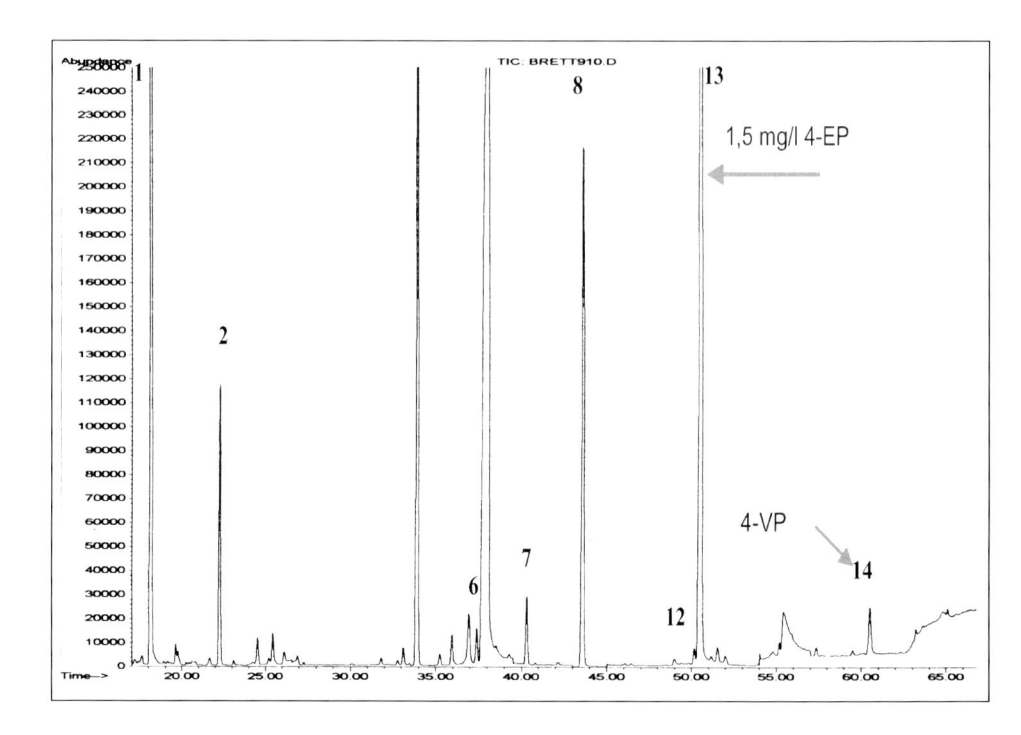

Nachweis erhöhter Gehalte an 4-Ethylphenol (1,5 mg/l) und 4-Vinylphenol in einem pferdeschweißigen Wein mittels Gaschromatographie.

flüchtige Phenole, Schwellenwertkonzentrationen

Leitsubstanzen

gen Phenolen die stoffliche Ursache dieser Weinkrankheit sind. Die flüchtigen Phenole stellen eine sehr vielfältige Substanzgruppe dar, wobei viele Vertreter (z.B. Vanillin, Eugenol, Syringaldehyd) einen positiven Einfluss auf das Weinaroma ausüben. Die den „Pferdeschweißton" verursachenden **Ethylphenole** haben im Wein hingegen eine ambivalente Wirkung. Einerseits üben sie in niedrigen Konzentrationsbereichen einen positiven Einfluss auf das Weinaroma aus (z.B. 4-Ethylphenol > 0,08 mg/l aber < 0,4 mg/l: rauchig, lederartig, würzig); andererseits verursachen sie bei Überschreitung kritischer Schwellenwertkonzentrationen unerwünschte, stechend-animalische Aromanoten („Pferdeschweiß", „Phenolton").

Charakteristische Leitsubstanzen für diese Weinkrankheit sind das **4-Ethylphenol** und das **4-Ethylguajakol,** deren Gehalte in fehlerfreien Weinen zwischen 0,001 und 6 mg/l bzw. 1,5 mg/l liegen. Eine negative Qualitätsbeeinflussung ist dann zu befürchten, wenn der effektive Gehalt an 4-Ethylguajakol einen Wert von 0,07 mg/l übersteigt (Stall, Schweiß) bzw. wenn der Gehalt an 4-Ethylphenol > 0,4 mg/l ist (Geselchtes, Stall) und wenn die Summe der Gehalte von 4-Ethylphenol und 4-Ethylguajakol größer als 0,425 mg/l ist (Schweiß, Räucherspeck). Bei Untersuchungen verschiedener ausländischer Weine mit Pferdeschweißton an unserem Institut haben wir Gehalte an 4-Ethylphenol bis zu 1,5 mg/l gefunden. Die Beurteilung eines Weines hängt aber nicht nur vom Gehalt an Ethylphenolen sondern auch dessen allgemeiner Beschaffenheit (Körper, Phenolstruktur, Aromatik usw.) ab.

Beurteilung eines Weines

Ursachen der Krankheitsentwicklung:

Da die für Pferdeschweiß typischen Ethylphenole aus Phenolen der Traubenschale gebildet werden, sind die Gehalte in Rotweinen üblicherweise deutlich höher als in Weißweinen.
Die Bildung von Ethylphenolen im Wein stellt einen mehrstufigen Abbauweg dar, bei dem Hefen der Gattungen **Brettanomyces bruxellensis** *(Dekkera)* eine bedeutende Rolle spielen.

Bildung von Ethylphenolen

1) Als erster Reaktionsschritt, der in allen Weinen mehr oder weniger stark vorkommt, werden durch ein Enzym (Cinnamyl-Esterase), das in der Gärhefe *(Saccharomyces cerevisiae)* bzw. Enzympräparaten vorkommt die traubeneigenen **Hydroxyzimtsäuretartrate** abgebaut und die entsprechenden Hydroxyzimtsäuren (z.B. Cumar-, Ferula-, Sinapinsäure) freigesetzt. **Hydroxyzimtsäuren** können zusätzlich aus dem Holz von Barriques durch Pyrrolyse (Toasting) und anschließende Ethanolyse (Auslaugung) freigesetzt werden.

Enzympräparate

2) Im Zuge des nächsten Reaktionsschrittes werden die Hydroxyzimtsäuren wiederum enzymatisch (Cinnamatdecarboxylase) zu **Vinylphenolen** abgebaut. Diese Reaktion kann durch die enzymatische Aktivität von *Saccharomyces cerevisiae*, Enzympräparaten aber auch Milchsäurebakterien ausgelöst werden. Vinylphenole sind ebenfalls bereits stark aromawirksame Substanzen, die einen würzigen, herben Duft verursachen wie er für Traminer und Gewürztraminer typisch und erwünscht ist. Da dieser Geruchseindruck in feingliedrigen, zartfruchtigen Weißweinen unerwünscht ist, wurden spezielle Hefen (z.B. Zymaflor VL 1,) und Enzympräparate selektiert, die eine sehr geringe Aktivität der Cinnamatdecarboxylase aufweisen („depsidasefrei"). Im Rahmen aktueller Studien konnten wir feststellen, dass die Bildung von Vinylphenolen auch im Zuge der Rot-

Saccharomyces cerevisiae, Milchsäurebakterien

weinmaischegärung sehr stark von der verwendeten Reinzuchthefe abhängig ist (Faktor 10 !). Es ist daher anzunehmen, dass bereits durch die Wahl einer Reinzuchthefe mit hoher Cinnamatdecarboxylase-Aktivität die spätere Anfälligkeit für Pferdeschweiß mitbestimmt wird.

3) Der letzte und entscheidende Reaktionsschritt ist die enzymatische Reduktion (Vinylphenolreduktase) von Vinylphenolen zu **Ethylphenolen**, die im wesentlichen auf die Aktivität von *Brettanomyces*-Hefen zurückzuführen ist. Grundsätzlich sind auch andere Mikroorganismen wie beispielsweise *Pediococcen* und *Lactobacillen* und unter gewissen Umständen auch *Oenococcus oeni* fähig Ethylphenole zu bilden, es wird aber angenommen, dass ihr Beitrag bei der Entstehung von Pferdeschweißtönen eher gering ist.

Brettanomyces-Hefen

Ausgehend von den Hydroxyzimtsäuren entsteht somit aus para-Cumarsäure zunächst 4-Vinylphenol und schließlich 4-Ethylphenol und aus Ferulasäure 4-Vinylguajakol und 4-Ethylguajakol.

Brettanomyces – ein trickreicher Schaderreger

Brettanomyces ist eine langsam gärende, gut alkoholverträgliche Hefe, die auch geringste Mengen an Restzucker (1–2 g/l) sehr effizient vergären kann (siehe Teil 1). Zusätzlich zu den üblichen Zuckern können *Brettanomyces* Hefen auch **Cellubiose,** ein üblicherweise unvergärbares Disaccharid des Zelluloseabbaues, welches im Holzgefüge von Barriques enthalten ist, metabolisieren. Aufgrund dieser spezifischen Eigenschaft, können sich *Brettanomyces* auch in trockenen Weinen vermehren und diese negativ beeinflussen. Dieses Risiko ist insbesondere bei der Verwendung von frischen Barriques groß, da diese vermehrt Cellubiose enthalten. Besonders rätselhaft, war diese Weinkrankheit, weil in kontaminierten Weine mit üblichen mikrobiologischen Tests häufig keine *Brettanomyces* nachweisbar sind und auch nach einer Entkeimungsfiltration noch eine Krankheitsvermehrung stattfinden kann. Neueste Forschungen haben eine Klärung dieser Rätsel ergeben, *Brettanomyces* kann sehr kleine (< 0,45 µm), nicht kultivierbare **Dauerformen** (VBNC-forms, viable but non culturable cells) bilden, die mit einfachen mikrobiologischen Methoden nicht nachweisbar sind was zu Fehlinterpretationen führen kann. Eine sichere Diagnose ist hingegen mit DNA-Methoden möglich, wobei je-

Restzucker

Zelluloseabbau

frische Barriques

Dauerformen

doch auch unterschieden werden soll, ob es sich um DNA von lebenden oder toten Zellen handelt. Aufgrund der Fähigkeit diese kleinen, nicht kultivierbaren VBNC-Formen zu bilden, sind *Brettanomyces* sehr gefährliche Verderbniserreger, da auch durch eine klassische Entkeimungsfiltration diese Dauerformen nicht abgetrennt und somit eine fortschreitende Weinschädigung verursacht werden kann.

gefährliche Verderbniserreger

Nebeneffekt einer Brettanomyces-Infektion:

Neben einer deutlichen Zunahme der Gehalte an Ethylphenolen, werden die befallenen Weine durch die Mikroorganismen **eingetrübt** und auch merkbare Zunahmen der Essigsäuregehalte sind feststellbar. Der Anstieg der flüchtigen Säure ist auf ein *Brettanomyces* spezifisches Phänomen, den sogenannten „Custer-Effekt" zurückzuführen. Dieser bedeutet, dass bei Anwesenheit von Luftsauerstoff die Kohlenhydrate nicht, wie bei anderen Hefen üblich, zu Kohlendioxid und Wasser veratmet sondern Essigsäure gebildet wird. Aufgrund des Luftpolsters sind nicht vollständig gefüllte Barriques besonders hinsichtlich Infektion und Verderbnis durch Brettanomyces gefährdet und zur Vermeidung sollten daher die Kleinfässer regelmäßig aufgefüllt und der gelöste Sauerstoffgehalt im Wein bzw. dessen Redoxpotential gemessen werden.

Trübung

flüchtige Säure

Luftpolster

Zusätzlich zu diesen negativen sensorischen Veränderungen kann bei Weinen, welche mit *Brettanomyces* infiziert sind, häufig ein **Mäuseln** festgestellt werden. Dieser, typischerweise an Mäuseurin erinnernde Weinfehler, ist auf erhöhte Gehalte an Pyridinen und Piperidinen zurückzuführen, welche vermutlich aus der Aminosäure Lysin gebildet werden. Neben *Brettanomyces* werden auch Milchsäurebakterien der Gattung *Lactobacillus* als Verursacher dieser unerwünschten Veränderung angesehen.

Mäuseln

Milchsäurebakterien

Kontaminationsmöglichkeiten mit Brettanomyces:

Der „Pferdeschweißton" kann während des gesamten Weinausbaues und der Flaschenlagerung evident werden, wobei insbesondere **Rotweine** davon betroffen sind. Weiters wurde festgestellt, dass Weine, welche mittels „Maceration carbonique" beziehungsweise solche, die in mehrfach **gebrauchten Barriques** gelagert

gebrauchte Barriques

wurden, häufiger pferdeschweißartige Fehlaromen aufweisen.
Immer wieder gibt es auch Hinweise, dass bereits neue Barriques mit *Brettanomyces* infiziert sind, wobei die **Infektion in der Fassbinderei** möglicherweise während der Lagerung der Fässer erfolgt.

Infektion in der Fassbinderei

Da eine Infektion mit *Brettanomyces*-Hefen an verschiedenen Stellen erfolgen kann ist eine stetige Vorsorge und Aufmerksamkeit erforderlich. Insbesondere sollte im Bereich der Traubenannahme, Weinbehandlung, Holzfasslagerung und Flaschenfüllung die benutzten Gerätschaften regelmäßig gut gereinigt, wenn möglich desinfiziert werden. Eine besondere Bedeutung kommt hierbei der Überprüfung und Aufrechterhaltung eines wirksamen SO_2-**Schutzes** zu.

Reinigung

Kontaminationsmöglichkeiten mit Brettanomyces:

Sind nun einmal die Hefen der Gattung Brettanomyces als Erreger des „Pferdetones" identifiziert, so gibt es vielfältige Möglichkeiten, wo diese den Wein kontaminieren und schädigen können.

1) Traubenübernahmebereich:

Untersuchungen in Südafrika haben gezeigt, dass ein massiver Anstieg der Brettanomycespopulation bereits während des Maischen und Rebeln stattfindet, insbesondere wenn längere Standzeiten, z.B. über Nacht eingehalten werden. Durch zu selten durchgeführte und ungenügende Reinigungen der Geräte und Schläuche im Traubenübernahmebereich entsteht ein ideales Milieu für eine Infektionen, da sich die Schadhefen in Most- und Weinresten, insbesondere wenn diese verdünnt sind, sehr gut vermehren können. Da *Brettanomyces* Hefen aber durch **freies Schwefeldioxid (ca 0,8 mg/l undissoziertes SO_2 40 mg/l freies SO_2)** bereits gehemmt werden, kann durch eine gründliche Reinigung unter Einbeziehung von Schwefeldioxid eine Infektion effizient vermieden werden. Es ist daher verständlich, dass insbesondere Weine, bei deren Herstellung lange Zeit auf den Einsatz von Schwefeldioxid verzichtet wird (z.B. schwere Barriqueweine, „Maceration carbonique") vermehrt für „Pferdetöne" anfällig sind. Im Gegensatz zu den Literaturangaben gibt es jedoch auch Experten, die behaupten, dass auch durch höhere SO_2–Gehalte (bis zu 100 mg/l SO_2) keine effiziente Hemmung von

Schwefeldioxid

Brettanomyces möglich ist. Eine vielversprechende neue Methode zur Abtötung von Brettanomyces stellt die Anwendung von Dimethylpyrocarbonat (Velcorin) dar, die Verwendung dieses Mittels im Wein ist derzeit aber nicht zugelassen.

2) Lagerung in infizierten Barriques:

Häufig erfolgt eine Infektion während der Lagerung von Wein in **Kleinfässern (Barriques)**, insbesondere gebrauchten. Bei der **Wiederverwendung** von Barriques können die in den Holzporen und unter Sedimenten (z.B. Weinstein, Phenoldepot) geschützten Hefen nur sehr schwierig entfernt werden, sodass eine Verschleppung der Krankheitserreger leicht stattfinden kann. Bevor Eichenkleinfässer wiederbefüllt werden sollte daher eine intensive mechanisch-chemische (SO_2!!, Dampf) Reinigung sowie zusätzlich ein mehrwöchiger, nasser Schwefeleinschlag erfolgen. Ein vielversprechendes aber in der EU noch nicht zugelassenes Verfahren stellt die Desinfektion mittels Velcorin, (Dimethyldicarbonat, DMDC, Fa. Bayer) dar. Vor dem Zukauf von gebrauchten Barriques sollten verlässliche Informationen über die „**Verwendungsgeschichte**" des Fasses (z.B. Befüllungshäufigkeit, Qualität der Weine, mikrobiologischer Zustand) eingeholt werden. Insbesondere bei Barriques, welche bereits dreifach oder noch öfter befüllt wurden, ist besondere Vorsicht und Sorgfalt geboten.

Wesentliche Ziele der Barriquelagerung sind eine geschmackliche Abrundung und Stabilisierung der Phenole und der Farbe sowie eine dezente Aromatisierung der Weine. An dieser Stelle muss angemerkt werden, dass ein vergleichbarer Effekt (weitaus billiger) auch durch eine intelligente **Mikrooxigenierung** und den Einsatz

Randnotizen: Sedimente; Verwendungsgeschichte

Chips oder Shavings sind üblicherweise nicht mit Brettanomyces kontaminiert und stellen somit ein geringeres Risiko als Barriques dar (Foto: Erbslöh).

von **Eichenchips** (welcher Größe auch immer) erreicht werden kann. Ein wesentlicher Vorteil ist aber dass Chips kein Infektionsrisiko darstellen, da sie praktisch keimfrei sind (hoffentlich !) und nur einmal verwendet werden.

3) Verschnitt mit infizierten Weinen:

Eine zusätzliche, nicht zu unterschätzende Quelle von „Pferdeschweißtönen" sind **zugekaufte Weine,** wobei zu beachten ist, dass die potentielle sensorische Beeinträchtigung im Jungweinstadium oftmals noch nicht charakteristisch ausgeprägt ist. Da sich die Krankheitserreger rasch weitervermehren können, besteht die große Gefahr, dass große Weinmengen verdorben werden, falls kranke Weine für Verschnittzwecke verwendet werden. Im Zweifelsfall sollte daher vor einem Zukauf ein chemisches (Analyse der Ethylphenole, Preis ca. € 50) und mikrobiologisches Gutachten erstellt werden.

Vermeidung von „Pferdeschweißtönen"

Wie anhand des oben dargestellten „Verderbnispuzzle" ersichtlich ist, gibt es verschiedene Stellen der Krankheitsübertragung an den Wein. Die wirkungsvollsten Instrumentarien zur Vermeidung von pferdeschweißartigen Weinfehlern sind eine ordentliche Betriebshygiene und der maßvolle Einsatz von Schwefeldioxid. Die wesentlichen Grundregeln zur Vermeidung einer Brettanomyces Infektion können wie folgt zusammengefaßt werden:

1) Gründliche und oftmalige Reinigung des Traubenübernahme- und Gärbereiches, zumindest zu Arbeitsbeginn und -ende. Entsprechende Desinfektion der Geräte, Schläuche, Krümmungen, Ventile usw. mit Schwefeldioxid.

2) Einhaltung einer lebensmittelgerechten Reinheit im Kellerbereich und Gewährleistung eines Mindestgehaltes von 0,8 mg/l undissoziertem SO_2 (40 mg/l freies SO_2) während des Weinausbaues (nach dem bakteriellen Säureabbau). Zu beachten ist, dass eine moderate Maischeschwefelung (ca. 40 mg/l freies SO_2), aufgrund der fast vollständigen Verdunstung und Abbindung des zugesetzten Schwefeldioxids, einen anschließenden bakteriellen Säureabbau i.d.R. nicht behindert aber das Risiko einer *Brettanomyces*-Infektion deutlich herabsetzt.

3) Beim Weinausbau im Barrique muss der Luftpolster durch ständiges Auffüllen (Topping) möglichst gering gehalten werden.
4) Insbesondere bei der Verwendung von gebrauchten Barriques sollte man spezielle Sorgfalt und Pflege walten lassen, da in diesen Fällen eine effiziente Reinigung sehr schwer möglich ist.
5) Auch bei Rotweinen sollte eine sterile Flaschenfüllung anstrebt werden. Wenn dies mit der Qualitätsphilosophie des Betriebes nicht vereinbar ist, sollte zumindest bei der Flaschenfüllung eine ausreichende Schwefelung erfolgen.
6) Von zugekauften Weinen und Fässern empfiehlt sich eine chemische Untersuchung bzw. Kontrolle des mikrobiologischen Zustandes.

Abbildung links:
Die Vermeidung von Pferdeschweißtönen beginnt bei einer ordentlichen Vergärung und Pressung (Foto im Weingut Heinrich, Deutschkreutz).

Abbildung rechts:
Schlauchreinigung – ein wesentlicher Teil einer ordentlichen Betriebshygiene zur Vermeidung von Weinkrankheiten (Foto im Weingut Juris Stiegelmar, Gols).

steril filtriert

Behebung der Krankheitserscheinung:

Werden in einem Wein pferdeschweißartige Veränderungen festgestellt, so sollte dieser sofort abgezogen und anschließend steril filtriert werden. Eine sichere Abtrennung der gefährlichen Dauerformen kann nur durch eine zweite **entkeimende Filtration** ge-

Mittels Entkeimungsfiltration können üblicherweise Schaderreger (Hefen, Bakterien) abgetrennt werden, aber Vorsicht, Brettanomyces kann kleine Dauerformen bilden, die auch durch 0,45 µm Schichten gehen können.

Abfüllung der Weine in einem abgetrennten, möglichst kleinem Raum, der z.B. durch tägliches Dämpfen relativ einfach keimfrei (keimarm) gehalten werden kann (Foto in Beaumes de Venise, Südfrankreich).

Jetzt zeigt es sich ob alles gut gegangen ist und ob der Wein in Ordnung ist.

Weinfehler | Brettanomyces – Pferdeschweißton

schaffen werden, wobei aber zwischen erster und zweiter Filtration für einige Zeit günstige Lebensbedingungen im Wein geschaffen werden müssen, sodass ein „Auskeimen" der Dauerformen initiiert wird. Die weitere Lagerung des Weines muss in möglichst sterilen Stahltanks oder Glasflaschen erfolgen. Bei geringfügigen Qualitätsverminderungen kann gehofft werden, dass im Zuge der Lagerung die negativen sensorischen Beeinflussungen langsam verschwinden, da aus den Ethylphenolen teilweise geruchs- und geschmacksneutrale Substanzen (Ethoxyethylphenole) entstehen. Auch durch die Durchführung eines Verschnittes (unbedingt vorher steril filtrieren !!) kann ein leichter „Pferdeschweißton" maskiert werden.

Beim Auftreten starker geruchlicher und geschmacklicher Fehlentwicklungen kann durch Anwendung von stickstoffhaltigen Weinbehandlungsmitteln (z.B. Eiklar, Casein, PVPP, Gelatine) eine geringfügige Verbesserungen erzielt werden. In diesen Fällen müssen aber unbedingt Vorversuche durchgeführt werden, wobei die Heranziehung eines Fachlabors empfehlenswert ist.

Dauerformen

Lagerung

Weinbehandlungsmittel

> Der Pferdeschweißton ist eine weitverbreitete infektiöse Erkrankung von Rotweinen, dessen Ausbreitung im wesentlichen durch rechtzeitiges Erkennen (Sensorik, chemische und mikrobiologische Untersuchungen) und Vorbeugen (Betriebshygiene, Schwefeldioxid, Dampf) in den Griff zu bekommen ist. Im Nachhinein ist eine Entfernung des Fehlers sehr schwierig und nur unter Qualitätseinbussen möglich.

Dipl.-Ing. Robert STEIDL

19 Schönungsfehler, Bittermandelton

Ursachen des Fehlers

Schönungsfehler können zwei Gründe haben:
- fehlerhaftes Behandlungsmittel
- falsche Anwendung

Fehlerhaftes Mittel

Adsorptionskraft

Viele Behandlungsmittel wie z. B. Bentonit oder Aktivkohle haben eine sehr große Adsorptionskraft. Werden sie in muffigen Räumen oder neben anderen stark riechenden Substanzen gelagert, so nehmen sie unweigerlich den Geruch dieser Umgebung an. Auch eine Restmenge, sicherheitshalber in einen (ungeeigneten) Plastiksack eingepackt, kann dessen Kunststoffgeruch annehmen. Werden diese Behandlungsmittel dann ohne vorherige Kontrolle eingesetzt, hat man dieses „Tertiärbukett" unerwünschterweise im

Mufftöne

Wein. Neben Mufftönen ist die Ursache von Dieselöl- oder Petroleumgeruch und -geschmack oft in der schlechten Lagerung des Bentonits zu finden.

verderben

Proteinhältige Mittel (z. B. Gelatine, Hausenblase, Kaseinate) können – trotz Stabilisierung – irgendwann verderben. Halb verbrauchte, schlecht gelagerte Packungen können, werden sie ohne Überprüfung zugegeben, dann entsprechende Fehltöne dem Wein mitgeben, die sensorisch oft als Verdorbenheit oder Zersetzung klassifiziert werden.

Falsche Anwendung

Diese kann einerseits zur Folge haben, dass das Mittel ohne Wirkung bleibt, weil es seine Aktivität nicht an den Wein abgeben kann, andererseits können dadurch Fehltöne entstehen.

Ob Bentonit oder eine andere Schönung: Gutes Durchmischen ist genauso wichtig wie das Behandlungsmittel.

Ein sehr signifikanter Fehlton ist der sogenannte Bittermandelton

Er wird hervorgerufen durch geringe Mengen an freier Blausäure, die durch eine fehlerhafte Durchführung der Blauschönung entstanden sein kann. Die Wirkung von Blausäure ist wohl aus Kriminalromanen und -filmen hinreichend bekannt, sodass auch verständlich ist, dass strenge gesetzliche Auflagen für die Blauschönung (siehe oben) vorhanden sind.

Blauschönung

Eine Geschmacksschwelle für vorhandene freie Blausäure lässt sich nicht angeben, da die individuelle Empfindlichkeit sehr unterschiedlich ist. Sie reicht von 0,04–5 mg/l, also der gut hundertfachen Menge. Dies ist oft auch der Grund, warum der Fehler oft nicht oder zu spät erkannt wird. Durch Lagerung vermindert sich der Blausäuregehalt nur wenig, blausäurehältige Weine sind nicht mehr verkehrsfähig.

Geschmacksschwelle

Die Fehlerursachen für den Bittermandelton können verschieden sein:
- Fehlerhafte Bedarfsbestimmung bzw. falsche Einwaage oder Literanzahl
- Ungenügende Durchmischung des Weines nach Zusatz des Salzes; dadurch kommt es zu einer Überkonzentration an gelbem Blutlaugensalz und Blausäure entsteht.

- Unvollständige oder zu langsame Reaktion des Kaliumhexacyanoferrates aufgrund natürlicher oder zugesetzter komplexbildender Stoffe, die zu einer Maskierung des Eisens führen.

Fehlervermeidung/-Behebung

- Behandlungsmittel sauber, trocken und in geruchlich einwandfreiem Raum lagern.
- Vor der Anwendung die Qualität des Behandlungsmittels prüfen: Eine kleine Menge in Wasser anrühren, nach dem Absetzen das Wasser riechen, kosten.
- Angebrochene Packungen nicht lange stehen lassen! Wegwerfen ist billiger, als eine große Menge Wein „reparieren" zu müssen.
- Anwendungsvorschriften beachten!
- Bei Blauschönungen darf das gelbe Blutlaugensalz nicht in Wein sondern muss in der fünffachen Gewichtsmenge Wasser aufgelöst werden, um keine Überkonzentrationen entstehen zu lassen.
- Bei einer sorgfältigen Durchführung des Vorversuches sollte eine Maskierung des Eisens erkennbar sein.
- Bei Verwendung kaseinhältiger Präparate sollte, wenn vorher in einer kleinen Teilmenge angerührt wird, nicht zu lange mit der Zugabe gewartet werden, da ansonsten das Präparat seine ganze Wirkungskraft nur an die kleine Menge abgibt und letztendlich bei der Zumischung schon verbraucht ist. Eine direkte Zugabe kann hier günstiger sein.

Bei der Blauschönung ist die richtige Durchführung der Vorversuche und eine gute Durchmischung sehr wichtig.

Die zeitgerechte Entscheidung für eine spezielle Maßnahme kann eine negative Entwicklung des Weines schon von Anfang an verhindern.

Die Fehlervermeidung ist immer noch die bessere Variante als die Behebung von Fehltönen. In vielen Fällen ist mit der Beachtung einfacher Regeln für die Weinqualität schon viel gewonnen.

FL Ing. Herbert SCHÖDL

20 Schimmelgeschmack

Ähnlich dem Korkgeschmack verleiht der Schimmelgeschmack dem Wein einen dumpfen, muffigen, weinfremden Charakter und führt dadurch zu einer wesentlichen Wertminderung.

Beschreibung und Ursachen des Schimmelgeschmackes

Für die Entstehung des Schimmelgeschmackes gibt es eine Vielzahl von Möglichkeiten. Schimmelpilze – die wichtigsten sind die Gattungen Penicillium und Aspergillus – können grundsätzlich auf allen Nahrungsmitteln gedeihen. Besonders „beliebt" sind aufgeplatzte Trauben, Most, Weinstein, Fassholz und Weinreste.

<small>Penicillium und Aspergillus</small>

Der Schimmelbefall an Trauben ist meist durch starke Verletzungen von Trauben möglich. Besonders dünnschalige Sorten wie Blauer Portugieser, Müller Thurgau, Neuburger etc. können durch Hagelschlag, Wespenfraß oder Aufplatzen infolge heftiger Niederschläge verletzt werden. Zu geringe Auslichtung im Inneren des Stockes kann zu Schimmelbefall führen. Grundsätzlich sind verschimmelte Trauben oder Traubenteile zu verwerfen. Die Moste aus geschimmelten Trauben sollten vor einsetzender Gärung beobachtet werden. Oft bildet sich an der Oberfläche eine lederartige Haut aus Schimmel, die unverzüglich durch Abziehen des Mostes abgetrennt werden muss.

<small>Schimmelbefall</small>

<small>dünnschalige Sorten</small>

Der Schimmelbefall in Schläuchen ist nur durch mangelnde Hygiene möglich. Sämtliche Schläuche und Fixleitungen sind unmittelbar nach der Benützung mit Wasser zu spülen und austrocknen zu lassen. Die Schläuche sind anschließend trocken und schräg, oder auf einem Halbbogen zu lagern, um ein rasches Austrocknen zu ermöglichen. Eine Besonderheit stellen Gummischläuche dar. Sie sind in der Kellerwirtschaft sehr beliebt, weil sie im Gegensatz zu Kunststoffschläuchen auch bei tiefen Temperaturen leicht biegbar bleiben. Jedoch mit zunehmendem Alter werden Gum-

<small>Schläuche</small>

mischläuche innenseitig porös und rissig. Bei derartigen Schläuchen ist es nicht mehr möglich, allein durch Wasserspülung alle Wein- und Mostreste zu entfernen. Solche Schläuche müssen verworfen werden, denn Schimmelpilze können auf Weinresten im porösen Gewebe anwachsen.

Die Schimmelbildung im Inneren des Fasses ist einerseits durch das Eindringen von Wein in die Poren des Holzes andererseits durch Weinsteinreste sehr leicht möglich. Wird das Holzfass während seiner Leerstandzeit nicht ordnungsgemäß konserviert, kommt es zu Beginn des Schimmelwachstums zur Bildung eines weißen Pilzmycels, das noch nicht typisch nach Schimmel riecht. Kann sich der Pilz weiterentwickeln, kommt es zu einem grünen Pilzrasen, der auch in die Poren des Holzes eindringen kann. Trotz oberflächlicher Entfernung des Pilzrasens, wird die nächste Befüllung sehr rasch einen dumpfen, muffigen Geschmack annehmen. Solcherart befallene Fässer dürfen nicht mehr befüllt werden. Will man solche Fässer trotzdem noch weiterverwenden, sollte die Innenseite des Fasses ausgehobelt und anschließend weingrün gemacht werden.

muffiger Geschmack

Konservierung leerer Holzfässer

1. Trockenkonservierung

Das regelmäßige Einbringen von gasförmigen SO_2 wirkt gegen die Vermehrung von Schimmelpilzen. Je nach Fassgröße wird monatlich Schwefeleinschlag abgebrannt. Aus elementarem Schwefel entsteht SO_2-Gas.

Schwefeleinschlag

Trockenkonservierung von Fässern mit schwefeliger Säure		
Fassgröße hl	Schwefelschnitten pro hl und Monat	g SO_2/hl
–5	0,5	5
–10	0,3	3
–20	0,25	2,5
–40	0,15	1,5

Durch das periodische Einschlaggeben wird ein konstanter SO_2-Gehalt im Fassinneren erreicht.

2. Nasskonservierung

Dabei wird das Fass mit Wasser befüllt und schwefelige Säure in einer Konzentration von 0,05% (= 500 mg SO_2/l) eingebracht. Man bedient sich dabei konzentrierter SO_2 aus der Druckflasche (50 g/hl) oder verwendet handelsübliche 5–6%ige schwefelige Säure, wobei 1 l je hl Fassinhalt zugesetzt wird. Das zur Maische-, Most- und Weinschwefelung verwendete Kaliumdisulfit (Kaliumpyrosulfit) ist für die Nasskonservierung nicht geeignet, es sei denn, man senkt den pH-Wert des Wassers durch Säurezusatz. Vorteilhaft wirkt sich das Lösen von Weinstein während der Nasskonservierung aus.   **Kaliumdisulfit**

Eine besondere Art von Schimmel- bzw. Muffton wurde durch die Anwendung pentachlorphenolhältiger Fassschutzmittel zur Außenpflege von Holzfässern gebildet. Weine über längere Zeit in derart gepflegten Holzfässern gelagert, waren mit einem starken Muffton belastet. Auch die Kellerluft kann damit stark belastet sein, sodass es auch in Kunststofftanks, seltener in Stahltanks oder durch Behandlung der Weine mit im Betrieb gelagerten Bentoniten, zu sehr intensiven Mufftönen im Wein kommt. Diese Fasspflegemittel sind aber seit 1972 verboten.   **Fassschutzmittel**

Dipl.-Ing. Dr. Reinhard EDER

21 Rosafärbung von Weißweinen – „Pinking effect"

Beschreibung des Fehlers

In seltenen Fällen kommt es vor, dass die Farbe von Weißweinen einen leichten hell rosa-roten „Touch" bekommt. Der entstehende, gelegentlich auch mattgelbe Rosaton wird international als „Pinking" bezeichnet und ist insbesondere bei Weinen der Sorte Sauvignon blanc ein beschriebener Mangel. Die Veränderungen der Farbe geht schleichend vor sich, sodass es leicht passieren kann, dass man das Entstehen des Fehler im frühen Entwicklungsstadium übersieht und dann bei stärkerem Auftreten „plötzlich" überrascht ist. Interessanter Weise betrifft das „Pinking" zunächst nur das Aussehen und nicht den Geruch und Geschmack der Weine, d.h. das Produkt bleibt frisch-fruchtig, aromatisch und feingliedrig. Lediglich wenn der Oxidationsprozess ungehindert voranschreitet wird der Wein allmählich gelb-bräunlich und erst dann kommt es auch zu Verminderungen der sensorischen Qualität (u.a. schaler, luftiger Geschmack, leichter Sherryton).

mattgelber Rosaton

Sauvignon blanc

Geruch und Geschmack

Aussehen: rosa-hellrote, teilweise matte Weinfarbe
Geruch: unverändert, sortentypisch
Geschmack: unverändert, sortentypisch

Fehlerursachen

reduktive Bedingungen

Luftsauerstoff, Oxidation

Der auffällige Rosaton tritt dann auf, wenn Weine unter stark reduktiven Bedingungen (Sauerstoffausschluss, hohe SO_2-Gehalte) hergestellt wurden und dann plötzlich mit Luftsauerstoff in Kontakt gelangen. Die Ursachen der rötlichen Verfärbung sind zwar noch nicht gänzlich geklärt, es gilt aber als ziemlich sicher, dass die Verfärbung durch Oxidation von bis dahin farblosen Phenolen

Mittels Kohlensäureüberschichtung kann das Weinaroma zwar intensiviert werden aber auch das Risiko von „Pinking" Effekten wird erhöht.

(Gerbstoffe), höchstwahrscheinlich procyanidinen Flavonoiden, entsteht. Dementsprechend ist anzunehmen, dass Weine mit erhöhten Phenolgehalten anfällig sind. Daher betrifft das „Pinking" insbesondere Weißweine, bei denen viel Aufmerksamkeit auf die Extraktion und Erhaltung sortentypisch, frischer Aromen aus der Traube gelegt wurde (z.B. Sauvignon blanc.). Technologisch geschieht dies durch

- starke Trauben- oder Maischeschwefelung,
- Anwendung von L-Ascorbinsäure,
- längere Maischestandzeiten,
- Überschichtung mit Inertgas (Kohlendioxid, Stickstoff).

Phenolgehalte

Durch die Schaffung stark reduktiver Bedingungen wird zwar eine Schädigung der Aromastoffe vermieden, andererseits findet aber auch keine Oxidation und Stabilisation der Phenole statt, sodass ein labiler, übersättigter Phenolstatus erreicht wird.

übersättigter Phenolstatus

Neben diesen verarbeitungstechnisch bedingten Ursachen dürften auch jahrgangsbedingt und regional gehäuft auftretende Pilzinfektionen eine Rolle beim „Pinking" spielen. Es ist vorstellbar, dass analog zur Laccase bei Botrytisbefall durch Pilzinfektionen Oxidationsenzyme in den Wein gelangen, die eine Verfärbung der Phenole bewirken.

Pilzinfektionen

Fehlervermeidung

Schalenkontakt

Oxidationsschutz

schonende Traubenverarbeitung

Vortests

Da labile Phenolgehalte eine wesentliche Fehlervoraussetzung darstellen, sollten eine intensiver Schalenkontakt vermieden werden. Wird aber zecks Intensivierung des sortentypischen Weinaromas eine Traubenmazeration unter reduktiven Bedingungen durchführt, sollte darauf geachtet werden, dass auch während der gesamten Weiterverarbeitung der Oxidationsschutz bestehen bleibt. Dies erfolgt durch Aufrechterhalten eines wirksamen Gehaltes an freiem SO_2 (mind. 30 mg/l) und durch (wiederholte) Gabe von L-Ascorbinsäure (Vitamin C). Eine sehr wirksame Maßnahme zur Vermeidung von „Pinking" stellt die vorbeugende Schönung mit PVPP dar. Durch eine prophylaktische Dosierung von PVPP alleine oder in Kombination mit Bentonit (50 g/hl) bzw. L-Ascorbinsäure (50–100 mg/l) kann auch in anfälligen Weinen eine Rosafärbung verhindert werden.

Auch durch eine schonende Traubenverarbeitung mit wenig musend-zermalmenden Verarbeitungsschritten und einem getrennten Ausbau von Sei- und Presswein kann die Neigung zu Rosaverfärbungen verringert werden. Zusätzlich sollten Maßnahmen zur Vermeidung von Sauerstoffeintrag im Zuge der Filtration, des Umpumpens und der Füllung ergriffen werden (z.B. Spülung mit bzw. Vorlage von Inertgas, Beseitigung von Undichtigkeiten usw.). Da der Fehler während der Flaschenlagerung zunimmt, sollten im Sinne zufriedener Kunden auch leichte Anfangsverfärbungen nicht ignoriert werden. Im Zweifelsfall empfiehlt es sich mittels Vortests die Stabilität bzw. Neigung zum „Pinking" zu untersuchen. Beispielsweise können drei Ansätze (0,1–1 l Wein) ca. 72

Mit Hilfe eines pressdruckabhängigen Automatventils kann der hochwertige Seimost vom Pressmost getrennt werden.

Stunden lang bei Raumtemperatur gelagert werden. Bei Variante 1 und 2 wird der unbehandelte und bei Variante 3 der Wein nach PVPP-Zusatz verwendet. Während die Variante 1 unverändert gelagert wird, werden bei der zweiten und dritten Variante vor Beginn der Lagerung ca. 75 mg/l Wasserstoffperoxid (H2O2) zugegeben. Nach Ende der Lagerungsperiode kann aufgrund eventuell aufgetretener Farbunterschiede die Notwendigkeit einer Schönung bzw. die Wirksamkeit der PVPP-Schönung beurteilt werden.

Im Anfangsstadium ist die fehlerhafte Rosafärbung von Weißweinen hauptsächlich ein kosmetisches Problem.

Wasserstoffperoxid

Fehlerbehandlung

Weine bei denen bereits eine Rosafärbung feststellbar ist können relativ einfach durch eine gerbstoffreduzierende Schönung wieder hergestellt werden. Die beste Wirkung wird mit PVPP (bis zu 100 g/hl) erzielt, da dieses Präparat aber relativ teuer ist, sind auch andere, weniger wirksame Alternativen wie beispielsweise Casein und Kieselsol-Gelatine nicht ganz uninteressant. Zusätzlich zur Schönung sollte der SO_2-bedingte Oxidationsschutz überprüft und nachgestellt werden

PVPP

> „Pinking" ist ein für moderne Kellerwirtschaft typischer Weinfehler, der einerseits auf erhöhte und labile Gehalte flavonoider Phenole und andererseits auf relativ rasche Änderungen der Redoxbedingungen infolge Sauerstoffzutritt zurückzuführen ist, wobei eventuell pilzliche Enzyme eine beschleunigende Wirkung ausüben. Eine Vermeidung bzw. Entfernung mittels PVPP ist relativ einfach möglich.

FL Ing. Herbert SCHÖDL

22 Korkgeschmack

Oft steht dem Genuss eines an sich ausgezeichneten Weines der gefürchtete Korkgeschmack im Wege. In starken Fällen erkennt es der Weingenießer sofort: ein dumpfer, muffiger, abgestandener, modriger Geruch und Geschmack. Das Sortenbukett wird dadurch teilweise oder ganz überdeckt. Bei geringer Intensität ist er zunächst meist nicht spürbar, wird der Wein in Glas oder Flasche etwas wärmer wird der Korkgeschmack leichter merkbar. Die Freude am Weingenuss sinkt.

Ursachen

2,4,6 Trichloranisol

H. Tanner konnte 1981 die Substanz 2,4,6 Trichloranisol (TCA) als die dominierende Komponente des Korkgeschmackes finden. Dabei werden in Weißweinen 0,01 mg/l und in Rotweinen 0,05 mg/l als Geruchsschwellenwert angesehen. Als eine vieler möglichen Ursachen wird die Bleichung der Korken mit Hypochlorit angesehen. Das dabei entstehende 2,4,6 Trichlorphenol (TCP) kann durch Mikroorganismen zu TCA methyliert werden. Aufgrund von Untersuchungen von Davis et al (1981) konnte festgestellt werden, dass einzelne Weinkorken bis zu 108 Schimmelpilze und zahlreiche Hefezellen beherbergen.

Bleichung der Korken

Chlorwaschung

Die Chlorwaschung in den korkproduzierenden Ländern ist bis vor wenigen Jahren übliche Praxis gewesen. Die Korke wurden dadurch gebleicht und sterilisiert. Seit die Untersuchungen gezeigt haben, dass Chlor am Korkgeschmack wesentlich beteiligt sein kann, hat man in den meisten korkproduzierenden Ländern auf andere Sterilisations- und Bleichverfahren umgestellt. Meist wird heute eine Waschung der Korken mit 3,5%iger H2O2-Lösung (Wasserstoffperoxid) durchgeführt. Der Gehalt an Chlorphenolen konnte dadurch in den Korken wesentlich verringert werden.

Schimmelpilze

Entscheidend für die Bildung von TCP und TCA wird auch das Wachstum von Schimmelpilzen im Zuge der Korkproduktion ge-

sehen. Die nachfolgende Übersicht zeigt die einzelnen Stationen der Korkverarbeitung. Während der Verarbeitung ist es unter widrigen Witterungsumständen möglich, dass vor allem bei der Lagerung im Korkwald, aber auch nach dem Kochprozess Schimmelpilze in Folge hoher Feuchtigkeit auf den Korkplatten gedeihen können.
Als weitere mögliche Ursache wird die Anwendung von chlorphenolhältigen Pflanzenschutzmitteln gesehen. Insektizide und Pestizide im Korkwald können ebenfalls zu TCA abgebaut werden.

Korkverarbeitung

Pflanzenschutzmittel

Übersicht: Korkverarbeitung	
• Korkernte	• Herausstanzen der Korken
• Lagerung der Korkplatten im Korkwald (bis zu 1 Jahr)	• Polieren der Korken
	• Waschen/Bleichen
• Sortierung und Abtransport in die Fabrik	• Trocknung auf ca. 7% Feuchtigkeit
	• Sortierung
• Kochen (bis zu 1,5 Stunden)	• Korkbrand/Druck
• Stabilisation	• Oberflächenbehandlung mit Gleitmittel
• Schneiden in Streifen	• Verpackung/Sterilisation

Presskork – Verbundkork – Naturkork. Eine geschmackliche Beeinflussung des Weines ist bei allen Arten möglich. (Foto: R. Steidl).

Ing. Veronika SCHOBER
23 Kristalline Ausscheidungen

Kristalline Ausscheidungen sind zumeist auch für den Laien aufgrund der Struktur, dem raschen Absetzen und durch entsprechende Farbreflexe im Gegenlicht erkennbar. Diese Formen werden vom Konsumenten zwar kritisch betrachtet, aber auch häufig als Qualitätsmerkmal („nicht gepanscht") angesehen. Problematisch und beanstandet werden kristalline Ausscheidungen vor allem dann, wenn sie als solche mit freiem Auge nicht oder nur schwer erkennbar sind.

Beschreibung der Kristallausscheidungen

1. Calciumtartrat
(neutrales Calciumsalz der L(+) Weinsäure, weinsaurer Kalk)

Bindung eines Calciumions an die beiden Carboxylgruppen der L(+) Weinsäure

Die schönste und häufigste Kristallart, die man in abgefülltem Wein findet und die sehr oft unrichtigerweise als Weinstein bezeichnet wird.

Calciumtartratkristalle
(Foto: M. Pastler).

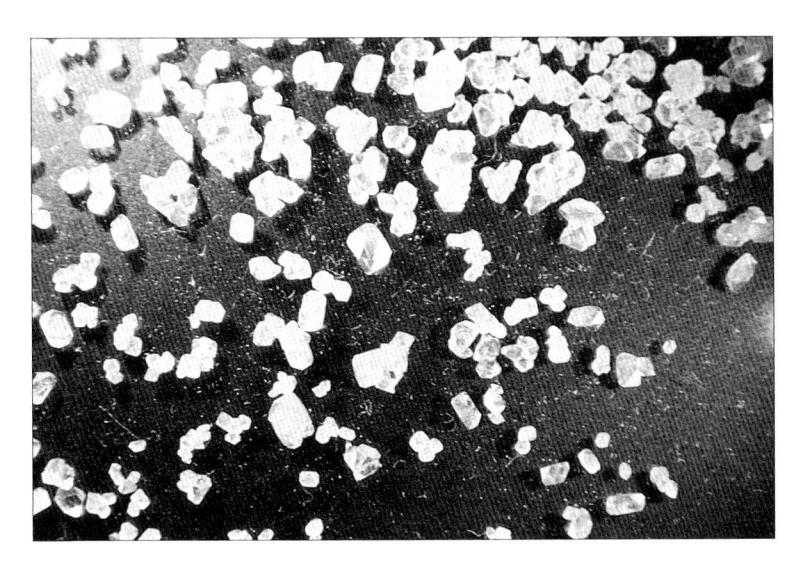

Calciumtartrat-
kristalle
(Foto: M. Pastler).

Auch ohne optische Hilfsmittel sind die scharfen Kanten der Kristalle gut erkennbar (siehe Abb. oben). Im Mikroskop sieht man deutlich die typische „Sargdeckelform".

„Sargdeckelform"

Die chemische Analyse der gelösten Kristalle z. B. mittels Atomabsorptionsspektralfotometrie (AAS) ergibt hohe Gehalte an Calcium, und der Weinsäurenachweis z. B. mittels der Methode nach Rebelein ist eindeutig positiv.

Calciumtartrat neigt leicht zu übersättigten Lösungen, daher kann es sehr lange dauern bis sich das Löslichkeitsgleichgewicht und damit die Kristallbildung einstellt.

Diese Tatsache macht sich z. B. nach Entsäuerung mit Calciumcarbonat (Entsäuerungskalk) unangenehm bemerkbar. Wenn die Karenzzeit – von bis zu 8 Wochen – nicht eingehalten wird, kommt es fast zwangsläufig zu Calciumtartratausscheidungen in der Flasche.

Entsäuerung

2. Kaliumhydrogentartrat
(saures Kaliumsalz der L(+) Weinsäure, Weinstein, Monokaliumtartrat, KHT)

Bindung eines Kaliumions an eine der beiden Carboxylgruppen der L(+) Weinsäure

So bekannt diese Kristalle einerseits sind, so unterschiedlich sind ihre Erscheinungsformen andererseits. Man findet z. B. violett

Weinsteinkristall
aus Traubensüßmost
(Foto: M. Pastler).

Massive
Weinsteinkruste
(Foto: M. Pastler).

bizarre „Igel"	schillernde Plättchen im Rotwein, bizarre „Igel" im Traubensüßmost oder dicke Krusten in Fässern (siehe Abb. oben).
	Im Auflichtmikroskop zeigen sich manchmal die typische „Schiffchenform" oder plattenähnliche Gebilde.
	Allen gemeinsam und für jeden nachvollziehbar ist die Tatsache,
in kochendem Wasser lösen	dass sie sich – mit etwas Geduld – in kochendem Wasser lösen (Schmeckt sauer!).
	Die Laboranalyse ergibt entsprechend hohe Kalium- und Weinsäuregehalte.

Die Weinsteinausscheidung während und nach der Gärung ist ein natürlicher und durchaus erwünschter Prozess. Durch Verringerung der Weinsäure erzielt man eine spontane chemische Entsäuerung, die umso stärker ausfallen wird, je stürmischer die Gärung verläuft (hohe Temperaturunterschiede).

3. Calciummucat
(neutrales Calciumsalz der Schleimsäure)

Schleimsäure ist – auch wenn der Name etwas unappetitlich klingt – ein durchaus „normaler" Inhaltsstoff in hochwertigen Prädikatsweinen. Sie entsteht durch enzymatische Umsetzung der Traubenzucker unter Mitwirkung von Botrytis.

Prädikatsweine

Vor allem in älteren, edelfaulen Produkten findet man daher häufig weiße, grießartige, kugelige Gebilde (siehe Abb. unten).

Besonders unangenehm sind Calciummucatausscheidungen dann, wenn sie plötzlich (z. B. durch Erschütterung) auskristallisieren. Diese Weine weisen dann eine schleierartige Trübung auf, die man sehr leicht mit biologischen oder chemisch anorganischen Ausscheidungen verwechseln kann, ohne dass aber sensorisch eine negative Beeinflussung feststellbar ist.

schleierartige Trübung

Mit dem Mikroskop findet man hier feine balken- bis nadelförmige Gebilde.

Kristallgemisch aus Calciummucat (weiß) und KHT (gelblich) (Foto: M. Pastler).

Calciumgehalt Die Laboruntersuchung ergibt wieder einen hohen Calciumgehalt, die mit Alkohol gewaschenen Kristalle enthalten aber keine Weinsäure.

Aufgrund der starken Tendenz zur Bildung von übersättigten Lösungen bleibt in einem scheinbar stabilen Produkt die Bereitschaft zur Kristallisation über Jahre erhalten.

4. Calciumoxalat
(Calciumsalz der Oxalsäure)

Da die Oxalsäure von Natur aus im Wein nur in Spuren vorhanden ist, findet man die mikroskopisch kleinen Calciumoxalatkristalle nur selten.

Großversuch In Österreich allerdings war die Anwendung von Oxalsäure zur Calciumverminderung im Rahmen eines Großversuches und unter Meldung an die Kellereiinspektion bis zum Jahr 2002 erlaubt. Auf diese Möglichkeit sei vollständigkeitshalber hingewiesen, eine Anwendungsempfehlung soll daraus aber nicht abgeleitet werden. Größere Mengen an Oxalsäure wirken durch Störung des Calcium-Stoffwechsels beim Menschen giftig!

5. Calciummalattartrat
(Doppelsalz)

Verbindung aus zwei Calciumionen mit je einem Molekül L(+) Weinsäure und L(–) Äpfelsäure

Die typischen zarten, zerbrechlichen stern- bzw. igelförmigen Kristalle dürften wohl vielen Winzern aus Jahrgängen mit schlechter physiologischer Reife (z. B. 1996) bekannt sein, denn sie fallen bei

Doppelsalz-entsäuerung der Doppelsalzentsäuerung von Most oder Wein an. Da die Kristallbildung an einen relativ hohen pH-Wert (ca. über 4,5) gebunden ist, führen Doppelsalzkristalle in gefüllten Flaschen kaum zu Beanstandungen. Dies erklärt, warum bei diesem Entsäuerungsverfahren die entsprechende Menge Kalk in der berechneten Teilmenge Most vorgelegt werden muss. Das Verhältnis der Verminderung von Wein- zu Äpfelsäure ist nur theoretisch 1 : 1. Laborversuche und die Praxis zeigen aber eine stärkere Weinsäureverminderung durch zusätzlichen Calciumtartratausfall. Diese Tatsache kann in ungünstigen Jahren zum Problem werden, denn

Restweinsäure-gehalt der Restweinsäuregehalt muss mindestens 0,4 g/l betragen (Weinverordnung BGBL. Nr. 630/1992 i.d.F.BGBL. II Nr. 132/1997). In

dieser Beziehung ist das „verbesserte Doppelsalzentsäuerungsverfahren" günstiger.
Durch die Zugabe von L(+) Weinsäure bei der Behandlung mit Kalk bildet das vorliegende Calciummalat mit der zugesetzten Weinsäure die schwerlöslichen Doppelsalzkristalle. Die Weinsäure in der Restteilmenge bleibt somit erhalten. Vorsicht: In Österreich (Weinbauzone B) ist der Zusatz von Weinsäure verboten (Art. 21 u. 23 VO(EWG) Nr. 822/87). Es gibt jedoch Spezialprodukte, die aus einer ausgewogenen Mischung von L(+) Weinsäure und Doppelsalzkalk bestehen. Bei entsprechend hohem Äpfelsäureanteil (mehr als 50% der titrierbaren Gesamtsäure) wird die zugesetzte Weinsäure vollständig gebunden und mit den Malattartratkristallen aus der entsäuerten Teilmenge entfernt. Von einer Aufsäuerung kann also praktisch nicht gesprochen werden.

Zugabe von L(+) Weinsäure

6. Calciumuvat
(Calciumsalz der DL-Weinsäure, Calciumracemat)

Verbindung der optisch inaktiven DL-Weinsäure (Traubensäure, Racemsäure) mit einem Calciumion

Seit dem EU-Beitritt ist der DL-Weinsäurezusatz zur Verminderung von überschüssigem Calcium in Österreich unter Überwachung eines Önologen oder Technikers erlaubt (VO (EWG) Nr. 1493/99). Seit diesem Zeitpunkt findet man auch immer wieder Uvatausscheidungen in bereits gefüllten Weinen. Problematisch ist, dass auch relativ geringe Mengen an Restcalcium (unter 100 mg/l) massive, voluminöse Niederschläge ergeben können, die ein solches Produkt absolut unverkäuflich machen. Im Mikroskop findet man stäbchenförmige, eher uncharakteristische Kristalle, die im polarisierten Licht Interferenzfärbung aufweisen. Im Labor zeigen die gelösten Kristalle entsprechende Weinsäuregehalte, aber am Polarimeter keine optische Drehung an. Hingegen können optisch aktive Substanzen wie die L(+) Weinsäure die Schwingungsebene von polarisiertem Licht (= Licht mit nur einer Schwingungsebene) verdrehen.

Restcalcium

Die Ursache und Problematik für diese nachträglichen Ausscheidungen liegt auf der Hand. Normalerweise liegt der natürliche Calciumgehalt bei Nichtprädikatsweinen bei unter 100 mg/l. Eine Anwendung von DL-Weinsäure erübrigt sich daher. Allerdings findet man hohe Calciumgehalte in Weinen, die unsachgemäß mit $CaCO_3$ entsäuert wurden. In Problemjahren – wie z. B.

DL-Weinsäure

1996 – mit hohen Äpfelsäure- und niedrigen Weinsäuregehalten kann die ursprünglich vorhandene Weinsäure fast restlos ausgefällt sein. Die Calcium-DL-Tartrat-Kristallisation ist aber vom Gehalt an natürlicher L(+) Weinsäure abhängig. Je niedriger der natürliche Weinsäuregehalt ist, umso langsamer erfolgt die Kristallisation. Eine vorhergehende Untersuchung im einschlägigen Fachlabor ist daher unabdingbar. Wein-, Äpfelsäure- und Calciumbestimmung werden auch an der HBLA & BA für Wein- und Obstbau in Klosterneuburg durchgeführt.

Fachlabor

Ursachen der Kristallbildung

übersättigte Lösung

Die wichtigste Voraussetzung für die Kristallisation – außer es handelt sich dabei um Eiskristalle – ist eine entsprechende übersättigte Lösung des kristallbildenden Salzes. Bei der Keimbildung gehen elektrisch geladene Ionen bzw. Moleküle in ein geordnetes System über. Häufig dienen dabei Fremdkörper (z. B. Impfkristalle) oder die raue Oberfläche von Gefäßwänden (z. B. auch Flaschenkorke) als Ansatzpunkte. Dieser Prozess wird umso eher stattfinden, je konzentrierter die Lösung ist. Bei entsprechenden Bedingungen wachsen diese Kristallkeime aufgrund der elektrostatischen Anziehung der Ionen oder Moleküle immer weiter. Anlagerungsstellen sind dabei die freien Valenzen an den Ecken und Kanten der Kristallisationskeime. Durch weitere Anlagerung wird im Idealfall die Kristallisation solange fortgesetzt, bis sich ein Gleichgewicht zwischen Kristall und gesättigter Lösung einstellt.

Kristallkeime

Im Medium Most-Wein kommt es allerdings häufig zu einer Störung dieses Systems. Verschiedenste kolloidale Stoffe, wie z. B. Eiweiß, Gerb- und Farbstoffe, Pektine u. a. (auch Metaweinsäure!) können an den freien Stellen adsorbiert werden und so die weitere Kristallbildung – meist aber nur vorübergehend – hemmen.

Störung

Beeinflussung der Kristallbildung in Most und Wein

Gehalt an Kalium und Calcium

Kationen

Der natürliche Gehalt dieser Kationen reicht in der Regel aus, um Kristalle zu bilden.

Die Konzentration von K und Ca ist von verschiedensten Faktoren, wie z. B. Standort, Witterungsverlauf, Düngung, Schnitt, Sorte, Unterlage etc. abhängig, die vom Winzer nur teilweise beeinflusst werden können.

Vor allem bei Ca kommen unsachgemäße Behandlungen wie hauptsächlich die unkontrollierte Entsäuerung mit $CaCO_3$, aber auch die Lagerung in Betonzisternen oder die Anwendung von Ca-Bentoniten – insbesondere bei Mostbehandlung und Mitvergärung – in Betracht.

Entsäuerung

Gehalt an Fruchtsäuren

Hier sei vor allem eindringlich erwähnt, dass der früher gerne gemachte Rückschluss von der titrierbaren Gesamtsäure auf die Wein- und Äpfelsäurekonzentration nur bedingt zulässig ist. Wenn schon keine Analyse gemacht wird, sollte man sich zumindest an den entsprechenden Reifevoruntersuchungen orientieren, bei denen der Verlauf von Äpfelsäure zu Weinsäure zu titrierbarer Gesamtsäure während der gesamten Reifeperiode untersucht wird. Solche Untersuchungen werden jährlich an der HBLA & BA für Wein- und Obstbau in Klosterneuburg durchgeführt.

Reifevoruntersuchungen

Temperatur

Die Löslichkeit von Kristallsalzen ist stark temperaturabhängig: Je kälter die Umgebungstemperatur ist, desto stärker neigen sie in der Regel zum Auskristallisieren. Diesen Effekt macht man sich bei der Weinsteinstabilisierung durch Kälteverfahren zu Nutze. Je rascher diese Abkühlung erfolgt, umso vollständiger ist die Kristallisation. Wie erwähnt, spielt in diesem Zusammenhang auch der Gärungsverlauf eine Rolle. Bei kontrollierter, d. h. langsamer Gärung gibt es geringere Temperaturunterschiede und damit auch eine Verzögerung der Weinsteinkristallisation.

Kälteverfahren

pH-Wert

Das Vorhandensein von Weinsäure allein reicht nicht zur Kristallisation aus. Sie muss auch in der entsprechenden dissoziierten Form als Hydrogentartration vorliegen, um sich mit den Kationen Ca und K binden zu können. Bei hohen pH-Werten (ca. um 3,6) liegt diese Form am häufigsten vor und die Kristallisationsbereitschaft ist daher am höchsten.

Dementsprechend wirken sich auch alle pH-verändernden Maßnahmen, wie z. B. bakterieller Säureabbau, chemische Entsäuerung, Verschnitt usw. aus.

Alkoholgehalt

Hohe Alkoholgehalte begünstigen die Kristallbildung, da die Löslichkeit im alkoholischen Medium geringer ist. Bei nachgegorenen

Löslichkeit

Weinen findet man neben Hefen auch immer wieder Kristallausscheidungen.

Sonstiges

Bewegung — Alle Maßnahmen, die eine Kristallisation begünstigen, wie Bewegung (Transport von Lagerbehältern), Oberflächenbeschaffenheit von Gebinden (z. B. alte Weinsteinkrusten in Holzfässern) sind hier ebenso zu erwähnen wie Filtrationen und Schönungen, bei denen Kolloide (= Kristallinhibitoren) entfernt werden.

Vermeidung von kristallinen Ausscheidungen

Grundsätzlich unterscheidet man zwischen Methoden, die eine Kristallisation zumindest kurzfristig verhindern – z. B. Metaweinsäure oder Gummi arabicum – und Maßnahmen, die das Auskristallisieren beschleunigen – Kälteverfahren, Kontaktverfahren.

Metaweinsäurezusatz

Metaweinsäure ist eine hochveresterte Weinsäure, die durch Erhitzen und rasches Abkühlen derselben gewonnen wird. Sie ist stark hygroskopisch und daher nur begrenzt haltbar! Ihre Wirksamkeit beruht auf dem Prinzip der Schutzkolloidwirkung. Allerdings wird die Metaweinsäure mit der Zeit und vor allem bei hohen Temperaturen wieder in Weinsäure hydrolysiert. Ihre Wirkung ist daher begrenzt und sie kann vor allem für Weine empfohlen werden, deren Kühllagerung gewährleistet und deren rascher Konsum gesichert ist.

Schutzkolloidwirkung

Höchstmenge — Die erlaubte Höchstmenge beträgt 100 mg/l (Erlass des BMfLF vom 12. 4. 1995 Zl. 19.101/45-I A9/95). Üblicherweise wird die Metaweinsäure kurz vor der Flaschenfüllung – also lange nach der Entsäuerung – zugegeben (Achtung: Kann zu Eintrübungen führen, daher einige Tage warten!).

G. Friedrich und T. Müller bieten für Jahrgänge mit einem prozentuell geringen Weinsäureanteil die Möglichkeit an, dem blanken Jungwein ca. 20–50 mg/l Metaweinsäure zu geben. Die Weinsteinkristallisation wird dadurch gehemmt – die Weinsäure bleibt erhalten. Die Calciumtartratkristallisation wird aber durch diese Menge noch kaum gehemmt. Eine Entsäuerung mit $CaCO_3$ kann dann später zur Säureregulation durchgeführt werden.

Gummi arabicum

Ähnliche, nur stärkere Schutzkolloidwirkung wie bei der Metaweinsäure

DL-Weinsäurezusatz
Ihre Anwendung und die daraus resultierende Problematik wurde bereits im Kapital Calciumuvat beschrieben.

Kühlung und Kontaktverfahren
Wie erwähnt, wird vor allem die Kristallisation von Weinstein durch tiefe Temperaturen beschleunigt. In Großbetrieben und vor allem in Sektkellereien wird dieses Verfahren auch häufig angewendet. Rasche Kühlung (–4° C), der Zusatz von Impfkristallen (Kontaktweinstein) und entsprechendes Rühren verringern die Stabilisierungszeit auf wenige Stunden. Im bäuerlichen Betrieb kann die Winterkälte kostengünstig zur Stabilisierung verwendet werden.

Impfkristalle

Nach T. Müller, G. Scholten und G. Friedrich kann bei Temperaturen unter 0° C durch Zusatz von Calciumtartratimpfkristallen bei längerer Kontaktzeit zusätzlich auch die Calciumstabilität erhöht werden.
Allerdings ist die Anwendung von Calciumtartrat in Österreich für die Erzeugung von Landwein, Qualitätswein und Qualitätsschaumwein nicht zugelassen (Erlass des BMfLF vom 12. 4. 1995, Zl. 19.101/45-I A9/95).

Anwendung von Anionen- und Kationenaustauschern, Umkehrosmose, Elektrodialyse
Derzeit sind solche Anwendungen nicht zugelassen.

Doppelmantelkühltanks können auch zur Kristallstabilisierung herangezogen werden.
(Foto: M. Pastler).

Zur Beurteilung der Kristallstabilität

Hiefür dienen vor allem die Weinsteinsättigungs- und die Calciumtartratsättigungstemperatur. Die Weinsteinsättigungstemperatur ist jene Temperatur, bei der der betreffende Wein gerade gesättigt ist. Dies geschieht durch Messung der Zunahme der Leitfähigkeit nach Zusatz von Weinstein im Überschuss. Die Calciumtartratsättigungstemperatur wird mit Calciumtartrat-Kontaktkristallen ermittelt. Ein speziell für diesen Anwendungszweck entsprechendes Geräteset – Konduktometer, Elektrode, Impfkristalle etc. – ist im einschlägigen Fachhandel zu beziehen (Kosten: ca. ATS 10.000,–).

Leitfähigkeit

Geräteset – Konduktometer

„Minikontaktverfahren"

Auf dem selben Prinzip beruht das sogenannte „Minikontaktverfahren". Hierbei wird die Mengenänderung des zugesetzten Weinsteins durch Lösen desselben mit anschließender Titration bestimmt.

Für den Praktiker gilt allgemein:
- Weinsteinsättigungstemperaturen liegen tiefer als Calciumtartratsättigungstemperaturen.
- Die tatsächlichen Lagerungstemperaturen können tiefer sein als die ermittelten Sättigungstemperaturen.
- Je tiefer die ermittelten Sättigungstemperaturen sind, desto mehr dürfen sie bei der Lagerung unterschritten werden, ohne dass es zur Kristallausbildung kommt.

> *Jedem Winzer steht die Wahl der Kristallstabilisierungsmethode frei – dem Konsumenten nicht!*

Dipl.-Ing. Dr. Reinhard EDER

24 Metallgeschmack und Metalltrübungen

Synonyme: Weißer, Grauer oder Schwarzer Bruch

Während der Vegetationsperiode nimmt die Rebe über die Wurzeln verschiedene metallische Spurenelemente (z. B. Eisen, Kupfer, Zink, Silber, Blei) auf und lagert diese unter anderem in den Trauben ein. Im Zuge einer rationellen kellerwirtschaftlichen Verarbeitung werden die Gehalte dieser Metalle stark verringert, sodass die Jungweine i. d. R. nur eine geringe Metallbelastung aufweisen (= primärer, natürlicher Metallgehalt).

Aufgrund weinbaulicher und/oder verarbeitungstechnologischer Mängel können jedoch in Ausnahmefällen erhöhte Metallgehalte in Weinen zustande kommen (=sekundärer Metallgehalt). Erhöhte Konzentrationen von Metallen stellen ein effektives sowie potenzielles Qualitätsproblem dar, da sie sowohl Geschmacksbeeinträchtigungen wie auch Trübungen verursachen können. Weiters bewirken erhöhte Metallgehalte aufgrund ihrer katalytischen Aktivität eine Beschleunigung unerwünschter Reaktionen, wie z. B. Aromaveränderungen (frühzeitige Alterung) und Farbstoffumlagerungen (Bräunungen).

Trübungen

Beschleunigung unerwünschter Reaktionen

Negative Auswirkungen erhöhter Metallgehalte in Weinen
- metallischer Geschmack und Maskierung des Sortenaromas
- feinflockige Trübungen
- beschleunigte Alterung und Farbveränderungen
- raschere Abnahme des Gehaltes an freiem SO_2

Beschreibung des Metallgeschmackes

Die durch erhöhte Metallgehalte verursachten nachteiligen Geschmacksveränderungen werden mit „metallisch-bitter" beschrieben, wobei es sich gezeigt hat, dass Raucher bei der sensorischen

„metallisch-bitter"

Umwandlung von Aromastoffen und Phenolen

schwefelhaltige Substanzen

Wahrnehmung dieses Fehltones empfindlicher reagieren als Nichtraucher. Üblicherweise sind bei Eisengehalten kleiner 10 mg/l und Kupfergehalten kleiner 2,0 mg/l keine negativen Geschmacksbeeinflussungen der Weine feststellbar. Da durch Eisenionen das Redoxgleichpotenzial von Weinen verändert wird, können erhöhte Eisen(III)gehalte eine raschere oxidative Umwandlung von Aromastoffen und Phenolen („Gerbstoffen") bewirken. In der Folge haben solche Weine dann einen höheren SO_2-Verbrauch, sind breit im Geschmack und weisen unnatürliche Färbungen auf. Der metallisch-bittere Geschmack offenbart sich besonders beim Vorhandensein von zu hohen Kupfergehalten. Zusätzlich werden durch das gelöste Kupfer verschiedene Aromastoffe, insbesondere schwefelhaltige Substanzen maskiert. Da diese Substanzen nicht nur negative (Böckser) sondern auch positive Auswirkungen (z. B. Sortencharakter von Sauvignon blanc, Grüner Veltliner) auf das Weinaroma ausüben, wird die Aromafülle („Bukett") der Weine eingeengt.

Bei Zink, welches eher selten als Trübungsursache auftritt, sind bei Gehalten von mehr als 5 mg/l sensorische Qualitätsbeeinträchtigungen zu erwarten, sodass im Jahre 1992 eine maximale Toleranzgrenze von 5 mg/l für österreichische Weine vorgeschlagen wurde.

Übliche Schwellenwerte für das Auftreten von Metallgeschmäcken

Eisen	10 mg/l
Kupfer	2 mg/l
Zink	5 mg/l

Beschreibung der Metalltrübungen

Nachtrübungen auf der Flasche

Eine unumstrittene Grundbedingung für einen guten Wein ist, dass dieser klar und blank ist. Daher stellen erhöhte Metallgehalte, die zu Nachtrübungen auf der Flasche führen können, eine potenzielle Quelle für Weinfehler dar. Hauptsächlich treten Eisen und Kupfer als Trübungsverursacher auf, in sehr seltenen Fällen können auch Zinn und Aluminium Probleme verursachen.

Eisentrübungen

Eisengehalte kleiner als 5 mg/l

In Hinblick auf Eisentrübungen werden Weine als stabil angesehen, deren Eisengehalte kleiner als 5 mg/l bzw. deren Blauschönungsbedarf kleiner als 2 g/hl ist. Da Eisentrübungen nur von dreiwertigem Eisen verursacht werden, ist nicht nur die absolute Eisenkonzentration sondern auch das Redoxpotenzial des Weines von großer Bedeutung. Um Weine sicher eisenstabil zu erhalten, müssen durch ausreichende Schwefelung (freies SO_2 nicht unter 30 mg/l) reduktive Verhältnisse geschaffen werden. Falls nun die Schwellenkonzentrationen überschritten werden, treten Eisentrübungen üblicherweise erst nach Oxidation des zweiwertigen zum dreiwertigen Eisen auf. In der Praxis bedeutet dies, dass der Weinfehler erst auftritt, nachdem der Wein mit Luft in Kontakt gekommen ist, beispielsweise beim Abziehen, Verschneiden, Flaschenfüllen oder Flaschenöffnen. In dem betroffenen Wein ist dann entweder eine charakteristische Verfärbung, eine opalisierende Trübung oder die Bildung eines feinen Schleiers feststellbar.

Schwefelung

Luft in Kontakt

Da bei Eisentrübungen zumeist andere Substanzen (Phosphat, Phenole) vergesellschaftet sind, kann die Färbung des Weines bzw. Trubes unterschiedlich ausgeprägt sein. Im Falle einer Eisen-Phosphat-Trübung kommt es zur Ausbildung eines weißen oder grauweißen Schleiers bzw. einer weißlichgrauen bis grauen Verfärbung, in der Weindiktion spricht man dann von Weißem bzw. Grauem Bruch.

Weißer bzw. Grauer Bruch

Bei manchen Weinen beobachtet man, dass sie bei Berührung mit Luft eine bläulichgrüne bis blauschwarze Farbe annehmen. Diese Phänomene werden als Schwarzwerden oder Schwarzer Bruch bezeichnet, chemisch betrachtet handelt es sich hierbei um Eisen-Phenol-Verbindungen. Grundsätzlich kann durch Schaffung reduktiver Verhältnisse im Wein – SO_2 und Ascorbinsäure – das Auftreten dieser Trübungen verzögert werden.

Schwarzer Bruch

Kupfertrübungen

Im Gegensatz zu Eisentrübungen lösen sich Kupfertrübungen bei Berührung mit Luft mehr oder weniger rasch wieder auf. So besteht in Weinen mit hohen Kupfergehalten größer 0,5 mg/l die verstärkte Gefahr, dass einige Wochen bis Monate nach der Flaschenfüllung, wenn der Sauerstoff im Flaschenkopfraum verbraucht ist, eine Trübung auftritt. Das Kupfer fällt in Form kleiner, runder Gerinnselteilchen (O/ ca. 0,001 mm) aus, wodurch der Wein opalisierend getrübt wird. Aufgrund der Schwerkraft setzten sich die amorphen Kügelchen an der Unterseite der Flasche ab, wo sie zunächst einen grünlichbraunen Streifen und später einen kreisförmigen Fleck bilden. Aufgrund ihrer Größe, der run-

Kupfergehalte größer 0,5 mg/l

reduktive Verhältnisse

Unterscheidung zwischen Eisen- oder Kupfertrübung			
	Beschreibung	Auftreten	Auflösung der Trübung
Eisentrübung	weißer, grauweißer Schleier bzw. weißlichgraue Verfärbung, gelegentlich bei Luft- kontakt bläulichgrüne bis blauschwarze Trübung	beim Zutritt von Luftsauerstoff, wenig SO_2, (oxidatives Milieu)	durch Wärme, Schwefelung und Gabe von L-Ascorbinsäure (Vitamin C) beschleunigt
Kupfertrübung	kleine runde Gerinnselteilchen, Wein opalisziert, grünlichbraune Streifen, kreisförmiger Fleck	bei Abwesenheit von Sauerstoff, viel SO_2 (reduktives Milieu)	durch Licht, niedrige Temperaturen und Lüften beschleunigt

Mikroskop

den Form und der Neigung sich zu zweit zusammenzupacken, können Kupfergerinnsel unter dem Mikroskop leicht mit Diplokokken verwechselt werden. Ein sehr auffälliges Charakteristikum von Kupfertrübungen ist jedoch, dass getrübter Wein nach dem Öffnen und Ausgießen im Optimalfall bereits nach 10 Minuten, im schlechtesten Fall erst nach einigen Tagen wieder blank wird. Die Auflösung der Trübung wird durch Einwirkung von Licht und niedrigen Temperaturen beschleunigt, während hingegen Eisentrübungen durch Wärme wieder aufgelöst werden können.

Vorhersagbarkeit von Metalltrübungen

kritische Metallkonzentration

Eine definitive Vorhersage von Trübungen und Geschmacksbeeinflussungen ist nur beschränkt möglich, da das Auftreten dieser Fehler nicht nur von der kritischen Metallkonzentration sondern auch von der Zusammensetzung der Weine abhängig ist. Als sichere Grenzkonzentrationen, unterhalb derer keine Metalltrübungen mehr auftreten sollten, gelten üblicherweise bei Eisen 5 mg/l und bei Kupfer 0,5 mg/l. Demgegenüber werden von Bauer et al. zur sicheren Vermeidung von Eisentrübungen Maximalgehalte von 3 mg/l empfohlen, während für Kupfer eine geringe Über-

schreitung der Schwellenwertkonzentration von 0,5 mg/l als nicht tragisch angesehen werden.
Die schwierige Vorhersagbarkeit von Metalltrübungen beruht auf der Tatsache, dass die grundsätzlich löslichen Metalle mit verschiedenen Weininhaltsstoffen reagieren und dadurch erst unlöslich werden (z. B. Eisenphosphat, Kupfersulfid, Zinksulfid). Weiters bilden die Metalle mit phenolischen Verbindungen und Eiweiß komplexe Moleküle, welche im Zuge kellertechnologischer Verfahrensschritte (z. B. Erwärmung, Entsäuerung, Verschnitt, Lagerung) eine Sensibilisierung durchmachen und dadurch unlöslich werden. Somit bewirken erhöhte Metallgehalte eine latente Instabilität, die jederzeit auftreten kann, sofern sie nicht durch vorbeugende Behandlungen, wie Schönungen, physikalische Stabilisierungsmaßnahmen sowie durch den Einsatz von Schutzkolloiden oder Komplexbildnern wirksam unterbunden wird.

Weininhaltsstoffe

Sensibilisierung

Gesetzliche Grenzwerte

Kupfer
maximal 1,0 mg/L (Verordnung EWG Nr. 1493/99 über die gemeinsame Marktorganisation für Wein)

Silber
Innerhalb der EU-Staaten ist die Anwendung von Silberchlorid nicht gestattet (Verordnung EWG Nr. 1493/99 über die gemeinsame Marktorganisation für Wein).
In Österreich bestand im Rahmen eines Großversuches eine zeitlich begrenzte Genehmigung, jedoch musste die Anwendung dem Bundeskellereiinspektor gemeldet werden. Nach der Behandlung musste sichergestellt werden, dass maximal 0,5 mg/l Silber im Wein verbleiben. Der Wein durfte jedoch nicht in andere EU-Staaten verbracht werden.

Empfohlene Schwellenwerte

Eisen
Von Netzer et al. (1992) wurde vorgeschlagen, dass Weine mit einem Eisengehalt größer 20 mg/l als verkehrsunfähig angesehen und, dass eine maximale Toleranzgrenze von 10 mg/l Eisen für fertige Weine festgelegt werden sollte. Derzeit werden Eisengehalte größer 15 mg/l als Folgen einer nicht rationellen Kellerwirtschaft angesehen.

Toleranzgrenze

Zink
Von Netzer et al. (1992) wurde vorgeschlagen, dass Weine mit einem Zinkgehalt größer 5 mg/l als verkehrsunfähig angesehen und, dass eine maximale Toleranzgrenze von 5 mg/l Zink für fertige Weine festgelegt werden sollte.

Blei
Vorschreibung eines maximal zulässigen Bleigehaltes von 0,2 mg/l durch das Internationale Weinamt (Resolution der 76. Generalversammlung des O.I.V. in Kapstadt, Südafrika, 1997)

Ursachen erhöhter Metallgehalte

Die von Natur aus in Trauben, Mosten und Weinen vorliegenden Metallgehalte sind i. d. R. so gering, dass kaum Trübungsgefahr bestehen würde. Erhöhte Gehalte verschiedener Metalle werden hauptsächlich durch Unachtsamkeiten bei der Lese (z. B. Erdtrauben, Kontakt von Lesegut mit blanken Metallen) kellerwirtschaftliche Mängel (Korrosion) sowie durch massiven Einsatz metallhaltiger Pflanzenschutzmittel (z. B. Dithane, Kupferkalk) hervorgerufen. In Spezialfällen kann die Verwendung von Düngern auf Basis von kompostiertem Müll bzw. die Ausbringung von Klärschlamm zu erhöhten Zinkgehalten (mehr als 5 mg/l) führen. Auch die Verwendung von Bleikapseln und das lange Verweilenlassen von Weinen in Bleikristallgefäßen können Ursachen für hohe Bleigehalte sein. Beispielsweise wurde bei einem Rotwein in Folge einer 24-stündigen Verweilzeit in einer Bleikristallkaraffe eine Zunahme des Bleigehaltes von 0,036 mg/l auf durchschnittlich 0,134 mg/l festgestellt.

Lese, kellerwirtschaftliche Mängel, Pflanzenschutzmittel

Bleikapseln

Gründe für erhöhte Metallgehalte:
- metallhaltige Pflanzenschutzmittel (z. B. Kupfer, Zink)
- Erdtrauben, Metallklammern im Lesegut, Eintrag durch Drähte
- direkter Kontakt mit korrodierenden Metallteilen (z. B. Pumpen, Rebler)
- metallhaltige Weinbehandlungsmittel (z. B. Böcksermittel, Bentonite)

korrosionsbedingte Migration

Die korrosionsbedingte Migration von Metallen in den Wein hängt von der önologischen Spannungsreihe der Metalle und Legierungen ab, welche von Bauer et al. beschrieben wurde.

Korrodierte Förderschnecken stellen eine erhebliche Kontaminationsquelle für Eisen und andere Metalle dar.

Die Verwendung dieser Schneckenpresse aus nicht rostfreiem Stahl führt sicherlich zu einer deutlichen Zunahme der Eisen- und Metallgehalte im Most.

Grundsätzlich besagt dieses Modell, dass die Korrosion und somit die Metallabgabe an den Wein umso größer ist, je unedler das Metall ist. Da die Metalle Eisen, Aluminium, Zink sehr unedel sind, weisen sie eine hohe Korrosionsanfälligkeit auf. Eine Übersicht über das für die praktische Kellertechnik relevante Verhalten der Metalle in Wein ist in folgender Tabelle zusammengefasst.

Korrosionsanfälligkeit

Verhalten verschiedener Metalle in Wein (nach BAUER, et al. 1994, modifiziert)						
Önologische Spannungsreihe			Gesamt-gehalt in Wein	Korrosion durch Wein, 7 Tage	Metalltrübung	
Metall	Reaktion	Potenzial (V)	(mg/l)	(g/m²)	krit. Grenzwert (mg/l)	Blauschö-nung Ab-nahme (%)
Aluminium	Al/Al+++	−1,66	0,5–0,9	200	10	10–30
Zink	Zn/Zn++	−0,76	0,5–3,5	91	5	70–90
Eisen	Fe/Fe++	−0,44	1,0–3,0	14–90	5	10–95
Nickel	Ni/Ni++	−0,23	0,03–0,05	5,7	0,1	40–50
Zinn	Sn/Sn++	−0,14	0,01–0,7	5,5	1,0	10–20
Blei	Pb/Pb++	−0,12	0,03–0,1	4,8	0,5	5–40
Kupfer	Cu/Cu++	+0,34	0,1–0,5	2,0	0,5	10–95

Legierungen, unedle Metalle

Bei Verwendung von Geräten und Apparaten, welche gesamt bzw. teilweise (Legierungen) aus unedlen Metallen (z. B. Eisen, Zink, Kupfer) bestehen, muss bei längerer Kontakt- und Verweilzeit mit teilweise erheblichen Metallabgaben gerechnet werden. Erhöhte Konzentrationen dieser Substanzen in Weinen sind jedoch zumeist vermeidbar, beispielsweise durch die konsequente Verwendung nichtrostender Chrom-Nickel-Edelstähle in der Kellertechnik. Leider ist aber auch bei den Edelstahlbehältern eine geringfügige Anreicherung spezieller Metalle (z. B. Chrom, Nickel und Eisen) im Mikrogrammbereich zu beobachten. Da diese Schwermetallmigration von der Art der Schwefeldioxidapplikation abhängt, sollte das weniger aggressive Kaliumpyrosulfit zur Schwefelung verwendet werden.

Natürliche Gehalte und Kontaminationsquellen der Metalle im Wein

Eisen

Von Natur aus enthalten frisch gepresste Moste zwischen 2 und 7 mg/l Eisen. Falls ein Kontakt mit eisenhaltigen Geräten komplett ausgeschlossen werden kann, liegen die Eisenwerte zwischen 0,6 und 1,6 mg/l. Da das Eisen im Most überwiegend an Trubteilchen gebunden ist, führt eine Mostklärung und Entschleimung zu einer deutlichen Verringerung der Eisengehalte z. B. Trübmost 15 mg/l, Klarmost 1 mg/l. Da durch die anschließende alkoholische Gärung der Gehalt nochmals stark vermindert wird, ist im Jungwein praktisch kein natürliches Eisen mehr vorhanden. Erst durch den Kontakt des Mostes oder Weines mit blanken bzw. korrodierten Stahlstellen sowie durch die Anwendung von Bentonit wird die Eisenkonzentration wieder erhöht. *(Mostklärung und Entschleimung)*

Kontaminationsquellen für Eisen sind allgemein gesagt ungeschützte bzw. schadhaft beschichtete Geräte und Armaturen aus Stahl, wie beispielsweise Kippwannen, Lesewagen, Rebler und Presskörbe sowie schadhafte Beschichtungen bei Stahl-Emailtanks und Betonzisternen. Nicht zu unterschätzen ist bei (alten) Holzfässern der Eiseneintrag in den Wein durch Stahlzugschrauben, Sicherungskeile und durch Eisendübeln, welche zum Befestigen der Bodendauben verwendet wurden. Die Lagerung von Wein in diesen Fässern führt zwangsläufig zu einem erhöhten Blauschönungsbedarf. *(Kontaminationsquellen)*

Auch durch die Anwendung von Weinbehandlungsmitteln, wie Bentonit und in geringerem Maße auch Kieselgur, kann der Eisengehalt im Wein erhöht werden. Die Bentonitschönung erhöht den Eisengehalt vor allem dann, wenn Bentonit während der Gärung im Wein verbleibt. Korrespondierende Untersuchungen haben gezeigt, dass bei Mitvergärung der Höchstmenge von 400 g Bentonit pro hl die Eisengehalte im Jungwein um 1 bis 12 mg/l, je nach verwendeter Bentonitcharge, zunehmen können. Damit verbunden ist natürlich ein markanter Anstieg des Bedarfes an Kaliumhexacyanoferrat (II), d. h. des Blauschönungsbedarfes. Durch den Einsatz von Kieselgur als Filterhilfsmittel wird der Eisengehalt hingegen nur geringfügig erhöht. *(Weinbehandlungsmittel)*

Kupfer

Der natürliche Kupfergehalt von Weinen liegt i. d. R. unter 0,5 mg/l. Erhöhte Konzentration können durch eine Weinbehandlung mit Kupfersulfat (Böckserentfernung), durch kupferhaltige Fungizide sowie durch den Kontakt mit kupferhaltigen Legierungen verursacht werden. *(Böckserentfernung)*

Untersuchungen von Redl haben ergeben, dass bei einmaliger und vorschriftsgemäßer Anwendung von kupferhaltigen Fungiziden (Kozide, Cuproxat, Kupfer-Fusilan bzw. Coprantol) in den Mosten *(Fungizide)*

Kupfergehalte von 1,7 bis 9,4 mg/l und in den (Jung-)Weinen von 0,1 bis 0,7 mg/l erzielt wurden. Hingegen lagen bei dreimaliger Fungizidanwendung die Werte in den Mostproben zwischen 5,6 und 39,1 mg/l und in den (Jung-)Weinen zwischen 0,2 und 11,9 mg/l.

Kupferspritzung Somit stellt die Kupferspritzung, auch bei vorschriftsgemäßer Einhaltung der Karenzzeit, in Einzelfällen eine Gefahrenquelle für erhöhte Metallgehalte im Wein dar. Zusätzlich kommt es zu einer Anreicherung von Kupfer im Boden, wodurch auch über die Rebwurzeln eine erhöhte Kupferaufnahme induziert wird.

Das im Most vorhandene Kupfer wird im Zuge der Gärung, durch Bildung unlöslicher Sulfide bzw. durch aktive Aufnahme in die Hefezelle um 86–97% vermindert. Da das von der Hefe aufgenommen Kupfer nach einiger Zeit wieder freigesetzt wird, empfiehlt sich zur Vermeidung erhöhter Kupferkonzentrationen ein rasches Abziehen nach der Gärung.

Bronze, Rotguss oder Messing Falls nun die Jungweine im Zuge der weiteren Weinbereitung mit Armaturen und Geräten aus Bronze, Rotguss oder Messing (z. B. Pumpen, Füller) in Berührung kommen, können die Kupfergehalte in den Weinen erneut ansteigen. Da bei der Verwendung derartiger Gerätschaft eine sehr schnelle Ablösung der oxidierten Kupferschicht erfolgt, kann beispielsweise im Zuge der Flaschenfüllung eine inhomogene Verteilung der Kupfergehalte auftreten, sodass die ersten Flaschen sehr hohe Kupferwerte aufweisen, während die übrigen Flaschen nur geringe Gehalte aufweisen. Häufig gelangt auf diese Weise nach einer bereits erfolgten Blauschönung nochmals Kupfer in den Wein. Eine erneute Kupferentfernung ist in diesen Fällen nur mit erheblichem Aufwand und meist unter Qualitätsminderung des Weines zu erreichen.

Böckserbehandlung Zur Böckserbehandlung ist Kupfersulfat in einem maximalen Ausmaß von 1 g/hl Wein zugelassen (Verordnung EWG Nr. 1493/99 über die gemeinsame Marktorganisation für Wein). Da zur Böckserentfernung die Zugabe eines Überschusses von Kupfersulfat notwendig ist, wird nur ein Teil des zugesetzten Kupfers als Metallsulfidverbindung wieder ausgefällt. Dadurch kommt es beim Einsatz von 1 g/hl Kupfersulfat zu einer durchschnittlichen Erhöhung des Kupfergehalts im Wein um 2,5 mg/l. Um eine Rückreaktion der gefällten Metallverbindungen und damit ein Wiederauftreten des Böcksers zu vermeiden, sollte nach einer Kupfersulfatbehandlung und vor der Blauschönung filtriert werden.

Eine besondere Problematik des Kupfer liegt darin, dass es bereits in sehr viel geringeren Konzentrationen als Eisen zu Trübungen führen kann. Ein erhöhter Kupfergehalt von 1–2 mg/l verursacht häufig Nachtrübungen, wird aber bei einer einfachen Bedarfsermittlung leicht übersehen, da nur ein geringer Bedarf an Kaliumhexacyanoferrat (II) besteht. Zusätzlich besteht die Gefahr, dass bei zu geringen Eisengehalten die Blauschönung nicht zieht. Daher muss in Weinen, welche viel Kupfer aber wenig Eisen enthalten, durch geeeignete Maßnahmen (z. B. Verschnitt) eine Eisenanreicherung erfolgen.

Kaliumhexacyanoferrat

Zink

Die natürlichen Zinkgehalte liegen in Weinen zwischen 0,5 und 3,5 mg/l, erhöhte Konzentrationen treten heute nur noch selten auf. Mögliche Kontaminationsquellen sind das abtropfende Wasser von Weingartenstehern und Drähten, verzinkte Gefäße, aber auch Legierungen, in denen Zink als Bestandteil enthalten ist, z. B. Messing, Rotguss und manche Aluminiumlegierungen. Die Zinkgehalte in Mosten und Weinen können auch infolge der Verwendung zinkhaltiger Pflanzenschutzmittel (Wirkstoff: Zineb) bzw. durch Ausbringung von Kompost- und Klärschlammdünger erhöht sein.

Weingartensteher und Drähte

Silber

Im Rahmen eines meldepflichtigen Großversuches konnte in Österreich Silberchlorid anstelle von Kupfersulfat zur Böckserbehandlung eingesetzt werden. Im Zuge einer derartigen Behandlung wurde der in Österreich zulässige Höchstwert von 0,5 mg/l Silber jedoch zumeist überschritten, sodass die anschließende Durchführung einer Blauschönung notwendig ist. In der Europäischen Union ist die Böckserbehandlung mittels Silberchorid nicht gestattet.

nicht gestattet

Vermeidung erhöhter Metallgehalte

Die Anleitung zur Produktion von metallstabilen und geschmacklich einwandfreien Weinen ergibt sich logischerweise aus den, in dem vorhergehenden Kapitel, genannten Ursachen und Herkünften der einzelnen Metalle.
Die Maßnahmen zur vorbeugenden Vermeidung von Metalltrübungen und Metallgeschmack können daher wie folgt zusammengefasst werden:

- Vermeidung von zinkhaltigen Weingartenstehern und Drähten
- Vorsicht bei Düngung mit Kompost und Klärschlamm
- sparsame Anwendung von metallhaltigen Fungiziden, insbesondere bei Abschlussspritzungen und trockenem Vegetationsverlauf
- Verwendung von Lesegeschirr, Traubenübernahme- und Verarbeitungsgeräten aus rostfreiem Stahl bzw. rechtzeitige Kontrolle und Ausbesserung der Beschichtungen und Lackierungen bei Stahlgeräten
- Entfernung von Metallteilchen (z. B. Nägel, Metallhaken) aus dem Lesegut
- Durchführung einer Mostklärung, Entschleimung
- Mitvergären von Bentonit unbedingt vermeiden; jene Bentonite verwenden, die nachweislich weniger Metalle an Most und Wein abgeben (Auskunftsmöglichkeit an der HBLA & BA Klosterneuburg)
- Entfernung von Gerätschaften (z. B. Pumpen, Füller) aus dem Produktionsablauf, welche aus kupferhaltigen Legierungen bestehen
- Verwendung von Edelstahltanks bzw. von gepflegten, nicht zu alten Holzfässern; nur gut gepflegte Stahl-Emailtanks einsetzen; Vermeidung alter Holzfässer mit Stahlzugschrauben und Eisendübeln
- Bevor eine Blauschönung durchgeführt wird, sollte grundsätzlich immer überlegt werden, ob eine Böckserbehandlung mit Kupfersulfat notwendig ist. Die Böckserbehandlung sollte auf-

Stahl-Emailtanks müssen sorgfältig gereinigt und gepflegt werden.

Bei Stahl-Emailtanks sind insbesondere die Ausflussöffnungen korrosionsanfällig und somit Kontaminationsquellen für Metalle.

Da bei der Lagerung von Wein in Edelstahltanks die Gehalte an Eisen, Kupfer und Zink nur sehr geringfügig erhöht werden, sind sie Stahl-Emailtanks vorzuziehen.

grund der damit verbundenen Erhöhung der Metallgehalte immer vor der Blauschönung geschehen. Die Böckserbehandlung mit Silberchlorid ist in der Europäischen Union verboten.
- Zu lange Verweilzeiten von Weinen in bleihaltigen Glasgefäßen vermeiden (z. B. beim Belüften von Rotwein); Vermeidung von bleihaltigen Flaschenkapseln

bleihaltige Glasgefäße

Verringerung erhöhter Metallgehalte

Blauschönung Das klassische Verfahren zur Entfernung der Metalle und damit zur Vermeidung metallbedingter Nachtrübungen ist die Blauschönung. Unter normalen Umständen führt eine Blauschönung sicher zur Entfernung erhöhter Eisen-, Kupfer- und Zinkkonzentrationen. Jüngere Untersuchungen bestätigen, dass sich die Elemente Eisen, Kupfer, Zink und Cobalt mit Kaliumhexacyanoferrat (II) zu über 80% aus Wein fällen lassen.

Problematisch wird die Blauschönung, wenn nicht Eisen, sondern ausschließlich erhöhte Kupfermengen zu entfernen sind. Dies ist der Fall, wenn ein bereits blaugeschönter Wein wieder Kupfer aufgenommen hat (z. B. Böckserbehandlung mittels Kupfersulfat).

Kupferstabilität Da zum Erreichen einer Kupferstabilität sehr geringe Restkonzentrationen erreicht werden sollten (kleiner 0,5 mg/l), müssen relativ hohe Mengen an gelbem Blutlaugensalz zugegeben werden, sodass das Risiko einer Überschönung besteht. Solche Weine sollten daher vor einer Blauschönung mit einem noch nicht blaugeschönten, eisenreichen Wein verschnitten werden.

Die Anwendung der Blauschönung weist jedoch einige gravierende Nachteile auf:
- Entsorgung des Schönungstrubes
- Toxizität der bei Überschönung entstehenden Blausäure
- aufwändige Ermittlung der Dosierungsmenge durch Vorprobe
- Ermittlungsbedarffeststellung nur durch geschulten Önologen
- geringfügige Verringerung der Weinqualität (z. B. Körper, Fülle)

Daher sollte eine Blauschönung nur im unbedingten Bedarfsfall durchgeführt werden.

Gummi arabicum und/oder Zitronensäure In der Europäischen Union und somit in Österreich sind derzeit nur wenige zusätzliche Maßnahmen zur Metallstabilisierung von Weinen zugelassen. Es handelt sich hierbei um den Zusatz von Gummi arabicum und/oder Zitronensäure. Deren metallstabilisierende Wirkung beruht auf der Bildung von Komplexen, die jedoch nur eine zeitlich und mengenmäßig begrenzte Wirkung aufweisen. Gummi arabicum kann beispielsweise durch seine Wirkung als Schutzkolloid Kupfertrübungen in begrenztem Umfang blockieren, wobei die stabilisierende Wirkung bei höheren pH-Werten besser ist als bei niedrigen. Eine kombinierte Anwendung mit Zitronensäure, die mit Eisen-(III)-Ionen stabile Komplexe bildet, wird empfohlen. Die Anwendung von Gummi arabicum ist derzeit ohne Mengenbegrenzung gestattet. Die in der Praxis übliche Dosierung liegt bei 20–80 g/hl.

Der Zusatz von Zitronensäure ist derart geregelt, dass der endgültige Gehalt des Weines 1 g/l nicht übersteigen darf (Verordnung EWG Nr. 1493/99 über die gemeinsame Marktorganisation für Wein).

Zitronensäure

An der Abteilung Weinchemie der HBLA & BA Klosterneuburg sowie am Instito Agrario in San Michele (Italien) und in Deutschland (Fachhochschule Geisenheim bzw. SLFA Trier) wurden in den letzten Jahren mehrere Versuche mit metalladsorbierenden Harzen durchgeführt. Es handelt sich hierbei um Polymerharze auf der Basis von Polyvinylpyrrolidon und Polyimidazolen, die ohne Vorversuche dem Wein beigemengt werden und bereits nach wenigen Stunden einfach abfiltriert werden können. Auch hinsichtlich der sensorischen Qualität der behandelten Weine waren die bisherigen Experimente viel versprechend. Derzeit bestehen beim Internationalen Weinamt in Paris (O.I.V.) Bestrebungen, die Behandlung von Weinen mit diesen Harzen zuzulassen.

metalladsorbierende Harze

> *Da erhöhte Metallgehalte, die zu qualitätsmindernden Weinfehlern (Trübungen, Metallgeschmack, Alterung) führen können, nachträglich nur sehr aufwändig aus dem Wein entfernt werden können (Blauschönung), sollten bei der Weinbereitung unerwünschte Metallanreicherungen konsequent vermieden werden.*

Dipl.-Ing. Dr. Susanne BERGER

25 Biologische Trübungsursachen

Hefen und Milchsäurebakterien führen immer wieder zu Nachtrübungen. Sie sind mikroskopisch klein, daher für das freie Auge unsichtbar, bis sie sich so stark vermehrt haben, dass sie als Trübung im Produkt zu erkennen sind. Gegen diesen Mangel, der in der letzten Phase der Weinbereitung entstehen kann, gibt es ein uraltes Rezept: Hygiene.

Ursache für biologische Trübungen

Wenn die Weinbereitung dem Ende zugeht, steht noch eine Hürde bevor: die Flaschenfüllung. Nach wie vor gilt das Ziel, ein physikalisch, chemisch und biologisch stabiles Endprodukt anbieten zu können. Trockene Weine bieten den Mikroorganismen zumeist keinen ausreichenden Nährboden zur Vermehrung. Eine keimarme Füllung, wonach 100–300 Hefen pro Flasche enthalten sind, wird in diesem Fall ausreichend sein. Der vorhandene Alkohol wirkt außerdem keimhemmend. Bei der Füllung von Qualitätsweinen mit Restsüße und bei Prädikatsweinen spielt die Hygiene eine wesentlich größere Rolle. Ideale Vermehrungsbedingungen herrschen in Spät- und Auslesen. In Beeren- und Trockenbeerenauslesen liegt relativ viel Zucker vor. Alkohol und Zucker gemeinsam erhöhen die osmotische Belastung der Hefe. Es kommt zu Gärhemmung, die als Problem einzustufen ist, wenn sie während der alkoholischen Gärung eintritt. Andererseits erfüllen hohe Alkohol- und Zuckergehalte in der gefüllten Flasche eine willkommene konservierende Funktion.

Mögliche Kontaminanten können Hefen, Bakterien und genausogut Schimmelpilze sein. Vom Standpunkt des Mikrobiologen aus gesehen unterscheiden sich diese Gruppen in ihrer Größe, im Aussehen der Zellverbände, im Zellaufbau, im Stoffwechsel und in den Nährstoffansprüchen. Vertreter aller drei Gruppen sind für die mikrobiologische Stabilität der Produkte von Bedeutung.

1. Hefen

Die Gärhefen sind Sprosspilze und gehören der Gattung Saccharomyces cerevisiae an. Sie haben eine Größe von 5–10 μm (5–10/1 000 mm). Im Mikroskop erkennt man sie als Kügelchen. Sie vermehren sich in zuckerhältigen Medien zumeist durch die charakteristische polare Knospenbildung, gefolgt von der Abschnürung einer Tochterzelle. Hefen sind im Jungwein „ausgewachsen" und befinden sich in der sogenannten stationären Wachstumsphase, in der die Zelle um einiges widerstandfähiger geworden ist. Bei der geschlechtlichen Vermehrung kommt es zur Bildung der ebenfalls widerstandsfähigen Ascosporen. Besondere Bedeutung hat die Hitzeresistenz dieser robusten Zellen während der Warmfüllung. Wenn Temperaturvorgaben und Haltezeiten nicht eingehalten und regelmäßig überprüft werden, können Hefen überleben und Nachtrübungen bewirken.

Saccharomyces cerevisiae

Warmfüllung

2. Bakterien

Im fertigen Jungwein oder in Weinen, die vor der Füllung stehen, kommen vor allem Milchsäure- oder auch Essigsäurebakterien vor. Bakterien sind mit einer Größe von 0,5 μm (0,5/1000 mm) um einen Faktor 10 kleiner als zum Beispiel Saccharomyces cerevisiae. Da für Wein Membranfilter mit einem Porendurchmesser von 0,65 mm verwendet werden, können theoretisch Bakterien durchrutschen. Es ist daher notwendig, mit möglichst geklärtem Füllgut in die Filtration zu gehen. Die vegetative Vermehrung der Bakterien erfolgt in Form von Teilung. Besonders Milchsäurebakterien sind pH-empfindlich. Die Art Oenococcus oeni vermehrt sich ab pH 3.2. Pediococcus-Arten wachsen ab pH 3.4, haben daher im Jungwein einen Wachstumsvorteil und können Weinkrankheiten verursachen, wie sie schon beschrieben wurden. Ein besonderes Merkmal der Bakterien ist ihre Empfindlichkeit gegenüber SO_2 und ihre Temperaturempfindlichkeit. Es ist daher leicht, durch ausreichende Schwefelung den biologischen Säureabbau und Nachtrübungen zu stoppen oder zu verhindern. Auch kühle Lagerungsbedingungen unter 15° C wirken konservierend.

Membranfilter

Empfindlichkeit

3. Schimmelpilze

Schimmelpilze vermehren sich vegetativ durch Ausbildung von Zellverbänden (Hyphen) und wachsen zum Mycel heran, das in verschiedenen Erscheinungsformen und mitunter schön gefärbt zu sehen ist. Durch ihre langgestreckte Form können die Hyphen

Dauerformen

in die kleinsten Winkel hineinwachsen. Bei Abwesenheit von Nährstoffen, Hitze, Trockenheit und Einwirkung von Chemikalien wird eine Vermehrung verhindert und werden die vegetativen Formen zerstört. Schimmelpilze bilden jedoch Dauerformen aus. Das können verfestigte Mycelien oder Sporen sein, die zu einem späteren Zeitpunkt Ursprung für unliebsame Vermehrung sein können. Schimmelpilze gelangen mit dem Lesegut in den Most

feuchte Umgebung

und in den Betrieb. In feuchter Umgebung und in Fässern sind sie gefürchtete Siedler, da ihre Entfernung nicht vollständig oder nur unter einigem Aufwand möglich ist. Im Jungwein und Wein sind sie nur von sekundärer Bedeutung, da verstärkter Schimmelbefall

Lesegut

bereits auf dem Lesegut erkennbar ist und eine schärfere Entschleimung den Schimmelanteil im Most stark herabsetzt. Außerdem herrscht im Lauf der Gärung zunehmend Mangel an Sauerstoff, den Pilze für das Wachstum benötigen. Auch der vorhandene Alkohol wirkt konservierend. Dauerformen, die in Füllanlagen oder in Flaschen gelangen, können Infektionsherde bilden und zum Beispiel in Traubensaft (Schimmelpilze der Gattung Mucor) großen Schaden anrichten.

• *Biologische Nachtrübungen werden von Hefen und Bakterien verursacht.*

Schimmelpilze benötigen Feuchtigkeit und Sauerstoff. Ihre Sporen bilden, z. B. in Fässern, Füllanlagen oder in Lagerräumen (Achtung: Korklagerung!) hartnäckige Infektionsherde. Eventuelle Kontaminationen mit Schimmelpilzsporen in der Flasche können sich ohne Sauerstoff nicht entwickeln.

4. Wann werden Trübungen sichtbar?

Hefen und Bakterien verdoppeln ihre Zahl innerhalb kurzer Zeit.

optimale Wachstumsbedingungen

Wenn sie optimale Wachstumsbedingungen vorfinden, erfolgt die Verdoppelung innerhalb einer halben Stunde, der sogenannten Generationszeit. Die Vermehrung entspricht einer geometrischen Progression: 2^0- 2^1- 2^2- 2^3- ...- 2^n. In einer Zeit t entstehen aus der ursprünglichen Zellzahl N0 in einer Flasche: $Nt = N0 \times 2^n$ Zellen. Die Zellzahl vergrößert sich exponentiell, es entsteht daher die exponentielle Wachstumskurve.

Wenn zum Beispiel restsüßer Wein an einem Platz gelagert wird, wo die Temperaturen an die optimale Wachstumstemperatur herankommen, kann aus einer einzigen Hefe innerhalb von 3–4 Tagen in einer 1-l-Flasche eine Lebendzellzahl von 100 000 000 KbE (koloniebildende Einheiten) entstanden sein. Das entspricht 100 000 KbE/ml. Die Vermehrung schreitet im Wein deutlich langsamer voran, da der Alkohol in der vorhandenen Konzentration leicht aseptisch wirkt und die Lagerungstemperaturen zumeist unter den optimalen Wachstumstemperaturen liegen. Trübungen treten daher erst nach einiger Zeit ein. Folgende Hefezahlen bewirken in Mosten oder Weinen sichtbare Veränderungen:

Hefezahlen

      1 000 Zellen/ml: glanzklar
     10 000 Zellen/ml: fast noch klar
    100 000 Zellen/ml: gerade feststellbare Trübung
  1 000 000 Zellen/ml: leichte Trübung
 10 000 000 Zellen/ml: starke Trübung
100 000 000 Zellen/ml: sehr starke Trübung

Hefetrübungen treten zumeist als körniges Depot auf, während Bakterientrübungen weniger zum Absetzen neigen, beziehungsweise feine, schleimige Depots bilden.

- *Unter optimalen Bedingungen vermehrt sich die Zellzahl exponentiell. Eine sichtbare Trübung entsteht jedoch erst nach einiger Zeit. Einzelne Hefen oder Bakterien können daher wie eine „Zeitbombe" wirken.*

exponentielles Wachstum

Exponentielles Wachstum
$N_t = N_0 \cdot 2^n$

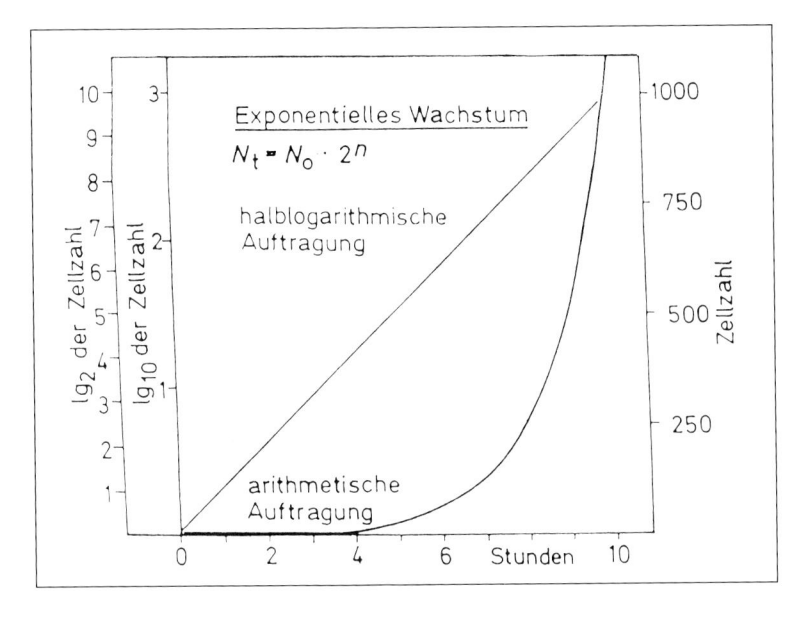

halblogarithmische Auftragung

arithmetische Auftragung

Exponentielles Wachstum von Einzellern.

Hygienemaßnahmen zur Vermeidung von biologischen Nachtrübungen

1. Flaschenfüllung

Nachgärung — In restsüßen Produkten ist das Ziel, steril, also keimfrei zu füllen, da eine einzige Hefe zu einer Nachgärung führen kann. Die Herabsetzung der Keimzahlen vor der Flaschenfüllung kann grundsätzlich nach zwei Prinzipien erfolgen. Einerseits besteht die Möglichkeit der physikalischen Abtrennung der Mikroorganismen mittels Entkeimungs- oder Membranfiltration, kurz als Kaltsterilfüllung bezeichnet. Der Erfolg hängt in diesem Fall von der Keimzahl des Füllgutes ab. Zu hohe Keimzahlen überfordern die Filter.

Wärme oder Chemikalien — Andererseits können Kontaminanten durch Einwirkung von Wärme oder Chemikalien gehemmt oder abgetötet werden. Bei der Warmfüllung wird die Temperatur des Weines so stark erhöht, dass eventuelle Kontaminanten abgetötet werden.

Auch die „Umfeldhygiene" ist ein essenzieller Faktor für die Bereitstellung biologisch stabiler Produkte. Mikroorganismen benötigen für ihre Vermehrung Wasser und bevorzugen daher feuchte Räume. Die besten Bedingungen für die Lagerung der Flaschen und Korken und für die Flaschenfüllung herrschen in trockenen, pflegeleichten Räumen. Trockenheit ist der einfachste

Schimmelbildung — Schutz gegen Schimmelbildung. Eigene Abfüllräume und Lagerräume, beispielsweise für Korken, ersparen viel Aufwand.

- *Besonders gefährdet sind restsüße Produkte.*
- *Sorgfältige Reinigung der Flaschen und der Füllgeräte vermeidet eine Rekontamination nach der Füllung.*

2. Freies SO_2

wachstumshemmend — SO_2 in freier Form wirkt wachstumshemmend auf manche Hefen und Bakterien, auf Saccharomyces cerevisiae aber erst in Konzentrationen, die im Wein nicht erlaubt sind. Die bakteriostatische Wirkung von SO_2 im Wein ist ab ca. 30 mg/l freiem SO_2 gegeben und sollte auch während der Lagerung im Tank sowie unmittelbar vor der Flaschenfüllung laufend kontrolliert werden. Wird diese Menge unterschritten, können trockene und restsüße Weine mit bakteriellen Stoffwechselprodukten irreversibel geschädigt werden. Über Wirkung des SO_2 und die folgenden Weinkrankheiten wurde schon in diesem Buch berichtet.

Sorbinsäure — In Tafelwein ist der Zusatz von Sorbinsäure bis zu einem Gesamtgehalt von 200 mg/l erlaubt. Sorbinsäure ist eine ungesättigte, kurzkettige Fettsäure und wirkt in Anwesenheit von SO$_2$ fungistatisch, hemmt daher Hefen und Schimmelpilze bei einer Keimbelastung von nicht mehr als 100 KbE/ml. Ähnlich geringe Keimzahlen werden in bereits scharf filtrierten Produkten erreicht. Achtung: Sorbinsäure hemmt Milchsäurebakterien in dieser Konzentration nicht! Diese verwenden Sorbinsäure für die Bildung des gefürchteten Geranientons, eine Gefahr, die besonders in Rotweinen gegeben ist.

Geranienton

Sorbinsäure sollte daher erst unmittelbar vor der Flaschenfüllung mit dem Produkt in Berührung kommen und nicht in Holzfässern angewendet werden, da dort ansässige Milchsäurebakterien aus Sorbinsäure Sorbinol bilden, das ins Holz einzieht. Es kommt zu Verschleppung des Geranientons.

Milchsäurebakterien

- *Bakterien bilden qualitätsmindernde Sekundärstoffwechselprodukte, wenn sie sich unkontrolliert vermehren. Es sollte daher darauf geachtet werden, dass immer ausreichend freies SO$_2$ (30 mg/l) vorhanden ist.*

3. Reinigung der Geräte und Flaschen

Das Füllgut darf, besonders in Anwesenheit von gärfähigem Zucker nach Verlassen des Filters oder der Pasteurisationseinheit nicht mehr mit Mikroorganismen in Berührung kommen. Alle Gegenstände, die mit dem Füllgut in Berührung kommen, müssen daher keimfrei sein. Das betrifft Geräte, Flaschen und Flaschenverschlüsse. Bei gebrauchtem Glas genügt nicht nur eine Säuberung an sich, d. h. das Weichen, Lösen und Entfernen des Schmutzes, sondern auch die Desinfektion der gereinigten Flaschen. Bei Neuglas ist die Vorbereitung weniger aufwändig. Neuglas enthält keine Hefen oder Bakterien, es sei denn es kommt zur Rekontamination der Flaschenmündung durch kontaminierte Hände. Infektionsquellen findet man in Flaschensterilisatoren, Flaschenmündungen, in Entkeimungsfiltern, im Füller und in Flaschenverschlussgeräten. Längere Standzeiten der benützten Geräte vor der Reinigung erlauben das Eintrocknen von keimbelasteten Füllgutresten in den Füllanlagen und in den Flaschenverschlussgeräten. Das kann mitunter innerhalb weniger Stunden geschehen. Es entstehen Krusten, die Mikroorganismen enthalten. Reinigungsmittel können nicht mehr effizient wirken und es kann in allen Teilen der Geräte zu einer hartnäckigen Verschmutzung kommen, die sich auf die Teile nach dem EK-Filter oder nach den Pasteurisationsein-

gärfähiger Zucker

Desinfektion

Reinigungsmittel

Flaschenverschlüsse richtungen ausdehnt und zu systematischen biologischen Trübungen führt. Der Einfluss der Flaschenverschlüsse auf die biologische Stabilität ist nicht zu unterschätzen. Durch unsterile Manipulation kommt es zu Reinfektionen von ursprünglich keimfreien Verschlüssen. Vom seltenen aber unvermeidbaren Schimmelbesatz des Naturkorkes wird hier abgesehen.

Für die Reinigung und Dekontamination – Herabsetzen der Keimzahl auf ein Minimum – erweist sich Dampf nach wie vor als das wirksamste Mittel. Durch den Druck dringt Dampf auch in entlegene Spalten und Ritzen vor.

Reinigungs- und Desinfektionsmittel Das Angebot an Reinigungs- und Desinfektionsmitteln ist vielfältig. Wenn den Anweisungen des Erzeugers Folge geleistet wird, sollte es keine Probleme mit Verunreinigungen geben. Sparen beim Produkt und bei der anschließenden Spülung mit Wasser bedeutet Sparen am falschen Platz.

Üblich und wirksam ist auch die Anwendung von SO_2-Lösungen. Wegen der unangenehmen Auswirkung des SO_2 auf den Anwender werden zum Teil andere Reinigungsmittel verwendet.

- *Besondere Aufmerksamkeit gebührt allen Arbeitsschritten nach der Filtration. Die häufigsten Ursachen für Rekontaminationen sind Flaschenverschlussgeräte, unsaubere Verschlüsse und nicht zuletzt Verschleppungen durch die Hände.*

4. Kontrolle der Flaschenfüllung

Biologische Trübungsursachen sind nur durch gründliche Reinigung der Geräte unmittelbar nach Gebrauch in den Griff zu bekommen.

Mikrobiologische Methoden Mikrobiologische Methoden bieten die Möglichkeit, Keimbelastungen von Oberflächen und Produkten festzustellen. Mit der Geisenheimer Methode wird die Probe in Glasprouvetten mit einer Nährlösung vermischt und bebrütet. Wenn Hefen in der Probe enthalten sind, entsteht in der Glasprouvette nach ein bis zwei Tagen eine Trübung. Je stärker die Keimbelastung der Probe, desto stärker die Trübung. Das Ergebnis ist qualitativ, stellt also eine Kontamination fest. Mit dieser Methode kann jedoch die tatsächliche Lebendzellzahl in der Probe nicht festgestellt werden. Keimzahlen werden mittels Membranfiltration der Probe festgestellt. In den folgenden zwei Abbildungen sind die notwendigen

Membranfilter Gegenstände dargestellt. Das Membranfilter mit einer Porengröße von z. B. 0,45 mm wird auf eine poröse Nutsche gelegt. In den Trichter wird ein definiertes Volumen der Probe gegossen und

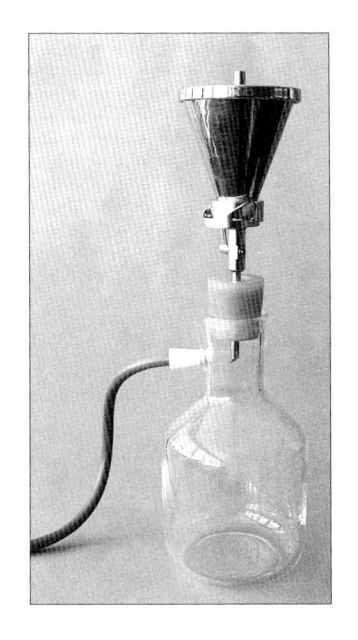

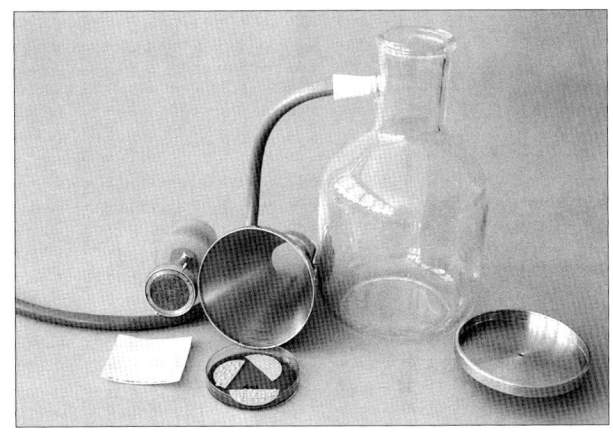

Geräte für die Membranfiltration: Trichter, Nutsche, Membranfilter, Woulfsche Flasche, Vakuumschlauch.

mittels Pumpe durch das Filter gesaugt. Auf dem Membranfilter bleiben alle Teilchen, die größer als 0,45 mm sind (Bakterien, Hefen und Schimmelpilze), liegen. Das Filter wird auf einen Nährboden gelegt. Nach Bebrütung entstehen sichtbare Zellverbände, die Kolonien. Diese können nach 2–5 Tagen bequem ausgezählt werden.

Membranfiltrationen können als fixer Bestandteil in ein Qualitätssicherungsprogramm eingebaut werden. Sie werden in jedem Untersuchungslabor angeboten. Es werden auch Einwegmembranfilter angeboten, die steriles Arbeiten auch ungeübter Personen im eigenen Betrieb möglich machen. In der Abbildung auf der nächsten Seite sind ein Wischtest und ein Eintauchtest zu sehen. Mit dem Wattestäbchen können Abstriche von Oberflächen gemacht werden, von glatten Oberflächen aber auch von Schraubgewinden oder Füllstutzen. Das benetzte Wattestäbchen wird in ein definiertes Medienvolumen übergeführt und die abgestrichenen Keime durch Schütteln in der Flüssigkeit suspendiert. Eine fertige Nährkartonscheibe saugt einen aliquoten Teil, 1 ml der Suspension auf, kann direkt bebrütet und Dank des Rasters einfach ausgezählt werden. Die Keimzahlen für die analysierte aliquote Menge lassen entsprechende Rückschlüsse auf die Keimzahl der Probe zu. Die

Qualitätssicherungsprogramm

Wischtest und Eintauchtest

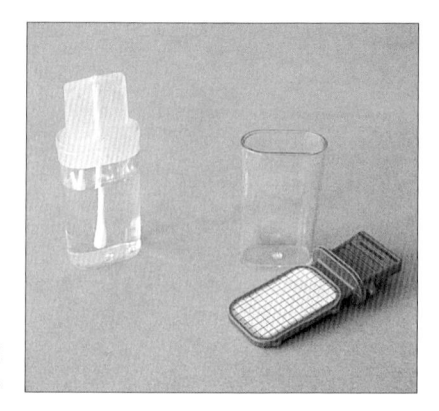

Wischtester und Eintauchtester.

mikroskopischer Befund

Verwendung selektiver Nährböden erlaubt auch die Identifikation von Hefen und Bakterien.

Ein mikroskopischer Befund gibt keinen Aufschluss über die Keimzahlen, aber über die Art der biologischen Verunreinigung. Größe und Form der Zellen geben, wie am Anfang beschrieben, Aufschluss darüber, ob Hefen, Bakterien oder Schimmelpilze im Spiel sind. Auch Kokken, Kurzstäbchen, Langstäbchen und charakteristische Zellverbände, wie Ketten (Oenococcus oeni)- oder Tetradenbildung (Pediococcus) sind unter dem Mikroskop gut zu erkennen.

- *Prinzip der Keimzahlbestimmung: Ein bestimmtes Volumen einer Flüssigkeit wird durch ein Membranfilter gesaugt. Die Hefen, Bakterien oder Schimmelpilze bleiben auf der Membran liegen, werden auf geeignete Nährböden gebracht und dort bebrütet. Aus jeder Zelle entwickelt sich nach einiger Zeit eine für das freie Auge sichtbare Kolonie. Die gebildeten Kolonien werden ausgezählt.*

Behebung von biologischen Trübungen

Nebenprodukte

Hefetrübungen sind reversibel. Besonders wenn zahlreiche Flaschen betroffen sind, können diese ausgeleert und die Füllung entsprechend wiederholt werden. Wenn Bakterientrübungen auftreten, kann es bereits zur Bildung von qualitätsmindernden Nebenprodukten gekommen sein. Ist das noch nicht der Fall, empfiehlt sich zur Herabsetzung der Keimzahl eine Klärschönung.

Nach Einstellen des freien SO_2 kann der Füllvorgang wiederholt werden, unter Bedachtnahme jedoch, dass während der ursprünglichen Füllung eine Infektionsquelle im Spiel war. Nach gründlicher Reinigung der Geräte sollten keine Mikroorganismen nachweisbar sein. Probenahme und Keimzahlbestimmung im Wasch- und Spülwasser, Überprüfung der Flaschen und ähnliche Analysen sind fixer Bestandteil einer anlassbedingten systematischen Fehlersuche und in weiterer Folge einer unter betriebswirtschaftlichen Gesichtspunkten implementierten Qualitätskontrolle. In der Fruchtsaftbranche sind HACCP (Hazard Analysis and Critical Control Points)-Konzepte seit Inkrafttreten der Hygieneverordnung, Bgbl.II 31/1998, seit 1. März 1999, Pflicht. Die Herstellung von Produkten, die durch das Weingesetz geregelt sind, muss nicht nach diesen Gesichtspunkten dokumentiert und überwacht werden. Ein sauberes Protokoll ist zweifelsohne ein Mehraufwand, kann aber bei Qualitätsvereinbarungen vertrauensbildend wirken und in Produkthaftungsfällen schützen.

Füllvorgang

HACCP Hygieneverordnung

- *Besonders in restsüßen Produkten empfiehlt sich eine systematische Kontrolle der Keimzahlen.*

Ing. Veronika SCHOBER

26 Eiweißtrübungen

Eine Trübung im bereits abgefüllten Wein – das ist wohl der wahre Alptraum für jeden Winzer. Auf eine der möglichen Ursachen, nämlich Eiweißausscheidungen mit dessen Bindungspartnern (Gerbstoffe, Metalle etc.) soll in diesem Kapitel eingegangen werden. Dass dieses Thema immer noch aktuell ist, zeigte der Jahrgang 1997. Auch Weine renommierter Betriebe mit einwandfreier Kellertechnologie waren von leichten Eiweißausfällungen betroffen.

Beschreibung, Aussehen, Erkennen

Eines vorweg: Selbst mit einschlägig fachlicher Erfahrung und der Kenntnis über den Werdegang des Produktes ist es unmöglich, mit freiem Auge zweifelsfrei festzustellen, ob Trübungen im abgefüllten Wein als Eiweißausscheidung anzusprechen sind. Auch mit entsprechenden optischen und chemischen Hilfsmitteln (gutes Mikroskop etc.) ist es oft schwierig oder gar nicht möglich, Eiweiß als die eindeutige Trübungsursache zuzuordnen. Das liegt vor allem daran, dass Eiweißtrübungen fast immer auch noch Gerbstoffe, geringe Mengen an Eisen, Kupfer und andere Stoffe enthalten. Da andererseits Metalltrübungen normalerweise neben Gerbstoffen auch Eiweiß enthalten, ist es auch für den Experten schwierig bis unmöglich, eine echte Unterscheidung zwischen Eiweiß- und Metall- oder Gerbstoffausscheidungen zu machen.

Allgemein findet man feine, lockere Ablagerungen, die – sofern sie nur in geringem Ausmaß vorhanden sind – beim Hochheben der Flasche scheinbar verschwinden.

Im Mikroskop sieht man häufig durchscheinende, schollenartige Gebilde oder (vor allem bei Bindung an Metalle oder Gerbstoffe) amorphe Gerinnsel, die unter Umständen leicht mit Kokken (Bakterien) zu verwechseln sind. Reine Eiweißausscheidungen bzw. Eiweißgerbstoffausscheidungen haben die Eigenschaft, sich in verdünnter Kalilauge zu lösen. (Diesen Lösungsversuch kann man am Objektträger durchführen und im Mikroskop besonders gut beobachten). Verbrennt man eine Impföse des angetrockneten Niederschlages, so nimmt man deutlich einen Geruch wahr, der an verbranntes Haar erinnert.

Manchmal erscheint eine Wolke in Korknähe. Ein „Trubzopf" vom Kork aus ist typisch für Eiweißgerbstoffausscheidungen. Normalerweise verstärkt sich der Trub in der Wärme – Lagerung bei Zimmertemperatur – und bleibt bei anschließender Kühlung vorhanden. Allerdings gibt es auch die (sehr seltene) reversible Eiweißkältetrübung. Diese verschwindet beim Erhitzen der Probe und wird nach dem Rückkühlen wieder sichtbar.

„Trubzopf"

Ursachen, Chemismus

In den Zellen jedes lebenden Organismus sind Eiweißkörper (Proteine und Proteide) vorhanden. Sie dienen primär als Gerüststruktur, sind teilweise aktiv am Stoffwechsel beteiligt (Enzyme) und können auch Hormonwirkung aufweisen.

Proteine sind hochmolekulare Verbindungen aus Aminosäuren. Ihr charakteristisches Merkmal ist die Peptidbindung, die durch Verknüpfung zweier Aminosäuren unter Wasserabspaltung zustande kommt. Bei Verknüpfung von mehr als 100 Aminosäuren liegen Proteine vor, darunter spricht man von Peptiden.

Proteine

Enthalten Eiweißstoffe außer den Aminosäuren noch andere chemische Gruppen (sogenannte prosthetische Gruppen), so bezeichnet man sie als Proteide. Die Proteide haben in der Natur eine viel größere Verbreitung als die Proteine.

Aminosäuren sind Carbonsäuren (= organische Verbindungen, die Carboxylgruppen enthalten), die eine oder mehrere Aminogruppen (–NH_2) im Molekül, in wenigen Fällen auch noch Schwefel enthalten.

Aminosäuren

Die Aminosäuren zeigen aufgrund der gleichzeitigen Anwesenheit der basischen NH_2- und der sauren Carboxylgruppe (= –COOH) einen sogenannten amphoteren Charakter, das heißt, sie verhalten sich abhängig vom pH-Wert als Säuren oder Basen.

Bei einem bestimmten, für jede Aminosäure charakteristischen pH-Wert, der als isoelektrischer Punkt (IP) bezeichnet wird, liegen die Aminosäuren als innere Salze in Zwitterionenform vor. Bei diesen Zwitterionen findet also eine intramolekulare Neutralisati-

Schlieren bildende Ausscheidung im abgefüllten Wein: ein Alptraum für jeden Winzer (Foto: M. Pastler).

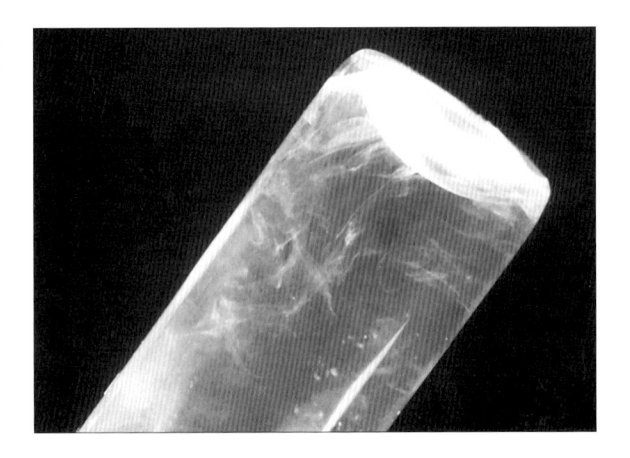

on (= Protonenübergang innerhalb des Moleküls und Salzbildung) statt. Diese neutralen (= ungeladenen) Moleküle können sich nun ungehindert aneinander lagern und so große und sichtbare Konglomerate bilden. Sie haben hier ihre geringste Löslichkeit.
Dies gilt natürlich auch für die im Wein enthaltenen Proteine.

Trübungsbereitschaft

Die Trübungsbereitschaft eines Weines ist daher nicht nur von der Gesamtmenge des vorhandenen Proteins abhängig, sondern auch von dessen Zusammensetzung und den daraus resultierenden isoelektrischen Punkten der einzelnen Proteinfraktionen.
Zusammenfassend kann man also davon ausgehen, dass jeder Wein der noch Resteiweiß enthält, auch bei einer minimalen Verschiebung des pH-Wertes Trübungstendenzen zeigen kann.

pH-Verschiebung

Eine pH-Verschiebung bzw. eine Beeinflussung des isoelektrischen Punktes wird verursacht durch:
- Mikrobiologische Tätigkeit (z. B. BSA, Nachgärung)
- Entsäuerung (auch durch Weinsteinausfall)
- Verschnitt (auch von zwei für sich eiweißstabilen Weinen; Problematik: Zusatz von Süßreserve)
- Temperaturänderung
- Zusatz von Behandlungsmitteln (Schönungen, Zitronensäure etc.)

Gerbstoffe

Ein weiterer möglicher Trübungsfaktor ist das Vorhandensein von negativen Ionen, wie z. B. Gerbstoffe. (Auch im Kork befinden sich Gerbstoffe!) Die im Wein befindlichen Proteine sind normalerweise positiv geladen (natürlich abhängig vom pH bzw. IP). Sie stoßen sich gegenseitig ab (Schutzkolloidwirkung). Wenn sie mit negativen Ionen zusammentreffen, hebt sich diese Wirkung auf und sie können sich zu immer größeren Gebilden zusammenlagern und trüben schließlich das Produkt. Der hohe Polyphenolgehalt im Rotwein erübrigt daher meistens eine spätere Eiweißstabilisierung, da sie sozusagen von Natur aus stattfindet.

Nachteilig kann sich auch ein Eintrag durch eiweißhaltige Schönungsmittel wie z. B. Gelatine auswirken.

Ein weiterer Begriff soll noch geklärt werden: Früher bezeichnete man jenes Eiweiß, das schon bei relativ niedrigen Temperaturen (bis ca. 35° C) ausfällt, als thermolabiles (= wärmelabiles) Eiweiß. Aber bald stellte man fest, dass dieser Bereich zu gering angesetzt war, um eine tatsächliche Stabilisierung zu erreichen. Die Temperaturgrenze musste immer mehr erhöht werden und die Unterscheidung wurde aufgegeben.

thermolabiles Eiweiß

Aminosäuren

Die Aminosäuren sind die wichtigsten Bausteine der Eiweißkörper. Sie enthalten gleichzeitig eine Aminogruppe und eine Carboxylgruppe und können daher basische und saure Reaktion aufweisen. Saure Aminosäuren sind z. B. Glutaminsäure und Asparaginsäure mit jeweils zwei COOH-Gruppen. Basische Aminosäuren (Lysin, Arginin) sind mit mehr NH2-Gruppen versehen. Im sauren Milieu wandern sie im elektrischen Feld als positiv geladene Ionen (Kationen) zum negativen Pol (Kathode). Dagegen bewegen sie sich im alkalischen Medium als negative Ionen (Anionen) zum Pluspol (Anode). Bei einem bestimmten pH-Wert (isoelektrischer Punkt) kommt es allerdings zum Ladungsausgleich und das Aminosäuremolekül erscheint neutral.

In der Natur gibt es über 30 Aminosäuren. Die im Traubenmost am häufigsten vorkommenden sind: Glutamin, Arginin, Glutaminsäure, Prolin, Alanin, Serin, Threonin und Asparaginsäure. (Sie alle sind optisch aktiv und liegen in der L-Form vor.)

Traubenmost

Der absolute Gehalt an diesen Aminosäuren kann im Most sehr unterschiedlich sein und zwischen einigen Hundert und einigen Tausend Milligramm pro Liter betragen. Wie man daher erwarten kann, ist das Aminosäurespektrum im Most von den verschiedensten Faktoren mehr oder weniger stark abhängig:

- Zustand der Trauben (Reife, Gesundheit)
- Sorte und Unterlage
- Witterungsverlauf
- Standort, Schnitt, Ertrag
- Düngung
- Verarbeitung etc.

Botrytisbefall

Allgemein nimmt der Gehalt an Aminosäuren mit der Reife zu. Botrytisbefall vermindert ihn allerdings. Extreme Stickstoffgaben können ihn ebenso erhöhen wie übermäßiger Pressdruck. Aber Achtung! Gilt zwar eher die Regel: Faktoren, die den Aminosäuregehalt erhöhen, bringen auch mehr Eiweiß (-stabilisierungsprobleme), so finden wir hier eine Ausnahme. Durch starkes Abpressen (und auch Stehenlassen der Maische bzw. Maischevergärung bei Rotweinen) wird das Eiweiß an die vermehrt vorhandenen Gerbstoffe gebunden.

alkoholische Gärung

Während der alkoholischen Gärung wird der Gesamtgehalt an freien Aminosäuren vermindert. (Im Wein machen sie ca. 20 bis 30% des Gesamtstickstoffgehaltes aus.)

Der Zusammenhang zwischen Aminosäuren und Eiweißgehalt ergibt sich durch die Proteinsynthese. In trockenen Jahren ist mit einer verstärkten Proteinsynthese und somit einer höheren Eiweißmenge zu rechnen. (Der Gehalt an freien Aminosäuren verringert sich.)

Mit freiem Auge ist es nicht möglich, eine Trübungsursache zweifelsfrei festzustellen. (Foto: M. Pastler).

Vermeidung, Vorbeugung

Bentonitanwendung

Bentonit ist ein tonähnliches, quellfähiges Mineral, das aufgrund seiner Adsorptionskraft gegenüber Eiweiß als das wichtigste Weinstabilisierungsmittel anzusehen ist. Der Name Bentonit leitet sich von Fort Benton (USA), einem ehemals bedeutenden Fundort ab. Das Aluminiumsilikat Montmorillonit ist der Hauptbestandteil aller Bentonite. Es besteht aus kristallinen Blättchen, die einen schichtenförmigen Aufbau aufweisen. Zwei Siliciumschichten schließen dabei eine Aluminiumschicht ein. Aufgrund der unterschiedlichen chemisch-physikalischen Eigenschaften sind zum Ladungsausgleich noch zusätzliche Ionen notwendig. Zur Absättigung befinden sich daher zwischen den Schichten austauschbare Calcium- oder Natriumionen. Davon abgeleitet unterscheidet man zwischen Calcium-, Natrium- oder Mischbentoniten. Der wesentlichste Unterschied dieser Bentonitarten ist ihre Quellfähigkeit. Zwischen den Schichten können nämlich unterschiedliche Mengen an Kristallwasser eingelagert werden und zwar beim Calcium weniger als beim Natrium. (Die Schichten werden durch das zweiwertige Calciumion stärker zusammengehalten als durch das einwertige Natriumion). Durch die Quellung nimmt der Abstand zwischen den Schichten zu und es kommt dadurch zu einer drastischen Erhöhung der inneren Oberfläche (abhängig vom Bentonittyp bis zum 10fachen des Ausgangswertes). Verzichtet man aus zeitlichen Gründen auf das Vorquellen und rührt Bentonit direkt in den Wein, so ist dies aufgrund der mangelnden Wirksamkeit eindeutig abzulehnen. Eine Quellung im Wein bringt weniger Trubanteil; allerdings ist diese vor allem bei Natriumbentoniten wesentlich geringer (und damit auch die Wirksamkeit).

Calcium- oder Natriumionen

Quellung

Der pH-Wert des zu stabilisierenden Produktes ist ein weiterer wichtiger Punkt. Je saurer das Medium ist, desto größer ist der Wasserstoffionenüberschuss und damit die positive Ladung der Eiweißmoleküle. Die Bindung an die negativen Kristallflächen des Bentonites wird dadurch begünstigt. Weine mit höherem pH-Wert benötigen daher bei gleichem Eiweißgehalt größere Bentonitmengen!

pH-Wert

Die Wirksamkeit der Bentonite beruht allerdings nicht nur auf elektrostatischen sondern auch auf anderen, sogenannten van der Waalschen Kräften. (Jedes Atom oder Molekül hat beim Zusammentreffen eine schwache Anziehungskraft auf andere Atome oder Moleküle, eine Art „Klebrigkeit".) Je nachdem macht sich dies durch Farb- und Aromaverluste negativ oder durch die Korrektur von leichten Geschmacks- oder Farbfehlern positiv bemerkbar.

biogene Amine

An dieser Stelle sei darauf hingewiesen, dass mit Bentonit auch andere Stoffe, wie biogene Amine (z. B. Histamin), Polyphenole u. a. entfernt werden können.

Bestimmung des Bentonitbedarfes

Da eine Unterschönung zu Problemen führen kann, läge es auf der Hand, das Motto „Darf's ein bisschen mehr sein?" zu praktizieren. Davor sei allerdings eindringlich gewarnt, denn die Nachteile von zu hohen Bentonitgaben können gravierend sein.

Dazu zählen:
- Adsorption von Farbstoffen
- Sensorische Beeinflussung
- Abgabe von Schwermetallen
- Veränderung der Weininhaltsstoffe
  (z. B. Zunahme von Calcium –> Kristallinstabilität)
- Weinverluste
- Alkoholverluste (jüngste Studien [STRAUB, 1998] zeigten eine Abnahme bis zu 0,3 vol%)
- Entsorgungsprobleme

Das heißt: Bentonitschönung erst nach richtig durchgeführtem Vortest! Grundsätzlich können mehrere Arten von Vortests unterschieden werden:

Wärmetest

Wärmetests gibt es in vielen Varianten. Es werden dabei verschieden hohe Temperaturen mit unterschiedlicher Dauer angewendet und nach Rückkühlen eine etwaige Trübung ausgewertet. Primär sind sie von der Temperatur abhängig. Die Zeit spielt nur eine untergeordnete Rolle. Am besten bewährten sich 2 Stunden bei 80° C. (48 Stunden bei 40° C reichen ebensowenig wie 4 Stunden bei 60° C.)

2 Stunden bei 80° C.

Vorversuch

Danach folgt der wesentliche zweite Schritt. Nach dem Ergebnis des Vorversuches (kann z. B. auch mit dem Bentotest ermittelt worden sein) werden dem zu untersuchenden, ungeklärten Wein im Standzylinder steigende Mengen an Bentonitsuspension (z. B. 10%ig) zugesetzt. Dann wird gut geschüttelt und die Probe ca. über Nacht stehen gelassen. Danach wird zentrifugiert oder abfiltriert und der Wärmetest ein zweites Mal durchgeführt.

Der an und für sich einfache Test hat einen Schwachpunkt: Die Auswertung der Trübung braucht viel Erfahrung (ein Trübungsfotometer erleichtert die Sache ungemein) und außerdem können nur klare Weine beurteilt werden. Filtriert man den Wein daher durch ein Faltenfilter, ist unbedingt darauf zu achten, dass man ca. die ersten 60 ml verwirft, da sonst das Eiweiß am Filter adsorbiert wird und so einen geringeren Bentonitbedarf vortäuscht.

Wärmetest mit Zusatz von Ammoniumsulfat
Um die Zuverlässigkeit von nieder temperierten Wärmetests zu erhöhen, besteht die Möglichkeit der Zugabe von einer gesättigten Ammoniumsulfatlösung (erhöht den Aussalzeffekt des Eiweißes).

Bentotest
Der Bentotest nach Dr. Jakob ist seit Jahren ein gutes Hilfsmittel zur Bentonitbedarfsbestimmung. Der Zusatz (Phosphorwolframsäure) erfolgt in der Kälte und führt rasch zu einem sicheren Ergebnis.

gutes Hilfsmittel

Aber auch hier müssen nach dem Vortest Schönungsansätze durchgeführt und danach ausgewertet werden. Der Bentotest hat sich vor allem als Vortest bestens bewährt.

Fotometrische Bentonitbestimmung nach Dr. Nilles
In der Arbeit von Raichle und Dittrich (1990) wird diese Methode ausführlich beschrieben. Sie beruht auf der Fällung des Weinproteins durch ein eiweißspezifisches Reagenz und der anschließenden photometrischen Trübungsmessung bei 620 nm. Die Eichung erfolgt mittels Trübungsstandards, der Bentonitbedarf kann daher direkt am Fotometer (ohne Schönungsansatzversuche) abgelesen werden.

eiweißspezifisches Reagenz

Auf die Vergleichbarkeit der Ergebnisse mit dem Wärmetest wird in dem Artikel von Raichle ausdrücklich hingewiesen, ebenso wie auf die rasche Durchführbarkeit (bis zu 50 Analysen pro Stunde).

Der Vollständigkeit wegen seien noch ein fotometrischer Farbstofftest mit *Coomassie blau* und eine Fällungsmethode mit *Trichloressigsäure* erwähnt.

Die Fülle der Tests weist schon auf eine vorhandene Problematik hin. Der „ideale" Test sollte nur das Eiweiß anzeigen, das auch tatsächlich zu einer Trübung führen kann – nicht mehr, aber auch nicht weniger – und muss natürlich für einen einfachen Tafelwein genauso aussagekräftig sein wie für eine gehaltvolle Auslese.

Vergleichbarkeit

Problematisch ist auch die Vergleichbarkeit der einzelnen Tests. Betrachtet man die in der Literatur angeführten Studien, so findet man bei manchen Tests eine gute, bei anderen eine schlechte Übereinstimmung, aber ob der Wein unter „realen" Bedingungen tatsächlich trüb geworden wäre, kann natürlich nicht angegeben werden.

Allgemein kann man aber trotzdem sagen, dass der Bentotest als sehr sicher bis „übersicher" anzusehen ist. (Er zeigt offensichtlich mehr Eiweiß an, als tatsächlich ausgeschönt werden kann.) Dies bestätigt auch ein amerikanischer Vergleich (Toland, 1996).

Doch gleichgültig für welchen Weg man sich entscheidet, die Schönungsansätze sollten immer mit dem gleichen Bentonit durchgeführt werden, der später im Keller verwendet wird.

Durchführung der Schönung

Prinzip: Nach Einwaage der ermittelten Bentonitmenge wird diese entsprechend (Gebrauchsanweisung!) lange vorgequollen (am besten über Nacht). Überstehendes Wasser wird abgezogen und sensorisch geprüft! Anschließend die Suspension unter kräftigem Rühren einmischen.

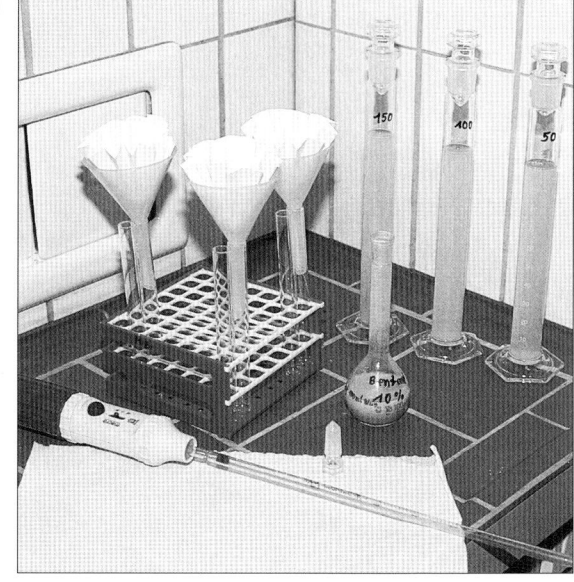

Abb. links:
Die bereits im Weingarten stattfindende Proteinsynthese ist der Grundstein für spätere Eiweißstabilisierungsprobleme. (Foto: M. Pastler).

Abb. rechts:
Die Bentonitschönung ist erst nach entsprechenden Vorversuchen durchzuführen. (Foto: M. Pastler).

Bentonitanwendung im Most

Es ist schwer, eine grundsätzliche Empfehlung zu geben, Bentonit bereits im Most anzuwenden, da doch gravierende Nachteile daraus resultieren können. Ungünstig wirken
- die auf jeden Fall größere Aufwandmenge
- die schlechtere Abschätzbarkeit
- dass auf jeden Fall im fertigen Wein zumindest eine Stabilitätskontrolle
- und bei Bedarf eine neuerliche Anwendung zu erfolgen hat.

Nichts desto trotz sind die wesentlichen Proteingehalte bereits im Most vorhanden und es liegt daher nahe, diese bereits in einem möglichst frühen Stadium zu entfernen. Vor allem in Jahren mit stark gefaultem Lesegut (1998) bringen bentonitgeschönte Moste reintönigere Weine. Weiters können gärhemmende Substanzen (Pflanzenschutzmittel) an Bentonit adsorbiert werden und so in manchen Fällen Gärschwierigkeiten vorgebeugt werden. Allerdings hängt der Gärverlauf bei Bentonitzusatz stark vom erzielten Vorklärungsgrad ab. So verlängert sich die Gärdauer, wenn nach der Bentonitanwendung separiert wird. (Der Seperationseffekt wird durch das Bentonit verstärkt.) Diese klaren Moste bieten der Hefe zu wenig innere Oberfläche, um optimal zu vergären.

Most

Gärschwierigkeiten

Ebenfalls vorteilhaft wirkt sich eine durch Bentonitzusatz bedingte Verringerung von bestimmten Enzymen (Polyphenoloxidasen) aus. Diese Weine benötigen daher geringere Mengen an SO_2 und neigen weniger zum Braunwerden. Auch wenn die tatsächliche Aufwandmenge im Most größer ist als sie im späteren Wein wäre, so wirkt Bentonit in diesem Stadium aufgrund des höheren Säuregehaltes und damit niedrigeren pH-Wertes wesentlich besser. (Die Proteinmoleküle sind stärker positiv geladen.)

Enzyme

Je später man Bentonit dem Wein zusetzt, um so mehr wird dieser angegriffen. In dieser Hinsicht ist eine Mostbehandlung viel schonender.

Es ist daher gründlich abzuwägen, ob man die doch aufwendige Behandlung zum Zeitpunkt der Lese (Arbeitsspitze) oder erst später im Wein durchführt.

Im Fachhandel erhält man Bentonite unter fantasievollen Markenbezeichnungen als Pulver oder im überwiegenden Fall granuliert. Aus dem Namen kann man meistens keinen Rückschluss auf die tatsächliche Zusammenstellung ziehen. Besonders ist dies bei

Präparaten zu beachten, die zusätzlich Aktivkohle enthalten. Manche Firmen empfehlen die Direktanwendung ohne Vorquellung. Aber auch bei diesen Präparaten ist die Wirksamkeit mit Vorbehandlung besser.

Wärmebehandlung

Stabilisierung

Aufgrund seiner Eigenschaften liegt es nahe, das Eiweiß durch Anwendung von hoher Temperatur z. B. mittels Platten-Wärmeaustauscher zu fällen. So ferne die nötigen technischen Einrichtungen vorhanden sind, wäre es eine Zeit und Aufwand sparende Möglichkeit der Stabilisierung. Aber leider keine vollständige! Selbst mehrere Minuten bei Temperaturen von 90° C reichen nicht aus, um alles Eiweiß vollständig auszufällen, ganz abgesehen von der nicht unerheblichen sensorischen Beeinflussung.

Aber natürlich haben Weine aus Mosten, die z. B. hochkurzzeiterhitzt wurden bzw. Weine, die wärmebehandelt wurden, einen wesentlich geringeren Bentonitbedarf.

Ultrafiltration

Rein technisch ist es ohne weiteres möglich, hochmolekulare Stickstoffverbindungen mittels entsprechenden Membranen (10 000 bis 20 000 D) abzutrennen. Allerdings ist diese Methode für die Praxis zu unwirtschaftlich (der Wein muss scharf vorgeklärt werden) und bringt außerdem Qualitätsverluste.

Mittels Platten-Wärmeaustauscher erreicht man nur eine unzureichende Eiweißstabilisierung. (Foto: M. Pastler).

Anwendung von Proteasen

Hierbei handelt es sich um Enzyme, die die Fähigkeit besitzen, Eiweiß zu spalten. Jedoch haben sie ein relativ hohes Temperaturoptimum und sind daher problematisch in der Anwendung. In Versuchen zeigte sich auch, dass die Eiweißabbauprodukte bitter schmecken. Weiters wirken sie nur unvollständig und sind somit kein Bentonitersatz (und außerdem in der EU verboten).

bitter schmecken

Gesetzliche Bestimmungen

Laut Weinverordnung (BGBL. II Nr. 132/1997) betragen die zulässigen Höchstmengen an Bentonit (luftgetrocknet, technisch rein):

>   für Prädikatsweine: 500g/hl
>   für alle sonstigen Weine: 400g/hl

Zum Schluss noch eines:

Sollten Sie jetzt verwirrt sein, so trösten Sie sich damit:
Auch in der Fachliteratur findet man immer wieder Widersprüchliches (zumindest beim Thema Eiweiß).

Darum vergessen wir nie:
Winzer zu sein ist kein Beruf, sondern eine Berufung!
So stoßen wir an – mit einem ungetrübten Glas Wein!

Dipl.-Ing. Sigrid TEUSCHLER

Fehlererhebung des Lesejahrganges 1997 hinsichtlich Qualitätswein in Österreich

Nach dem österreichischen Weingesetz dürfen österreichische Qualitätsweine erst nach einer analytischen und sensorischen Prüfung in Verkehr gebracht werden. Jedem verkehrsfähigen Qualitätswein wird durch Bescheid eine staatliche Prüfnummer zuerkannt, mit der der Wein zu kennzeichnen ist.

<small>Aussehen, Geruch und Geschmack</small>

Bei der analytischen Prüfung werden je nach Qualitätskategorie der Weine 9–15 Parameter untersucht. Die sensorische Prüfung der Weine wird von einer mindestens sechsköpfigen Kostkommission durchgeführt. Die Beurteilung hat sich darauf zu beziehen, ob der Wein in Aussehen, Geruch und Geschmack harmonisch und frei von Fehlern ist. Dem Kostkommissionsmitglied werden als Beurteilungsgrundlage die Weinsorte, die Qualitätsstufe, der Jahrgang, das Weinbaugebiet und gegebenenfalls eine besondere Ausbauform bekannt gegeben. Für eine positive Beurteilung ist ein Mehrheitsentscheid erforderlich. Jedes Kostkommissionsmitglied hat seine Kostfähigkeit durch das Ablegen einer Kosterprüfung nachzuweisen. Darüber hinaus werden die Koster laufend getestet und geschult. Die österrreichischen Qualitätsweine werden entsprechend ihrer Herkunft an 7 verschiedenen Verkostungsorten verkostet. Österreichweit sind über 500 amtliche Weinkoster im Einsatz.

<small>Kosterprüfung</small>

<small>staatliche Qualitätsweinprüfung</small>

Dem Bundesamt für Weinbau in Eisenstadt, mit seinen fünf Außenstellen (Krems, Retz, Poysdorf, Traiskirchen und Silberberg), ist durch das österreichische Weingesetz die staatliche Qualitätsweinprüfung übertragen. In Eisenstadt befindet sich auch das Haupt- und Zentrallabor für die analytische Untersuchung, wo sämtliche Weine des Bundeslandes Burgenland, alle eingereichten Weine der Außenstelle Krems sowie sämtliche eingereichten Süßweine untersucht werden. Zwei weitere Labors – für die restlichen Weine – befinden sich in Silberberg (Stmk.) und in Traiskirchen (NÖ). In Eisenstadt und in allen Außenstellen sind amtliche Kostkommissionen eingerichtet, wo die Weine nach regionaler Zugehörigkeit vor Ort verkostet werden. Eine weitere Kostkommission ist extern an der HBLA & BA in Klosterneuburg eingerichtet, dort werden Weine aus dem Weinbaugebiet Wien und Teilen Niederösterreichs verkostet.

Von den österreichweit 32 151 zur staatlichen Prüfnummer eingereichten Weinen des Lesejahrganges 1997 wurden 10 141 Weine (31,5%) von der Kostkommission in Eisenstadt verkostet, 8 749 Weine (27,2%) in Krems, 4 100 Weine (12,8%) in Silberberg, 3 172 Weine (9,9%) in Poysdorf, 3 084 Weine (9,6%)in Retz, 2 231 Weine (7%) in Traiskirchen und 673 Weine (2%) von der Kostkommission an der HBLA & BA Klosterneuburg.

Die Anzahl der Proben mit negativem Kostergebnis liegt nach den derzeit vorliegenden Zahlen (Stand November 1999) für Qualitätsweine des Weinjahrganges 1997 bei durchschnittlich 10%. Die Einreichungen zur staatlichen Prüfnummer für Qualitätswein des Lesejahrganges 1997 belaufen sich auf 32 151 Proben. Zu den häufigsten sensorischen Beanstandungen zählt die „Fehlergruppe" Schimmel, Muff und Kork mit 4,9% der Beanstandungen, gefolgt von Weinen mit Böckser (3,9%), Oxidation (3,3%), flüchtiger Säure (2,4%) und der Ablehnung wegen der zu geringen sensorischen Mindestqualität (1,8%). Die prozentuelle Gliederung nach den einzelnen Weinfehlern bringt insgesamt eine höhere Ablehnungsquote, da in vielen Fällen mehrere Weinfehler gleichzeitig auftreten.

negatives Kostergebnis

Schimmel, Muff und Kork, Böckser (3,9%)

Von den insgesamt untersuchten Qualitätsweinen liegt der Weißweinanteil bei 68,5% und der Rotweinanteil bei 31,5%. Die sensorische Ablehnungsquote ist bei Rotwein mit 11,4% etwas höher als bei Weißweinen mit 9,7%. Hauptablehnungsgründe sind bei Weißweinen schimmel-, muff- und korkartige Beeinträchtigungen (5,3%), gefolgt von Böckser, Oxidation, flüchtiger Säure und nicht entsprechender sensorischer Mindestqualität. Rotweine werden am häufigsten wegen oxidativer Fehlerhaftigkeit (5,4%) beanstandet, gefolgt von schimmel-, muff- und korkartigen Fehlern, flüchtiger Säure, Böckser und nicht gegebener Mindestqualität.

Rotwein mit 11,4%, Weißwein mit 9,7%

Bei den Hauptweißweinsorten weist die Sorte Müller-Thurgau mit 15,1% die höchste Beanstandungsquote auf, gefolgt von der Sorte

Sauvignon blanc mit 12,2%, Neuburger 12%, Weißer Burgunder 11,5%, Welschriesling 10,5%, Chardonnay 9,8%, Grüner Veltliner 9,4%, Rheinriesling 7,3%, und Muskat Ottonel 8,1%.

Schimmel, Muff, Kork Bei der Fehlergruppe Schimmel, Muff, Kork wurde die Sorte Weißer Burgunder am häufigsten abgelehnt (7,4%), gefolgt von den Sorten Welschriesling (6,9%), Müller-Thurgau (6,9%), Neuburger (6,7%), Chardonnay (5,4%), Grüner Veltliner (4,9%), Muskat-Ottonel (4,3%) und Rheinriesling (3,3%).

Bei den Weinen mit Böckser weist die Sorte Müller-Thurgau die häufigste Ablehnung auf (7,6%). Die Sorte Sauvignon Blanc wird in 6,6% der Fälle wegen Böckser beanstandet, die Sorten Welschriesling mit 5,5%, Muskat-Ottonel 5,1%, Grüner Veltliner 5,0%, Chardonnay 4,9%, Weißer Burgunder 4,7%, Neuburger 4,2% und Rheinriesling 2,0%.

oxidative Fehler Die häufigste Ablehnung wegen oxidativer Fehlerhaftigkeit erfolgte bei der Sorte Neuburger (4,8%). Die Sorte Weißer Burgunder wurde zu 3,6%, Müller-Thurgau 3,2%, Muskat-Ottonel 2,4%, Chardonnay 2,4%, Grüner Veltliner 1,9%, Welschriesling 1,8%, Sauvignon Blanc 1,5% und die Sorte Rheinriesling zu 1,4% wegen Oxidation sensorisch abgelehnt.

flüchtige Säure Bei den Weinen mit flüchtiger Säure weisen die Sorten Weißer Burgunder (3,2%), Müller-Thurgau (3,1%) und Neuburger (2,9%) die höchsten Beanstandungsraten auf. Es folgen die Sorten Chardonnay (1,8%), Welschriesling (1,7%), Muskat-Ottonel (1,6%), Sauvignon Blanc (1,5%), Grüner Veltliner und Rheinriesling mit 0,9%.

Bei den Beanstandungen wegen zu geringem Qualitätscharakter weist die Sorte Müller-Thurgau die häufigsten Ablehnungen auf (2,9%). Die Sorten Neuburger und Rheinriesling werden zu 1,7%, Chardonnay 1,6%, Weißer Burgunder 1,5%, Welschriesling 1,4%, Muskat-Ottonel 1,1%, Sauvignon Blanc 0,8% und Grüner Veltliner 1,7% wegen zu geringem Qualitätscharakter beanstandet.

Die Sorte Zweigelt ist mit 38% der Einreichungen die österreichische Leitsorte unter den roten Qualitätsweinen. 19,6% der Einreichungen entfallen auf die Rotweinsorte Blaufränkisch, 6,2% auf den Blauen Wildbacher, 11% der eingereichten Qualitätsweine decken Rotweincuvées ab, 6,1% die Sorte Blauer Portugieser, 4,5% Blauer Burgunder, 3,4% St. Laurent, 3% Cabernet Sauvignon und 0,5% der Gesamteinreichungen entfällt auf die Sorte Merlot.

Die Sorte Blauer Wildbacher mit 19,5% weist unter den roten Qualitätsweinen die höchste Beanstandungsquote auf. Weine der Sorte Blauer Burgunder wurden insgesamt mit 14,5% abgelehnt. Die Sorte Blaufränkisch wurde zu 12,7%, Zweigelt 11,7%, Blauer Portugieser 10,1%, Blauburger 9,2%, St. Laurent 8,1%, Merlot 4,2% und Cabernet Sauvignon zu 3,9% sensorisch negativ bewertet.

Der häufigste Rotweinfehler ist die Oxidation der Weine. 5,4% der Gesamteinreichungen werden als oxidativ bezeichnet. Die Sorte Blauer Burgunder weist hier den häufigsten Fehler auf (9,9%), gefolgt von den Sorten Blaufränkisch (6,7%), Zweigelt (5,2%), St. Laurent (4,7%), Blauburger (4,3%), Merlot (4,2%) und Blauer Portugieser (4,1%). *Rotweinfehler, Oxidation*

Der zweithäufigste Rotweinfehler fällt unter die Kategorie Schimmel, Muff und Kork. Insgesamt werden 3,9% der Rotweine wegen muffig-, schimmelartiger Fehltöne abgelehnt. Die höchste Ablehnungsquote bei dieser Fehlerkategorie weist die Sorte Blauer Wildbacher auf (13%). Die Sorte Blaufränkisch wird zu 4,7% wegen schimmelartiger Fehltöne abgelehnt, gefolgt von der Sorte Zweigelt (3,8%), Blauburger (3,2%), Blauer Burgunder (2,2%), Blauer Portugieser und St. Laurent (2%). *Schimmel, Muff und Kork*

Bei den sensorischen Ablehnungen betreffend flüchtiger Säure wurden die Weine der Sorte Blauer Wildbacher am häufigsten abgelehnt (5,6%). Es folgen die Weine der Sorten St. Laurent (4,6%), Blauer Burgunder (4,4%), Zweigelt (4,3%), Blaufränkisch (3,0%), Rotweincuvées (2,9%), Blauer Portugieser (2,6%), Cabernet Sauvignon (2,3%) und Merlot (2,1%). *flüchtige Säure*

Böcksrige Rotweine sind die vierthäufigste Fehlergruppe. Weine der Sorte Blauer Wildbacher werden zu 7,3% wegen böcksriger Fehlerhaftigkeit abgelhnt. Blaue Portugieserweine werden zu 3,7% wegen Böckser abgelehnt, Blauburger mit 3,2%, Blaufränkischweine mit 2,9%, Weine der Sorte Zweigelt und Sankt Laurent mit 2,6%, Rotweincuvées mit 0,8% und Blaue Burgunderweine mit 0,4%. Bei den Rotweinsorten Merlot und Cabernet Sauvignon gab es keine böckserbedingten Ablehnungen. *Böckser*

5,5% der Weine der Sorte Blauer Burgunder wurden wegen zu geringem Qualitätscharakter sensorisch beanstandet. Es folgen mit 4,4% der Weine die Sorte Blaufränkisch, Zweigelt (2,1%), Blauer Portugieser (1,8%), Blauburger (1,5%), Sankt Laurent (0,8%) und Cabernet Sauvignon (0,6%). Bei den Rotweinsorten Blauer Wildbacher und Merlot gab es keine Ablehnungen wegen zu geringer sensorischer Mindestqualität. *geringer Qualitätscharakter*

Prüfnummer-Einreichungen des Weinjahrganges 1997

Weißweine	Gesamtein-reichungen	Sensorisch Positiv	Sensorisch Negativ
Grüner Veltliner	6285	5695	590
Welschriesling	2709	2425	284
Müller-Thurgau	1050	891	159
Rheinriesling	2331	2160	171
Weisser Burgunder	2404	2127	277
Chardonnay	1985	1790	195
Neuburger	805	708	97
Sauvignon Blanc	533	468	65
Muskat-Ottonel	369	339	30
Sonstige Weissweine	3558	3269	269
Summe Weissweine	**22029**	**19872**	**2157**

Rotweine	Gesamtein-reichungen	Sensorisch Positiv	Sensorisch Negativ
Zweigelt	3856	3402	454
Blaufränkisch	1979	1733	246
Blauer Portugieser	615	553	62
Sankt Laurent	343	315	28
Blauburger	788	715	73
Blauer Burgunder	456	388	68
Cabernet Sauvignon	308	296	12
Merlot	48	46	2
Blauer Wildbacher	625	503	122
Sonstige Rotweine	1104	1017	87
Summe Rotweine	**10122**	**8968**	**1154**

EU-Weinmarktordnung 1493/99, Anhang VI

Verzeichnis der zugelassenen önologischen Verfahren und Behandlungen

1. Önologische Verfahren und Behandlungen, die auf frische Trauben, Traubenmost, teilweise gegorenem Traubenmost, teilweise gegorenem Traubenmost aus eingetrockneten Trauben, konzentriertem Traubenmost sowie auf Jungwein angewendet werden können:

a) Belüftung oder Zusatz von Sauerstoff
b) Thermische Behandlung
c) Zentrifugierung und Filtrierung, mit oder ohne inerte Filterhilfsstoffe, sofern diese in dem so behandelten Erzeugnis keine unerwünschten Rückstände hinterlassen
d) Verwendung von Kohlendioxid, Argon oder Stickstoff – auch gemischt – damit eine inerte Atmosphäre hergestellt und das Erzeugnis vor Luft geschützt behandelt wird
e) Verwendung von Weinhefen
f) Verwendung eines oder mehrerer der folgenden Verfahren zur Förderung der Hefebildung:
   – Zusatz
      – von Diammoniumphosphat oder Ammoniumsulfat bis zu einem Grenzwert von jeweils 0,3 g/l
      – von Ammoniumsulfit oder Ammoniumbisulfit bis zu einem Grenzwert von jeweils 0,2 g/l
      Unbeschadet des vorstehend genannten Grenzwertes von 0,2 g/l können diese Erzeugnisse auch zusammen bis zu einem Gesamtgrenzwert von 0,3 g/l verwendet werden
   – Zusatz von Thiaminium-Dichlorhydrat bis zu einem in Thiaminium ausgedrückten Grenzwert von 0,6 mg/l.
g) Verwendung von Schwefeldioxid oder Kaliummetabisulfit, auch Kaliumdisulfit oder Kaliumpyrosulfit genannt
h) Entschwefelung durch physikalische Verfahren

i) Behandlung der Weißmoste und der noch im Gärungsprozess befindlichen jungen Weißweine mit Aktivkohle bis zum Grenzwert von 100 g trockener Kohle je Hektoliter
j) Klärung durch einen oder mehrere der folgenden önologischen Stoffe:
   – Speisegelatine
   – Hausenblase
   – Kaseine und Kaliumkaseinate
   – Eieralbumin und/oder Molkenproteine (Lactalbumin)
   – Bentonit
   – Siliziumdioxid in Form von Gel oder kolloidaler Lösung
   – Kaolinerde
   – Tannin
   – pektolytische Enzyme
   – enzymatische Zubereitung von Betaglucanase unter noch festzulegender Bedingung
k) Verwendung von Sorbinsäuren oder Kaliumsorbat (nur Landwein in Österreich)
l) Verwendung von Weinsäure für die Säuerung nach Maßgabe der Artikel 21 und 23
m) Verwendung einer oder mehrerer der nachstehenden Substanzen für die Entsäuerung nach Maßgabe der Artikel 21 und 23:
   – neutralem Kaliumtartrat
   – Kaliumbikarbonat
   – Kalziumkarbonat, gegebenenfalls mit geringen Mengen von Doppelkalziumsalz der L(+) Weinsäure und der L(–) Apfelsäure
   – Kalziumtartrat oder Weinsäure nach Maßgabe von Artikel 17, Absatz 3, Unterabsatz 1
   – homogene Zubereitung von Weinsäure und Kalziumkarbonat zu gleichen Teilen, fein gemahlen, nach Maßgabe von Artikel 17, Absatz 3, Unterabsatz 1
n) Zusatz von Aleppokiefernharz unter den in Artikel 17, Absatz 3, Unterabsätze 2 und 3 genannten Bedingungen
o) Verwendung von Heferindenzubereitungen bis zum Grenzwert von 40 g/hl
p) Verwendung von Polyvinylpolypyrrolidon bis zum Grenzwert von 80 g/hl unter noch festzulegenden Bedingungen
qu) Verwendung von Milchsäurebakterien in Weinsuspension unter noch festzulegenden Bedingungen
r) Zusatz von Lysozym bis zu bestimmten Grenzwerten (500 mg/l)

2. Önologische Verfahren und Behandlungen, die auf Traubenmost angewandt werden können, der zur Bereitung von rektifiziertem Traubenmostkonzentrat bestimmt ist:

a) Belüftung
b) Thermische Behandlung
c) Zentrifugierung und Filtrierung, mit oder ohne inerte Filterhilfsstoffe, sofern diese in dem so behandelten Erzeugnis keine unerwünschten Rückstände hinterlassen.
d) Verwendung von Schwefeldioxid oder Kaliumbisulfit oder Kaliummetabisulfit, auch Kaliumdisulfit oder Kaliumpyrosulfit genannt
e) Entschwefelung durch physikalische Verfahren
f) Behandlung mit önologischer Holzkohle Aktivkohle
g) Verwendung von Kalziumkarbonat, gegebenenfalls mit geringen Mengen von Doppelkalziumsalz der L(+) Weinsäure und der L(–) Apfelsäure
h) Verwendung von Ionenaustauschharzen unter noch festzulegenden Bedingungen

3. Önologische Verfahren und Behandlungen, die bei teilweise gegorenem, in unverarbeiteter Form zum unmittelbaren menschlichen Verbrauch bestimmten Traubenmost, bei zur Gewinnung von Tafelwein geeignetem Wein, bei Tafelwein, Schaumwein, Schaumwein mit zugesetzter Kohlensäure, Perlwein, Perlwein mit zugesetzter Kohlensäure, Likörwein und Qualitätswein b. A. angewendet werden dürfen:

a) In trockenen Weinen: Verwendung bis zu einem Grenzwert von 5% der Menge von frischen, gesunden und nicht verdünnten Weinhefen, die Hefen aus der jüngsten Bereitung trockener Weine enthalten
b) Belüftung oder Einleitung von Argon oder Stickstoff
c) Thermische Behandlungen
d) Zentrifugierung und Filtrierung mit oder ohne inerte Filterhilfsstoffe, sofern diese in dem so behandelten Erzeugnis keine unerwünschten Rückstände hinterlassen.
e) Verwendung von Kohlendioxid, Argon oder Stickstoff – auch gemischt – damit eine inerte Atmosphäre hergestellt und das Erzeugnis vor Luft geschützt behandelt wird.
f) Zusatz von Kohlendioxid, sofern der Kohlendioxidgehalt des so behandelten Weines 2 g/l nicht übersteigt

g) Verwendung von Schwefeldioxid oder Kaliummetabisulfit, auch Kaliumdisulfit oder Kaliumbisulfit oder Kaliumpyrosulfit genannt, unter den in der Gemeinschaftsregelung vorgesehenen Bedingungen
h) Zusatz von Sorbinsäure oder Kaliumsorbat, sofern der Endgehalt des behandelten, zum unmittelbaren menschlichen Verbrauch in Verkehr gebrachten Erzeugnisses an Sorbinsäure 200 ml/l nicht übersteigt
i) Zusatz von L-Askorbinsäure bis zum Grenzwert von 150 mg/l
j) Zusatz von Zitronensäure im Hinblick auf den Ausbau des Weines, wobei der endgültige Gehalt des behandelten Weines 1 g/l nicht übersteigen darf.
k) Verwendung für die Säuerung nach Maßgabe der Artikel 21 und 23:
   – von Weinsäure oder
   – von Apfelsäure unter den gemäß Artikel 15 Absatz 6 zweiter Gedankenstrich festgelegten Voraussetzungen;
l) Verwendung einer oder mehrerer der nachstehenden Substanzen für die Entsäuerung nach Maßgabe der Artikel 21 und 23:
   – neutralem Kaliumtartrat
   – Kaliumbikarbonat
   – Kalziumkarbonat, gegebenenfalls mit geringen Mengen von Doppelkalziumsalz der L(+) Weinsäure und der L(–) Apfelsäure
   – Kalziumtartrat oder Weinsäure nach Maßgabe von Artikel 17, Absatz 3, Unterabsatz 1
   – homogene Zubereitung von Weinsäure und Kalziumkarbonat zu gleichen Teilen, fein gemahlen, nach Maßgabe von Artikel 17, Absatz 3, Unterabsatz 1
m) Klärung durch einen oder mehrere der folgenden önologischen Stoffe:
   – Speisegelatine
   – Hausenblase
   – Kasein und Kaliumkaseinate
   – Eieralbumin und/oder Molkenproteine (Lactalbumin)
   – Bentonit
   – Siliziumdioxid in Form von Gel oder kolloidaler Lösung
   – Kaolinerde
   – enzymatische Zubereitung von Betaglucanase unter noch festzulegenden Bedingungen
n) Zusatz von Tannin

o) Behandlung der Weißweine mit önologischer Holzkohle Aktivkohle bis zum Grenzwert von 100 g/hl
p) Behandlung unter noch festzulegenden Bedingungen:
   – von teilweise gegorenen Traubenmost
   – von Weißweinen und Roseweinen mit Kaliumhexacyanoferrat
   – von Rotweinen mit Kaliumhexacyanoferrat oder mit Calciumphytat gemäß Artikel 17 Absatz 2
qu) Zusatz von Metaweinsäure bis zum Grenzwert von 100 mg/l
r) Verwendung von Gummi arabikum
s) Verwendung, unter noch zu bestimmenden Bedingungen, von DL-Weinsäure, auch Traubensäure genannt oder ihrem neutralen Kaliumsalz, um das überschüssige Kalzium niederzuschlagen
t) Verwendung zur Bereitung von Schaumwein, der durch Flaschengärung gewonnen wurde und bei dem die Enthefung durch Degorgieren erfolgt:
   – von Kalziumalginat oder
   – von Kaliumalginat
ta) Verwendung von Weinhefen, trocken oder als Suspension, zur Gewinnung von Schaumweinen
tb) Zusatz von Ammonium- und Thiaminiumsalzen zu den Grundweinen zur Förderung der Hefebildung bei der Gewinnung von Schaumweinen, und zwar unter folgenden Voraussetzungen:
   – Nährsalze: Diammoniumphosphat oder Ammoniumsulfat bis zu einem Grenzwert von 0,3 g/l (in Salz ausgedrückt)
   – Wachstumsförderer: Thiaminium in Form von Thiaminium-Chlorhydrat bis zu einem Grenzwert von 0,6 mg/l (in Thiaminium ausgedrückt)
u) Verwendung von mit Allyl-Isothiocyanat getränkten Scheiben aus reinem Paraffin zur Herstellung einer sterilen Atmosphäre und zwar nur in den Mitgliedstaaten, in denen diese Verwendung üblich ist und so lange sie dort nicht gesetzlich verboten ist, vorausgesetzt, dass sie nur in Behältern mit einem Fassungsvermögen von mehr als 20 Litern erfolgt und im Wein keinerlei Spuren von Allyl-Isiothiocyanat auftreten
v) Zusatz von Kaliumbitartrat bzw. Kalziumtartrat zur Förderung der Ausfällung des Weinsteins
w) Verwendung von Kupfersulfat zur Beseitigung eines geschmacklichen oder geruchlichen Mangels des Weines bis zum

Grenzwert von 1 g/hl, sofern der Kupfergehalt des so behandelten Erzeugnisses 1 mg/l nicht übersteigt
x) Verwendung von Heferindenzubereitungen bis zum Grenzwert von 40 g/hl
y) Verwendung von Polyvinylpolypyrrolidon bis zum Grenzwert von 80 g/hl unter noch festzulegenden Bedingungen
z) Verwendung von Milchsäurebakterien in Weinsuspension unter noch festzulegenden Bedingungen
za) Zusatz von Zuckerkulör im Sinne der Richtlinie 94/36/EG zur Verstärkung der Farbe von Likörwein und Qualitätswein b. A.
zb) Zusatz von Lysozym bis zu 500 mg/l

4. Önologische Verfahren und Behandlungen, die ausschließlich im Rahmen der nach dem Verfahren des Artikels 83 festgelegten Anwendungsbedingungen für die im einleitenden Satz der Nummer 3 genannten Erzeugnisse angewendet werden dürfen:

a) Zuführung von Sauerstoff
b) Behandlung durch Elektrodialyse zur Verhinderung der Weinsteinausfällung
c) Anwendung von Urease zur Verringerung des Harnstoffgehalts im Wein

Glossar

abbeeren (entrappen, rebeln)
Das Trennen der Beeren von den Stielen mit Hilfe einer Maschine, bestehend aus Lochmantel in dem eine Flügelwelle rotiert, geschieht vor dem Mahlen und Pressen des Lesegutes.

Abgang
Eindruck, den der Wein beim und nach dem Schlucken hinterlässt (Nachgeschmack, Persistenz). Ein nachhaltiger langer Abgang ist immer ein gutes Qualitätsmerkmal des Weines und weist auf einen hohen Extraktgehalt hin. In der Weinansprache wird der Abgang auch „Schwanz" oder „Schweif" genannt.

Abstich (Abzug)
Das Trennen des Weines von seinem Geläger bei gleichzeitigem Umfüllen (Umziehen) von einem Behälter (Fass, Tank) in einen anderen.

Alkohol
Darunter versteht man in erster Linie Ethylalkohol (Ethanol), aber darüber hinaus noch eine Reihe weiterer Alkohole, die im Wein vorhanden sind z. B. Methylalkohol, Glyzerin und höhere Alkohole (Fuselöle).
Bei einer Weinanalyse ist zu unterscheiden zwischen
- tatsächlichem Alkoholgehalt: der effektiv vorhandene, analytisch nachweisbare Alkohol
- potenziellem (möglichem) Alkoholgehalt: Dieser wird aus dem im Wein noch vorhandenen, unvergorenen Restzucker errechnet.
- Gesamt-Alkoholgehalt: Dieser ist die Summe aus tatsächlichem und potenziellem Alkoholgehalt.
- Grade natürlicher Alkohol: Angabe für das Mostgewicht, der in der Traube vorhandene Zucker wird in Alkohol umgerechnet, Verwendung hauptsächlich in Frankreich

Etwa 8 Gramm Alkohol pro Liter entsprechen 1 vol% = 1 Grad Alkohol.

Aminosäuren
Carbonsäuren, die Aminogruppen enthalten, z. B. Arginin, Lysin, Glycin. Sie sind in größeren Mengen in Trauben und Mosten ent-

halten (1 000–6 000 mg/l) und haben eine große Bedeutung als Hefenährstoffe. Bei einem Mangel an Aminosäuren und anderen hefeverfügbaren Stickstoffverbindungen kann es zu Weinfehlern, z. B. Böckser kommen.

Amorph
Gestaltlose, formlose Trübungspartikel

Ampelografie
Rebsortenkunde, Beschreibung und Unterscheidung von Rebsorten anhand verschiedener morphologischer Kriterien, z. B. Triebspitze, Blattform, Wuchsbild, Traubenform u. a.

Ampholyte
Substanzen, die sich sowohl als Säure wie auch als Base verhalten können, z. B. Aminosäuren.

Anion
Negativ geladenes Ion

anreichern (aufbessern)
Dem Most wird vor der Gärung Zucker bzw. Traubendicksaft (Sirup) zugesetzt, um einen höheren Alkoholgehalt zu erhalten. Eine Anreicherung ist bei Kabinett- und Prädikatweinen nicht zulässig und darf bei den übrigen Weinen gesetzlich festgelegte Höchstwerte, abhängig von der Weinbauzone, nicht überschreiten.

Anthocyane
Rot, violett bis blau gefärbte phenolische Farbstoffe von Früchten und Blumen, die bei den Europäerreben mit wenigen Ausnahmen lediglich in den Schalen der Weinbeere eingelagert sind und dem Rotwein dessen charakteristische Farbe verleihen. Die Anthocyane können infolge Oxidation, Wärme und Licht abgebaut bzw. zerstört werden, durch Polymerisation mit Tanninen und Metallen werden sie hingegen stabilisiert.

Aräometer
Senkwaage zur Bestimmung des spezifischen Gewichtes (Dichte, Oechslegrade) von Flüssigkeiten, diese wird zum Messen des Zuckergehaltes (z. B. Grade Klosterneuburger Mostwaage) im Most sowie des Alkoholgehaltes und des Extraktes des Weines verwendet.

Aroma
Dieses wird hauptsächlich durch den Geschmackssinn aber auch beim Ausatmen durch die Nase wahrgenommen. Es ist ein Teil des

Buketts, das Duft und Aroma umfasst. Häufig bezeichnet aber dieser Begriff den Geruch des Weines ganz allgemein.

Aromastoffe
Der Wein beinhaltet Hunderte von organischen Aromastoffen in kleinen und kleinsten Mengen. Insgesamt enthält ein Liter Wein zwischen 0,8–1,2 Gramm Aromastoffe. Im Traubenmost sind die Aromastoffe zum Teil noch chemisch gebunden und daher weniger deutlich feststellbar. Im Zuge der Gärung werden sekundäre Aromastoffe (höhere Alkohole, Ester, ca. 50% aller Aromastoffe im Wein) gebildet, die für das Gäraroma verantwortlich sind, wie es insbesondere für Jungweine charakteristisch ist. Weiters werden gebundene Monoterpene (Geraniol, Citronellal, Linalool u. a.) chemisch und enzymatisch teilweise freigesetzt und das typische Sortenaroma verstärkt. Nach dem Abfüllen des Weines in Flaschen erfolgen weitere chemische Umsetzungen, wobei nach und nach das sortentypische Bukett verschwindet. Durch die Zersetzung von Carotinen (Vorstufe von Vitamin A) entstehen im alternden Wein völlig neue Geschmackskomponenten. Dabei bilden sich neue Substanzen (z. B. Damaszenon und Trimethyl-Dihydronaphtalin/TDN), die dem Bukett des Weines eine gewisse Petroleumnote verleihen. Außerdem nimmt ein alternder Wein einen süßeren Geschmack an, weil stark süß schmeckende Furane entstehen, die das Aroma mit einer karamellartigen Komponente versehen.

Atomabsorptionsspektroskopie (AAS)
Analysenmethode zur quantitativen Bestimmung der meisten metallischen Elemente, z. B. Kalium, Natrium, Calcium, Magnesium, Eisen, Kupfer, Zink, Silber u. a.

ausbauen
Damit bezeichnet man alle Vorgänge, die aus dem Most bzw. Jungwein einen stabilen, trinkbaren Wein machen, also die Behandlung des Weines von der Kelterung bis zur Flaschenabfüllung. Ein „ausgebauter" Wein ist ein gut entwickelter, fertiger, trinkbarer Wein.

Barrique
Ein Eichenfass mit einem Fassungsvermögen von 225 Liter, das innen getoastet (light, medium oder heavy) wurde.

Biologischer Säureabbau
Auch als „Malolaktische Gärung" oder als „Äpfel-Milchsäure-Gärung" bezeichnet, ist eine vom Winzer geduldete oder bewusst

herbeigeführte Fermentation des Weines im Fass oder im Tank, die besonders bei Rotweinen und vereinzelt auch bei speziellen Weißweinen (z. B. Chardonnay) als eine der Entsäuerungsmöglichkeiten beim Wein angewendet wird.
Die auf der menschlichen Zunge spitz-sauer wirkende Apfelsäure (zweibasig) wird im Wesentlichen in die milder wirkende Milchsäure (einbasig) umgewandet. Für die Abwicklung einer reintönigen malolaktischen Gärung haben sich Bakterien der Gattung Oenococcus oeni (Leuconostoc oenos) als besonders geeignet erwiesen. Ein unkontrollierter Säureabbau kann zu Infektionen mit Bakterien der Gattung Pediococcus und Lactobacillus führen, die Folgen sind häufig Weine mit Milchsäurestich oder Sauerkrauttönen. Ein übermäßiger biologischer Säureabbau kann zu einem Säuresturz und in weiterer Folge zum Zäh- und Lindwerden von Weinen führen. Biologischer Säureabbau auf der Flasche ist mit nachträglichen Auswirkungen auf die Weinqualität verbunden, insbesondere Trübung, linder Geschmack und unerwünschte Kohlensäure.

Biogene Amine

Ernährungsphysiologisch relevante Substanzen, die aus Aminosäuren durch Decarboxylierung entstehen. Bekanntestes biogenes Amin ist das Histamin, weitere Vertreter sind Tyramin, Ethylamin, Cadaverin und Putrescin. Es bestehen pharmakologische Wirkungen bei verschiedenen Nervenerkrankungen, wobei einige Verbindungen schwere Unbekömmlichkeitserscheinungen (Kopfweh, Magenbeschwerden) auslösen können. Hinsichtlich der individuellen Empfindlichkeit gibt es beachtliche Unterschiede (Allergiker!). Verstärkt kann die nachteilige Wirkung bei einigen biogenen Aminen noch durch Synergieeffekte von Begleitstoffen werden (z. B. Alkohol, Acetaldehyd), die die Aufnahme beschleunigen oder den Abbau hemmen können. Die Gehalte in Wein und Sekt sind i. d. R. gering (um 1 mg/l), während in anderen Lebensmitteln, beispielsweise Käse, Sauerkraut, Orangen und Fischen deutlich höhere Gehalte vorkommen.

Bitterl

Zart-bitterer an Tonic errinnernder Geschmack, der von einigen Konsumenten als angenehm empfunden wird. Der Übergang zu unerwünscht hart-kratzigem Geschmack aufgrund von Gerbstoffen ist fließend.

Blume
Der Duft der leichtflüchtigen Bestandteile des Weines, die durch die Nase wahrgenommen werden: Der Begriff wird häufig als Synonym zum Bukett verwendet.

Bodenanalysen
Chemisch-physikalische Untersuchung von Bodenproben (Ober-, Unterboden) zur Beurteilung der Bodenqualität. Unter anderem wird der Gehalt an Kationen (z.B. Kalium, Magnesium) und Anionen (z.B. Phosphat, Sulfat) sowie der Humusgehalt, pH-Wert und Carbonatgehalt analysiert.

Botrytis cinerea (Grauschimmel)
Bei sehr feucht-warmer Witterung können die Trauben durch bestimmte Pilze (z. B. Botrytis cinerea, Penicillium) infiziert werden. Tritt dieser Pilzbefall vorzeitig auf, wenn also die Beeren noch unreif sind, kann es dabei zur sogenannten Stiel- bzw. Sauerfäule kommen. Sind hingegen die Beeren bereits vollreif, kommt es zu der vom Winzer gewünschten Edelfäule. Dabei kann das Wasser durch die porös gewordene Beerenhaut stark verdunsten und der Zuckergehalt in den rosinenartig eingeschrumpften Beeren bis zu 40% und mehr ansteigen. Die aus solchen edelfaulen Trauben gewonnenen Weine weisen den vielfach begehrten, typischen Botrytis-Duft und das Botrytis-Aroma auf (Rosinenton). Es handelt sich hierbei um Prädikatsweine wie Beerenauslese, Ausbruch, Trockenbeerenauslese.

Böckser
Geruch und Geschmack des Weines nach faulen Eiern (Schwefelwasserstoff und Merkaptane) aufgrund verschiedener schwefelhaltiger Inhaltstoffe.

brandig
Wein mit erhöhtem und unangenehm stechend brennendem Ethanolgehalt

Braunwerden
Weinfehler, der entsteht, wenn zu viel Luftsauerstoff mit dem Wein reagiert (oxidiert), weil der Wein nicht oder nicht ausreichend geschwefelt ist.

Bräunungen
Braunverfärbungen stellen sowohl bei Weißwein wie auch Rotwein eine unerwünschte Qualitätsverminderung dar, die i.d.R. auf enzymatische (Oxidasen) oder nicht enzymatische (Maillardreaktion) Vorgänge zurückzuführen sind.

breit
Voller, fülliger Wein ohne besondere Feinheiten; meist mit zu wenig Aromastoffen und Säuregehalt versehen.

Brüche
- Weißer bzw. Grauer Bruch: Weißer oder grauweißer Schleier bzw. weißlichgraue bis graue Verfärbung des Weines durch Eisen-Phosphat-Verbindungen. Bei Berührung mit Luft ist ein Übergang zu einer bläulichgrünen bis blau-schwarzen Verfärbung/Trübung möglich (Schwarzer Bruch). Durch Schaffung reduktiver Verhältnisse im Wein (SO_2 und Ascorbinsäure) kann das Auftreten dieser Trübungen verzögert werden.
- Brauner Bruch: Feinflockige, gelblichbraune Trübung bestehend aus oxidierten Phenolen und eventuell etwas Eiweiß
- Schwarzer Bruch: Feinflockige, blaugrüne bis schwärzlichgrüne Trübung bestehend aus oxidierten Phenolen (Gerbstoffen), Metallen (hauptsächlich Eisen) und eventuell Eiweiß und Phosphaten

Bukett
Summe jener Stoffe, die dem Wein sein typisches, arteigenes Geruchsbild geben. Es wird wahrgenommen durch den Duft beim Einatmen und durch das Aroma beim Ausatmen.

Calciumtartrat
Neutrales Calciumsalz der L(+) Weinsäure, sechseckige Kristalle („Sargdeckel")

Calciummucat
Neutrales Calciumsalz der Schleimsäure, weißlichgelbe Gerinnsel

Calciumoxalat
Calciumsalz der Oxalsäure, fällt rasch und quantitativ aus

Calciummalattartrat (Doppelsalz)
Calciumsalz der L(+) Weinsäure und L(–) Apfelsäure

Calciumuvat
Calciumsalz der DL-Weinsäure

Carboxylgruppe
Bezeichnung für die Säuregruppe in einem Molekül mit der chemischen Formel –COOH; Ursache für sauren Geschmack und tiefen pH-Wert

Deckwein
Besonders farbkräftiger Rotwein der als Verschnittpartner eingesetzt wird um die Farbe eines Rotweines zu verbessern. Deckwei-

ne sind i.d.R. gerbstoffreich und weisen einen Südweincharakter auf Traditionellerweise handelt es sich um ausländische Weine, aber auch heimische Rebsorten z.B. Blauburger, Rathay sind zur Herstellung von Deckweinen geeignet.

Depot
Durch Ausscheiden von Gerbstoffen, Farbstoffen und eventuell Weinstein bildet sich während der Lagerung bei den Flaschenweinen, besonders bei alten Rotweinen, ein mehr oder minder starker, grobflockiger Bodensatz (Niederschlag), der durch Dekantieren vom klaren Wein getrennt wird.

dünn
Wein mit geringem Extrakt- und Alkoholgehalt; leerer, wässriger Geschmack

durchgären
Die Gärung wird so lange fortgesetzt bis der im Most vergärbare Zucker zur Gänze in Alkohol umgewandelt ist. In der Regel ist ein Most innerhalb einer Woche durchgegoren. Durchgegorene Weine werden als trocken bezeichnet.

edelfirnig
Ein noch positiver Geschmackseindruck bei einem alten Wein; Gegensatz ist firnig

Entsäuerung
In Jahren mit überdurchschnittlich hohen Säuregehalten der Trauben kann eine Verringerung der Säure im Wein durch kellertechnische Maßnahmen vorteilhaft sein. Solche Entsäuerungsverfahren sind: Biologischer Säureabbau (Reduzierung der Apfelsäure) – Zusatz von kohlensaurem Kalk, Kaliumtartrat, Calciumtartrat (Reduzierung der Weinsäure) – Doppelsalzfällung (Reduzierung der Apfel- und Weinsäure) – Malitexverfahren (Reduzierung der Apfel- und Weinsäure).

Essigstich
Vorhandensein von zu viel Essigsäure (flüchtige Säure) im Wein, stechend scharfer Geruch und unangenehm saurer Geschmack. Der Essigstich entsteht hauptsächlich durch Bakterien, die durch die sogenannte Essigfliege übertragen werden. Weitere Ursachen sind Fehlgärungen durch wilde Hefen und die Vergärung von Zucker durch Milchsäurebakterien infolge von Versieden.

Extrakt
Summe all jener Substanzen, die gelöst im Wein vorkommen und beim Verdampfen zurückbleiben, wie Zucker (Kohlenhydrate),

nichtflüchtige Säuren, Farb- und Gerbstoffe (Phenole), Glyzerin, Stickstoffverbindungen und Mineralstoffe. Der Gehalt dieser Substanzen bestimmt, ob der Wein als extraktreich (vollmundig, voll, körperreich) oder als extraktarm (dünn, flach, kurz) erscheint. Je höher der Extraktgehalt desto gehaltvoller, vollmundiger und körperreicher ist der Wein.

Da die Hauptbestandteile dieser Extraktstoffe der im Wein verbliebene Restzucker und die Säuren sind, ist der „zucker- und säurefreie Extrakt = Extraktrest" (Summe der nach Abzug des Restzuckers und der nichtflüchtigen Säuren verbleibenden Extraktreste) eine noch bessere Vergleichsmöglichkeit, um die „innere Qualität" des Weines beurteilen zu können.

Farbmangel
Rotweine können infolge weinbaulicher oder technologischer Mängel eine zu geringe Farbintensität oder unattraktive orangebraune Farbtöne aufweisen.

Farbstabilisierung
Die Farbstoffe von Rotweinen (Anthocyane) sind instabil und verlieren infolge Einwirkung von Licht, Sauerstoff, Hitze ihre Farbe und/oder werden zu braunen Pigmenten oxidiert. Durch Reaktion mit Phenolen, welche entweder aus der Weintraube oder aus Eichenholz (Barrique, Chips, Tannine) stammen, entstehen stabile Pigmente.

Fassgeschmack
Geschmack nach einem unreinen Fass, bei verschimmelten Fässern Schimmelgeschmack. Bei neueren Fässern Holzgeschmack, der dadurch entsteht, dass bei einer längeren Lagerung der natürliche Gerbstoff (Ellagtannine) des Eichenholzes durch den Wein ausgelaugt wird. Der Fachmann bezeichnet dies als „Neuerl".

Fehler
Weinfehler entstehen durch biologische, chemische und physikalische Vorgänge und äußern sich durch unerwünschte Farbveränderungen und Trübungen, störenden unangenehmen Geruch und/oder Geschmack des Weines.

Fermentation
Beim Gärprozess werden die chemischen Reaktionen durch Fermente (Enzyme) bewirkt und gesteuert. Diese Fermente sind kompliziert aufgebaute Eiweißstoffe, die größtenteils von den Hefen erzeugt werden. Durch Zusatz pektolytischer Enzympräparate wird die Maische besser aufgeschlossen und wertvolle Stoffe aus

den Trauben, die sonst in den Trestern blieben, gelangen in den Most.

Fotometer
Analytisches Messgerät zur Ermittlung der Farbintensität von Lösungen, z. B. für die Bestimmung der Rotweinfarbe

Foxton (Fuchsgeschmack, Hybridton)
Ein sehr eigentümlicher erdbeer- bis stachelbeerartiger Geruch und Geschmack bei Hybriden (Kreuzung zwischen europäischen und amerikanischen Rebsorten), z. B. Isabella, Noah, Delaware

Gärung
Bei der alkoholischen Gärung handelt es sich um einen biochemischen Vorgang: Der im Most enthaltene Zucker wird in Ethylalkohol, Kohlensäure, Wärme sowie in primäre und sekundäre Nebenprodukte umgewandelt. Diese maßgebliche, stoffliche Veränderung des Mostes in einem fehlerfreien Jungwein wird erst durch den Stoffwechsel der Hefe ermöglicht. Um reintönige Weine zu erhalten, sollte die Gärung durch Hefen der Gattung Saccharomyces cerevisiae durchgeführt werden. Ganz allgemein kann man sagen, dass aus zwei Teilen Zucker im Most ein Teil Ethanol und ein Teil Kohlendioxyd entstehen. Aus 100 g Zucker gewinnt man in der Praxis 47 g Alkohol und fast ebenso viel Kohlendioxyd; der verbleibende Rest von 5 g Zucker wird zum Aufbau von Hefebiomasse, Glyzerin und anderen Stoffwechselprodukten verwendet.

gebrochen
Fehlerhafter, trüber Wein; man unterscheidet Weißen, Schwarzen und Braunen Bruch.

Gekühlte Gärung
Wenn die Vergärung bei ca. 15° C abläuft (durch Kühlung), so werden die flüchtigen Bukettstoffe besser erhalten, die Weine werden fruchtiger und bleiben frischer, weil sich die Kohlensäure bei der tieferen Temperatur besser mit dem Wein bindet und auch langsamer entweicht. Auch der Weinstein fällt besser aus, sodass sich eine spätere Kältebehandlung meist erübrigt und außerdem klärt sich der Wein besser.

Geläger
Wenn sich nach der Gärung die festen Stoffe (Trub) am Flaschenboden absetzen, so wird dieses Ablagern Geläger genannt.

Gerbstoffe (Tannin)
Darunter versteht man jene Substanzen des Traubensaftes (Most), die einen herben und zusammenziehenden (adstringierenden) Geschmack vermitteln und die vor allem in den Kämmen (Stängeln), Schalen (Hülsen) und Kernen der Beeren vorkommen. Beim Rotwein gilt der Gerbstoff (Tannin) in dosierter Menge als charakteristisches Geschmackselement und verbessert außerdem seine Lagerfähigkeit. Deshalb wird bei der Gärung der Maische der Gerbstoff gemeinsam mit dem Farbstoff aus der Beerenhaut ausgelaugt.

Während Weißwein nur 0,1 bis 0,5 g Gerbstoff pro Liter aufweist, liegt der Gerbstoffwert bei Rotweinen zwischen 1,5 bis 2,5 g/l. Beim Barriqueausbau werden die Weine nach der Gärung in neuen, kleinen Eichenholzfässern längere Zeit gelagert, wobei aus dem Holz noch zusätzlich Gerbstoffe in den Wein übernommen werden.

gerbstoffreich
Hoher Gehalt an herbschmeckenden, gerbenden Stoffen

Geruch
Begriff, der die direkt durch die Nase wahrgenommenen Merkmale bezeichnet.

Geschmack
bezeichnet die Gesamtheit aller im Mund wahrgenommenen Merkmale.

Geschmacksstoffe
Darunter versteht man alle Inhaltsstoffe des Weines, die im Munde wahrgenommen werden (Restzucker, Säuren, Gerbstoffe, Extraktstoffe, Alkohol, schwefelige Säure u. a.).

Glycerin
ist ein süßlich schmeckender, dreiwertiger Alkohol. Es fördert die Vollmundigkeit eines Weines (Körper, Extrakt) und macht ihn rund. Es ist aus der Sicht der Geschmacksprägung eines der wichtigsten Weininhaltsstoffe.

Goudron
Französisches Wort für Teer. Man kennzeichnet damit ein eigenartiges, vielschichtiges, etwas an Teer erinnerndes Bukett bei ganz bestimmten Weinen (Pferdeschweiß).

grasig
Geschmack nach grünen Pflanzen bzw. Duft nach Heu und Kräutern; tritt bei Weinen aus unreifem Traubengut oder bei zu starkem Auspressen oder bei bestimmten Sorten auf.

hart
Ein unangenehmer Geschmack, hervorgerufen durch einen zu hohen Säuregehalt infolge Verarbeitung von unreifem Traubengut.

Hefen
Es gibt eine Vielzahl verschiedener Hefen, die die Weinqualität und Zusammensetzung sehr unterschiedlich beeinflussen können. Sie befinden sich als sogenannte wilde Hefen auf den Beerenhäuten bzw. werden dem Most vor der Gärung als Reinzuchthefen (Gattung: Saccharomyces cerevisiae) zugesetzt. Die Hefen sind für die Gärung des Mostes verantwortlich und wandeln den im Most enthaltenen Zucker in Alkohol, Kohlensäure und Nebenprodukte um.

herb
Ein meist trockener (durchgegorener) Wein mit einem höheren Gerbstoffgehalt, der rau und zusammenziehend schmeckt; dieser Begriff ist nicht mit sauer gleichzusetzen. In der Gastronomie werden mit herb fälschlicherweise auch säurebetonte Weine mit wenig Restzucker bezeichnet.

Hygiene
Gesamtheit von Maßnahmen zur Verhütung und Bekämpfung von Krankheiten, insbesondere Sauberkeit und Reinlichkeit

hygroskopisch
Wasseranziehende Eigenschaft einer Substanz

Ion
Elektrisch geladenes Atom (oder Molekül)

Isoelektrischer Punkt (IP)
Bestimmter pH-Wert, bei dem Ampholyte im elektrischen Feld keine Ladung aufweisen und keine Bewegung in Richtung der geladenen Pole zeigen bzw. die geringste Löslichkeit aufweisen.

Jungwein
Ein Wein, bei dem die Hauptgärung zwar schon beendet ist, der aber noch nicht von der Hefe getrennt wurde und bereits beginnt, sich zu klären.

Kaliumhydrogentartrat (KHT, Weinstein)
Saures Kaliumsalz der L(+) Weinsäure, unregelmäßige Kristalle. Fällt im Zuge der Gärung und des Weinausbaues aus, kann durch Einschlüsse von Farbstoffen gelb-rotbraun verfärbt sein. Weinstein kann als Grundstoff für die Gewinnung von Weinsäure verwendet werden.

Kaliummangel
Infolge zu geringer Kaliumgehalte in Oberboden aber insbesondere Unterboden sind die Reben nicht ausreichend mit Kalium versorgt. Derartige Reben sind anhand einer charakteristischen Violettverfärbung der Blätter mit braunem Rand erkennbar, die Trauben werden frühzeitig welk und die daraus gewonnenen Moste sind zuckerarm, säurereich und bitter.

Kaltmazeration
Prefermentative (vor der Gärung) Extraktion von Inhaltsstoffen aus Schalen der Weintraube. Durch Wahl von Temperaturen unter 10°C (z.B. 40°C, 5 Tage) wird der Gärbeginn hinausgezögert und dadurch eine wässrige, nicht alkoholische Mazeration ermöglicht. Dadurch werden feingliedrige Rotweine mit mehr fruchtigen Aromen erzielt.

Kämme (Rappen)
Gerbstoffreiche Stiele der Trauben, an denen die Trauben hängen

Kation
Positiv geladenes Ion bzw. Molekül

Kelter(n)
Vorrichtung (Traubenpresse) zum Auspressen des Saftes aus den Trauben

kernig
Ein kräftiger, nerviger, säurebetonter extraktreicher Wein, der besonders im Abgang besticht

Klärung
Beseitigung von Trübungen im Wein mittels Filtration und/oder Schönung

klein
Bezeichnung für einen Wein, der nicht nur alkoholleicht wirkt sondern auch dünn und anspruchslos ist. Er stammt meist aus einem schlechten Jahrgang oder aber aus Massenerträgen eines Weingartens.

Kohlensäure
Diese entsteht in größeren Mengen bei der Gärung und in geringerem Umfang während des biologischen Säreabbaues. Bei moderner Kellertechnik wird die Kohlensäure abgesaugt; immerhin entstehen volumsmäßig bei der Verarbeitung von einem Hektoliter Most etwa 40 Hektoliter Kohlendioxyd. Ein kleiner Rest an Kohlensäure, der nach der Gärung im Wein verbleibt, ist meist er-

wünscht und sorgt für frischen, belebenden Weingeschmack. So können sich beispielsweise junge Weißweine mit einem Kohlensäuregehalt von 1 g/l recht spritzig präsentieren. Bei Rotweinen allerdings sollte der Kohlensäureanteil den Wert von 0,6 g/l nicht übersteigen.

Kohlensäureüberschichtung
Möglichst vollständige Verhinderung von Luftzutritt zur Maische bereits ab der Traubenzerkleinerung (Rebeln) durch Überschichtung mit Kohlendioxid. Durch diesen extrem reduktiven Weinausbau können besonders aromatische, fruchtige Weine erzielt werden.

Korkgeschmack
Ein unangenehmer Fremdgeschmack eines Weines, der einen kranken Korken hat. Ein allfällig vorhandener Korkgeschmack darf dabei nicht mit einem Alterston beim Wein verwechselt werden.

kurz
Bezeichnung für einen Wein ohne bemerkbaren Abgang und ohne jeden nachhaltigen Geschmackseindruck

Laccase (para-Diphenol-Oxidase)
Oxidationsenzym in großen Mengen auf botrytisinfiziertem Traubenmaterial verursacht Braunfärbung und Aromaverluste in Weinen und kann durch SO_2 nur schlecht inaktiviert werden.

lüften
Verbindung des Weines mit Luft durch Dekantieren oder durch Öffnen der Flasche, um den Wein schneller trinkfähig zu machen.

maderisiert
Ein durch Oxidation dunkel gefärbter Weißwein, der im Geschmack an einen Madeira oder Sherry erinnert. Rotweine bekommen eine dumpfrote bis ockerbraune Farbe und werden mit aldehydig, rahn, ölig und leer beschrieben.

Magnesiumüberschuss
Wenn dem Weingartenboden das durch die Lese entzogene Kalium nicht wieder in Form von Düngung zugeführt wird, kommt es zu einem Ungleichgewicht zwischen Kalium und Magnesium, welches negative Auswirkungen auf das Pflanzenwachstum und die Weinqualität aufweist (siehe Kaliummangel).

Maische
Saft und Schalen zerquetschter (gemahlener) Weinbeeren vor der Kelterung (Pressung)

Maischeerhitzung
In Österreich wenig gebräuchliches Verfahren zur Extraktion von Rotweinfarbstoffen Durch Einwirken von Hitze (z.B. 2 min, 80°C) werden die Anthocyane und Phenole extrahiert, anschließend abgepresst und die Moste wie Moste weißer Traubensorten weiter verarbeitet (Gärung etc.). Maischeerhitzte Weine sind zumeist farbintensiv mit beerigen Aromen und samtiger Phenolstruktur, altem aber rasch und weisen eine geringe Komplexität auf. Besonders empfehlenswert ist die Maischeerhitzung bei teilweise gefaultem Lesegut, wenn gleich auch apparative Investitionen (z.B. Rohren- oder Spiralerhitzer) erforderlich sind.

Maischegärung
Gärung des zwar gerebelten, aber gesamten Lesegutes (mit Beerenhäuten, Kernen, eventuell auch Kämmen) und Abpressen der Maische nach erfolgter Gärung

Maischestandzeit
Eine mehrstündige (3–12 Stunden) Mazerations- und Extraktionsphase nach dem Rebeln und Einmaischen und vor dem Abpressen, welche bei aromareichen Sorten (z. B. Traminer, Rheinriesling) und Prädikatsweinen zur Verbesserung der Saft- und Aromastoffauslaugung üblich ist. Durch die fortlaufende Auflösung des Zuckers der Beeren bei der Trockenbeerenmaische steigt bei längerem Rühren der Maische (Standzeit) das Mostgewicht ständig an. Je deutlicher der typische Botrytiston im Wein sein soll, desto länger muss die Maischestandzeit vor dem Abpressen der Maische sein.

matt
Schaler, müder Geschmack eines Weines ohne jegliche Frische

Metallgehalt
Die Gehalte der ursprünglich in Beeren und Most vorhandenen Metalle werden im Zuge der kellerwirtschaftlichen Verarbeitung stark verringert, sodass die Jungweine i. d. R. nur eine geringe Metallbelastung aufweisen (= primärer, natürlicher Metallgehalt). Aufgrund weinbaulicher und/oder verarbeitungstechnologischer Mängel können jedoch in Ausnahmefällen erhöhte Metallgehalte in Weinen zustande kommen (= sekundärer Metallgehalt). Erhöhte Konzentrationen von Metallen stellen ein effektives sowie potenzielles Gefahrenpotenzial für Qualitätsminderungen dar.

Metaweinsäure
Durch Erhitzung gewonnene, hochveresterte Weinsäure, welche zur Weinsteinstabilisierung eingesetzt wird. Die Wirkung ist je-

doch zeitlich begrenzt (ca. 6 Monate), auch die Anwendungsmenge ist mit 100 mg/l limitiert. Der Zusatz sollte erst unmittelbar vor der Flaschenfüllung erfolgen.

Mostgewicht
Dieses zeigt an, wie viel natürlicher Zucker (Trauben- und Fruchtzucker) im frisch gepressten Most vor Gärungsbeginn enthalten ist. Die Mostgewichtsbestimmung erfolgt in Österreich nach der Klosterneuburger Mostwaage (KMW), in Deutschland und in der Schweiz nach Öchslegraden (Ö). Sehr grob vereinfacht kann man sagen, dass 1 KMW-Grad 5 Öchslegraden entspricht; 1° KMW oder 5° Ö bedeuten nun wiederum, dass in 1 kg Most etwa 10 g natürlicher Zucker vorhanden sind (100 kg Most enthalten somit 1 kg Zucker).
Die Klosterneuburger Mostwaage (KMW) wurde 1861 von Prof. Roesler und Freiherr August Wilhelm von Babo konstruiert, der 33 Jahre lang der erste Direktor der Klosterneuburger Fachlehranstalt für Wein- und Obstbau war.

moussierend
Stark kohlensäurehältiges Produkt, bei Schaumwein gebräuchlich

müde
Gealterter bzw. abgelebter Wein ohne Frische

Nachgärung
Darunter ist ein weiterer (langsamer) Zuckerabbau nach der Hauptgärung, oft auch erst in der Flasche und damit eine Erhöhung des Alkoholgehaltes zu verstehen. Erfolgt dabei eine unerwünschte Nachgärung in der Flasche, bedeutet dies im Allgemeinen eine Qualitätsverschlechterung des Weines. Zumeist steigt dadurch der SO_2-Bedarf. Eine Nachgärung im Lagerbehälter beim Produzenten kann jedoch durchaus erwünscht sein.

Nachgeschmack
siehe Abgang

nervig
Ein besonders säurebetonter, kräftiger und rassiger Wein

Oxidativer Ausbau
Die Oxidation des Weines erfolgt durch eine übermäßige Luftzufuhr, besonders bei Lagerung in relativ kleinen Holzfässern. Eine große Rolle spielen dabei komplizierte Veresterungsprozesse sowie die Bildung höherer Alkohole (Aldehyde). Ein oxidativer Ausbau schränkt die Sortencharakteristik eines Weines stark ein,

so wie dies übrigens auch bei Botrytis der Fall ist und lässt den Wein dabei neutraler erscheinen. Typisch oxidativ ausgebaute Weine sind beispielsweise Sherry, Madeira und Portwein.

oxidiert
Der Begriff wird bei Weinen mit einer veränderten Farbe und Bukett angewendet; diese Veränderungen entstehen durch einen übermäßigen Luftkontakt des Weines.

Peptide
Hochmolekulare Eiweißverbindungen mit weniger als 100 Aminosäuren; entstehen teilweise durch Spaltung von Proteinen.

Phenole (Farbstoffe, Gerbstoffe, Tannine)
Sehr komplexe Substanzgruppe mit ca. 8 000 Substanzen, die ausschließlich in Pflanzen vorkommen. Allen gemeinsam ist ein aromatisches Ringsystem mit zumindest einer direkt gebundenen Hydroxylgruppe, wobei Polyphenole mindestens zwei phenolische Hydroxylgruppen im Molekül aufweisen. In der Natur kommen Phenole hauptsächlich als Blütenfarbstoffe (z. B. Anthocyane, Flavone in Rosen, Nelken, Apfelblüten) und Gerbstoffe (z. B. Catechine, Tannine in Eichenholz, Gallen und Früchten) vor.

Grundsätzlich können monomere (einzeln, getrennt) Phenole und polymere Phenole unterschieden werden. Wesentliche Vertreter der monomeren Phenole sind die Flavonoide (z. B. Catechin, Quercetin), die hauptsächlich in festen Bestandteilen der Trauben (Schalen, Samen, Rappen) und kaum in der Pulpe und im Saft enthalten sind. Diese Substanzgruppe ist stark oxidations- und somit bräunungsanfällig und weist einen herb-bitteren Geschmack auf. Als positive Eigenschaften sind u. a. anzuführen, dass sie eine gesundheitsfördernde Wirkung aufweisen und dass eine Untergruppe der Flavonoide, die Anthocyane, die Rotweinfarbe bewirken. Die zweite wichtige Klasse der monomeren Phenole stellen die Phenolcarbonsäuren (z. B. Kaffeesäure, Gallussäure) dar. Diese sind gut wasserlöslich und hauptsächlich im Saft der Weinbeeren (=> Seihmost) enthalten. Ihre Gehalte in den Weinen sind daher eher konstant und kaum von der Verarbeitungstechnologie abhängig. Im Geschmacksbild sind sie herb-säuerlich bis schwach aromatisch, auch sie sind oxidationsanfällig.

Pinking Effekt (Rosafärbung)
Farbfehler von stark reduktiv (Sauerstoffausschluss) ausgebauten Weißweinen. der scheinbar plötzlich auftritt, wenn die Weine im Zuge der Verarbeitung doch mit Sauerstoff in Kontakt kommen

(z.B. Filtration, Füllung). Besonders häufig betroffen sind Weine der Rebsorte Sauvignon blanc, die zunächst einen dezenten Rosaton bekommen und schließlich bräunlich-rosa werden. Zunächst sind Aroma und Geschmack des Weines unverändert, mit zunehmendem Pinking bekommen sie aber einen schalen Oxidationsgeschmack.

Polymere Phenole
sind höhermolekulare Verbindungen, die durch Kondensation (Verknüpfung) mehrerer einzelner Phenole entstanden sind. Sie wirken adstringierend (Schleimhäute zusammenziehend, blutstillend) und haben einen bitteren Geschmack sowie eine eiweißfällende Wirkung. Es werden kondensierte Tannine (Proanthocyanidine) und hydroysierbare Tannine unterschieden. Die kondensierten, nicht hydrolisierbaren Tannine sind hauptsächlich in Traubenkernen und Rappen enthalten bzw. entstehen im Zuge der Verarbeitung aus monomeren Flavonoiden und sind für den bitter-adstringierenden Geschmack von Weinen hauptverantwortlich.

Phenoloxidasen
In Mosten von gesunden Trauben geschieht die Phenoloxidation im Wesentlichen enzymkatalysiert durch ortho-Dihenoloxidase (Synonym: Tyrosinase), welche aber leicht durch SO_2 inhibiert werden kann. Hingegen in Mosten aus botrytisinfiziertem Lesematerial liegt auch para-Diphenol-Oxidase (Synonym: Laccase) vor, die nur schwer durch SO_2 inhibiert werden kann (50 mg/l SO_2 bewirken nur eine 10%ige Inhibierung). In Weinen sind keine Aktivitäten der traubeneigenen Tyrosinase und der Botrytis-Laccase mehr vorhanden, es erfolgt jedoch eine direkte Oxidation der Phenole durch oxidierend wirkende Substanzen (z. B. dreiwertiges Eisen, oxidierte Ascorbinsäure, Chinone) und Sauerstoff.

Pressmost
der bei den ersten Pressvorgängen gewonnene Most

Proteine
Hochmolekulare Eiweißverbindungen mit mehr als 100 Aminosäuren

Polarimeter
Messgerät zur Ermittlung der optischen Aktivität von Lösungen; Bestimmung des Glukose-Fruktose-Verhältnisses bei restsüßen Weinen

Qualität
Diese hängt beim Wein von einer Vielzahl von Umständen ab, wie z. B. Anbaugebiete, allgemeines Klima und Kleinklima, Rebsorte, Beschaffenheit des Bodens, Lage des Weingartens bzw. Weinberges, Neigungswinkel der Reblage zur Sonnenbestrahlung, Einfluss der Feuchtigkeit durch einen Fluss oder See, Abschirmung der Rebfläche von Nordwinden durch Wälder, Hügel oder Berge, Pflege des Weinstockes, Düngung, Schädlingsbekämpfung, Zeitpunkt der Traubenlese, Kellereimethoden usw.

rau
Etwas geringer als kratzig. Ursache dieses Empfindens ist meist ein zu hoher Gerbstoffgehalt.

Reduktiver Ausbau
Darunter versteht man einen Ausbau des Weines mit möglichst wenig Sauerstoff. Das wird vor allem durch SO_2-Zusatz und Luftausschluss ermöglicht. Die dabei entstehenden Weine sind durch das Trauben- und Gärbukett geprägt und schmecken besonders fruchtig. Reduktiv ausgebaute Weine werden jung in Flaschen gefüllt.

Refraktometer
Ein optisches Messgerät, mit dem mittels Lichtbrechung der Zuckergehalt bzw. Extraktgehalt im Most bestimmt werden kann (° KMW bzw. ° Brix oder ° Balling)

Reife
Nach der Flaschenabfüllung durchläuft der Wein während seiner Lagerung einen langsamen Reifeprozess in der Flasche. Schon beim Abfüllen kommt er mit Sauerstoff in Berührung. Auch später, während der Flaschenlagerung, dringt weiterer Sauerstoff durch den Korken ein. Durch diese Sauerstoffeinwirkung erfolgt eine gewisse Änderung der chemischen Zusammensetzung des Weines. So setzen sich beispielsweise die Gerbstoffe im Depot ab, ein Teil der Weinsäure kann in Weinstein umgewandelt werden etc. Kurzum, der Wein ändert sich im Duft und Geschmack. Gleichzeitig entwickeln sich noch weitere biochemische Reaktionen (Esterbildung), die ebenfalls die Qualität eines Weines verbessern können. Große Rotweine, selbstverständlich aber auch große Weißweine, werden dabei harmonischer, voller und milder. Schließlich erreichen sie das Höchstmaß ihrer qualitativen Möglichkeiten (Reifehöhepunkt), um von da an – allmählich oder auch schneller – die Qualität wieder zu verlieren. Der Wein kippt um, wird firnig, um schließlich passé, das heißt also ungenießbar zu werden.

Roséwein
Ein Wein von blass- bis hellroter Farbe, der aus weißgekelterten Rotweintrauben hergestellt wird, d. h., dass die Maische gleich nach dem Rebeln vor der Gärung abgepresst wird.

Rotwein
Ein Wein aus roten Trauben, bei dem die roten Farbstoffe aus der Beerenhaut in der Regel durch Vergärung der Maische oder durch Maischeerhitzung gewonnen werden.

Rotweinfarbe
Die charakteristische kirschrot bis ziegelrote Färbung von Rotweinen ist auf phenolische Farbstoffe (Anthocyane) zurückzuführen. Die Farbe stellt ein wichtiges Qualitätskriterium dar, welches relativ einfach objektiv bestimmt werden kann Mangelhafte Traubenqualität und Fehler im Zuge der Verarbeitung führen zu einer unbefriedigenden Farbqualität.

Rückgrat
Ein Wein, bei dem die wichtigsten Inhaltsstoffe wie Säure, Extrakt und Alkohol angenehm und betont in Erscheinung treten.

Sauerstoff
Wichtiger Bestandteil der Luft (21 %), der im Wem zahlreiche chemische Reaktionen (Oxidationen) bewirkt, die einerseits qualitätsverbessernd (Reifung. Abrundung) und andererseits qualitätsvermindernd (Luftton, Essigstich u.a) sein können. Der Einfluss von Sauerstoff kann durch die Zugabe von Schwefeldioxid zum Wein verringert bzw ausgeschlossen werden.

Säure
Die Gesamtsäure des Weines, die sich aus mehreren Säure zusammensetzt (z. B. Weinsäure, Apfelsäure, Milchsäure, Zitronensäure, Essigsäure, Bernsteinsäure, Aminosäuren, Propionsäure etc.), jedoch jeweils als Weinsäure berechnet wird. Andere Länder berechnen die Gesamtsäure auch als andere Säuren (z. B. Frankreich als Schwefelsäure). Der Säuregehalt wird in Promille (Gramm pro Liter) angegeben. Weißweine haben unterschiedlich nach Sorte und Herkunft etwa 6–9 Promille (g/l) Säure, Rotweine 5–7 Promille (g/l).

Säureabbau
Als biologischer oder bakterieller Säureabbau wird der Abbau der traubenoriginären L-Äpfelsäure in L-Milchsäure und Kohlendioxid bezeichnet. Es handelt sich hierbei um einen mikrobiologischen Prozess, der vorzugsweise durch Milchsäurebakterien der

Gattungen Oenococcus durchgeführt wird. Andere säureabbauende Milchsaurebalcterien wie Pediococcen und Lactobacillen können zu fehlerhaften Veränderungen der Weine führen (Milchsäurestich, Zähwerden). Durch den Säureabbau wird der Säuregehalt im Wein um den halben Wert der Äpfelsäure vermindert, weiters kommt es zu einer Stabilisierung und geschmacklichen Harmonisierung.

schal
Bezeichnung für einen leeren, gehaltlosen Wein ohne die notwendige Frische.

Scheitermost
Der beim zweiten und mit einem höheren Pressdruck gewonnene Most, welcher einen gerbstoffreichen Wein liefert.

Schönung
Klärung bzw. Geruchs- oder Geschmacksverbesserung von Weinen durch Zugabe bestimmter Stoffe (= Schönungsmittel)

Schwefeln
Die Schwefelung ist die älteste Konservierungsmethode des Weines und ist auch heute noch notwendig, um den Wein vor nachteiligen chemischen und biologischen Veränderungen zu schützen. Das in der Kellerwirtschaft eingesetzte Schwefeldioxid (SO_2) übernimmt dabei folgende Aufgaben: Schutz vor Oxidationsschäden bei der Traubenverarbeitung – Bindung von Gärungsnebenprodukten, insbesondere des unerwünschten Acetaldehyds, das das Geschmacksbild vom Wein stört – reduktive Wirkung beim Weinausbau und damit Gewinnung von mehr sortenspezifischer Fruchtigkeit – Blockierung bestimmter Enzyme im Wein und damit Verhinderung einer Oxidation während der Weinbereitung – Schutz gegen unerwünschte Mikroorganismen, z. B. Bakterien (Essigbakterien, Milchsäurebakterien), wilde Hefen (z. B. Kloeckera, Hanseniaspora) und Schimmelpilze (z. B. Penicillium).

In der Praxis erfolgt die Schwefelung durch Zugabe von Kaliumpyrosulfit (KPS) in Pulver- oder Tablettenform. Geschwefelt wird zuerst bei der Traubenübernahme bzw. beim Maischen, wobei hierbei nur ein kleiner Teil (10–20%) an Schwefeldioxid im fertigen Jungwein übrig bleibt, während der andere Teil des Schwefeldioxids mit dem Trester abgeht. Nach Beendigung der Gärung erfolgt beim Jungwein eine weitere (kräftigere) Schwefelung. Und schließlich wird meistens noch unmittelbar vor dem Abfüllen der angestrebte SO_2-Wert ergänzt, wobei schon eine Minimaldosis eine Oxidation des fertigen Weines verhindert, die sonst nicht nur die Farbe, sondern vor allem Geschmack und Frische des Weines ruinieren würde.

Schwellenwert
Darunter versteht man bei der sensorischen Weinprüfung die Konzentration eines Geruch- oder Geschmacksstoffes, der unter genau festgelegten Bedingungen von mindestens der Hälfte der Mitglieder einer Prüfergruppe wahrgenommen wird.

Grundsätzlich unterscheidet man zwischen Wahrnehmungs-, Erkennungs- und Sättigungsschwelle. Eine Wahrnehmungsschwelle ist dann gegeben, wenn ein Sinnesreiz (Stoff) bereits wahrgenommen wird, ohne dass er dabei als solcher definiert werden kann. Bei der Erkennungsschwelle hat man den Sinnesreiz (Stoff) erkannt und kann ihn klar definieren. Die Sättigungsschwelle ist dann erreicht, wenn ab einer bestimmten, über der Erkennungsschwelle liegenden Konzentration eine weitere Steigerung der Sinnesempfindungen nicht mehr möglich ist.

Seihmost (Vorlaufmost, free run juice)
Der von der Maische ohne Pressen abfließende Traubensaft

Sortierbänder
Breite langsam laufende Flachbänder an deren Rändern Menschen stehen und von dem auf das Band entleertem Lesegut gefaulte Trauben händisch aussortieren

Standzeit
Das Stehenlassen der Maische vor der Kelterung (Pressung) wird als Standzeit bezeichnet. Dabei kommt es zum teilweisen Pektinabbau (Pektin ist Hauptbestandteil in den pflanzlichen Zellwänden und für viskosen bis schleimigen Beereninhalt verantwortlich.) durch traubeneigene Enzyme, wodurch die Pressbarkeit der Maische erhöht wird. Gleichzeitig wird das Aroma und der Extraktstoffgehalt positiv beeinflusst. Übliche Maischestandzeiten bei Grünem Veltliner 2–4 Stunden, bei Rheinriesling, Neuburger, Prädikatsweinen 4–8 Stunden.

Süßreserve
Ein im Herbst steril eingelagerter, unvergorener Traubensaft, der einem bereits vergorenen Wein zugesetzt wird.

Tafelwein
Weine, die entweder qualitativ geringwertig oder einfache, wohlschmeckende Tischweine oder aber Weine von guter Qualität sind, die jedoch kein Prädikat besitzen.

Toxizität
Beschreibung der gesundheitsschädigenden bzw. giftigen Wirkung einer Substanz häufig angegeben als ADI-Wert (akzeptierbare tägliche Aufnahme pro kg Körpergewicht). Toxisch wirkende Substanzen sind beispielsweise Cyanide, Sulfide, Mykotoxine und einige biogene Amine.

Traubenselektion
In der Regel manuelle Auslese von minderwertigen Trauben (schlecht ausgereift bzw. gefärbt, gefault) bereits im Weingarten vor oder während der Lese bzw. beim Entleeren der Kisten durch Sortierbänder.

Trester
Die festen Bestandteile der Trauben, die nach der Kelterung zurückbleiben, wie Kämme, Stiele und Kerne (Rückstand der abgepressten Maische – Tresterhut).

2, 4, 6 – Trichloranisol (TCA)
Diese Substanz ist die Leitsubstanz für den Korkgeschmack, der Geruchsschwellenwert von TCA liegt bei 0,01 µg.

trocken
Ein durchgegorener Wein mit fast keinem oder mit einem nur geringen Restzuckergehalt (maximaler Gehalt an reduzierenden Zuckern in g/l = Gehalt an titrierbaren Säuren in g/l + 2, aber maximal 9 g/l)

Trub (Geläger)
Darunter versteht man die nach der Gärung am Fassboden abgesetzten festen Bestandteile (Hefe, Eiweiß, Farbstoffe, Fruchtfleischteile, Weinstein).

verbessern
Aufzuckern eines Weines vor oder während der Gärung, Anhebung des Mostgewichtes und des Alkoholgehaltes. Eine Verbesserung ist bei Kabinett- und Prädikatsweinen nicht zugelassen.

verschlossen
Bezeichnung für einen Wein, der sich infolge einer zu kurzen Lagerung noch nicht voll entwickelt hat und daher seine Geruchs- und Geschmacksnuancen beim Trinken nicht freigibt.

Verschnitt (verschneiden)
Kellertechnischer Ausdruck für das geschickte Vermischen von Wein, Most oder Trauben, um sie in ihrer Qualität zu verbessern oder um eine bestimmte, möglichst gleich bleibende Geschmacksrichtung zu erhalten (Ursprungsverschnitt, Jahrgangsverschnitt, Verbesserungsverschnitt, Herkunftsverschnitt).

versieden
Die optimale Temperatur für die Vermehrung und Gärung von Hefe liegt bei 25° C. Wenn die Gärtemperatur 35–40° C (kritische Versiedetemperatur) erreicht, wird durch den warmen Alkohol die Hefe vergiftet. Die Moste bleiben in der Gärung stecken.

Vinifizierung
Methode der Kellertechniken zur Weinerzeugung

Vortest
Mit einer repräsentativen Teilmenge wird die Notwendigkeit und Wirkung von Behandlung im Kleinmaßstab im Vorhinein überprüft (z.b. Geschmacksschönung) bzw. durch Verschärfung von Umgebungsbedingungen (z.B. Temperaturerhöhung) getestet ob eine Stabilisierungsbehandlung (z.B. Bentonitschönung, Blauschönung) erforderlich ist.

Wein
Das durch alkoholische Gärung aus dem Saft frischer und für die Weinbereitung geeigneter Weintrauben hergestellte Getränk

Weinhauer
Ein in Österreich vielfach gebräuchlicher Begriff anstelle der Bezeichnung Winzer. Der Name „Hauer" rührt dabei von der früheren händischen Art der Bodenbearbeitung der Weingärten her.

Weinsteinkristalle
Ausgeschiedene Weinsäure in kristalliner Form. Sie sind geruchlos und weisen einen feinsäuerlichen Geschmack auf. Weinsteinkristalle werden oft auch als „Edelsteine von Edelweinen" bezeichnet.

Weißwein
Ein Wein aus weißen Trauben, deren Maische vor der Gärung gekeltert wird.

Welkwerden
Im Gegensatz zum wertvollen Einschrumpfen von Beeren infolge von Überreife, kommt es durch Kaliummangel zu einem frühzeitigem Einschrumpfen der Beeren und einem Stagnieren der notwendigen Reifeprozesse, sodass die Trauben wenig ausgefärbt, dünn, sauer und bitter bleiben

Zweigeltkrankheit
Das auf Kaliummangel zurückzuführende Welkwerden von Trauben konnte anfangs besonders häufig bei der Sorte Blauer Zweigelt beobachtet werden, sodass sich der Name Zweigeltkrankheit eingebürgert hat. Inzwischen hat man festgestellt, dass diese Mangelerscheinung verschiedene Rebsorten betreffen kann und somit ist die Bezeichnung nicht zutreffend.

Literaturquellen

ANONYM. Verordnung der Bundesministerien für Frauenangelegenheiten und Verbraucherschutz über allgemeine Lebensmittelhygiene (Lebensmittelhygieneverordnung), BGBL. II 1998/31

BANDION F. und VALENTA M. 1977. Zum Nachweis des Essigstiches bei Wein und Obstwein in Österreich. Mitt. Klosterneuburg 27: 18–22.

BARNA, J. und MEIER, W. 1994. Überblick zur Herkunft von Eisen in Most und Wein. Winzer 50(7): 9–10.

BAUER, K.-H., HINKEL, S., NEEB, R., EICHLER, P und ESCHNAUER, H. R. 1994. Gehalte von Fe, Cu, Zn, Mn und Al in deutschen Weinen. Simultan-Bestimmung mit ICP-OES. Weinwissenschaft 49(5): 209–214.

BENDA, I. 1991. Kriterien bei der Selektion von Hefestämmen für die kellerwirtschaftliche Praxis. Deutscher Weinbau 46(11): 425–427

BERGNER, K. G. Weinkompendium, Wissenschaft Verlags Ges. MbH. Stuttgart: 1993

BONAGA, G., POLLATTA; U. AND SYRGHI; K. 1990. Influenza delle sostanze polifenoliche sulla qualita dei vini bianchi. Vini d´Italia 4:13–30.

CHATONNET, P., BOIDRON, J.N. ET PONS, M. 1990. Elevage des vins rouges en futs de chene: Evolution de certains composés volatils et de leur impact aromatique. Sci. Aliments. 10: 565–587.

CHATONNET, P., DUBOURDIEU, D. AND BOIDRON, J.N. 1995. The influence of Brettanomyces/Dekkera sp. yeast and lactic acid BACTERIA on the ethylphenol content of red wines. Am. J. Enol. Vitic. 46 (4): 463–468.

CHATONNET, P. 2000. La contamination des vins par Brettanomyces au cours de la vinification et de l´elevag : incidence, detection et moyens de lutte. Revue des Œnologues 96 :23–26.

CHRISTOPH, N., BAUER-CHRISTOPH, C., GEßNER, M. und KÖHLER, H.J. 1995. Die „untypische Alterungsnote" im Wein. Teil I. Rebe & Wein. 48(10):350–356

DESSER, H. und BANDION, F. 1985. Zur Kenntnis einiger biogener Amine des Traubenweines bezüglich ihrer Konzentrationsveränderungen durch bestimmte kellerwirtschaftliche Maßnahmen und während der Lagerung von Flaschenwein. Mitt. Klosterneuburg. 35: 16–19

DIEKMANN, J. 1997. Korkgeschmack und Leimton: Agglomeratkorken unter der Lupe. Das Deutsche Weinmagazin 16/17: 26–28

DIETRICH, H.H.: Mikrobiologie des Weines. 2. Auflage. Verlag Eugen Ulmer Stuttgart, 1987

DRYSDALE, G. S.; FLEET, G. H. 1988. Acetic Acid bacteria in winemaking: A review. Amer. J. Enol. Vitic. 39: 143–154

EDER, R. Pigments. In: Nollet (ed.) Handbook of Food Analysis. New York: Marcel Dekker, p. 931–1014, 1997.

EDER, R. Weinbauliche und oenologische Einflussfaktoren auf Resveratrolgehalte in Weinen. 5. Internationales Symposium: Innovationen in der Kellerwirtschaft. Stuttgart, 11.–12.5.1998.

EDER, R. und WENDELIN, S. Effect of enological treatments on the anthocyanin content and the variety specific anthocyanin composition. 12. Internationales Önologisches Symposium, Montreal, Kanada, 31.5.–2.6.1999.

EDER, R., WENDELIN, S., KALCHGRUBER, R., ROSENTHAL, F. und BARNA, J. 1992. Untersuchungen über den Einfluss von Hefe- und Enzympräparaten auf die Rotweinfarbe. Mitt. Klosterneuburg 42: 148–157.

EDER, R., BRANDES, W. und PAAR, E. 2002 Einfluss von Traubenfäulnis und Schönungsmitteln auf Gehalte biogener Amine in Mosten und Weinen. Mitt. Klosterneuburg 53: 204–217
ETIEVANT, P.X., ISSANCHOU, S. N., MARIE, S., DUCRUET, V. and FLANZY, C. 1989. Sensory impact of volatile phenols on red wine aroma: Influence of carbonic maceration and time of storage. Sci. Aliments. 9: 19–33.
EU 1493/99. Verordnung EU Nr. 1493/99 über die gemeinsame Marktorganisation für Wein (EU-Weinmarktordnung)
FARDOSSI, A. 2002. Bodenanalyse im Weinbau. Winzer 58(4):33–36
FARDOSSI, A. 2002. Blattanalyse im Weinbau. Winzer 58(5):6–12
FISCHER,C. (1997). Neue und kostengünstige Analyse: Dem Korkton auf der Spur. Das Deutsche Weinmagazin 16/17: 30–33
FLAK, W., TEUSCHLER, S. und TIEFENBRUNNER, G. 1992. Die Blei und sonstige Schwermetallaufnahme von Wein durch Kontakt mit Bleikristallkaraffen. Winzer 48(4): 12–14
FLEET, G. H., Wine microbiology and biotechnology, Harwood Academic Publishers GmbH, Chur, 1993
FRIEDRICH, G. und MÜLLER, T. 1998. Weinstabilisierung: Zum richtigen Zeitpunkt. Das Deutsche Weinmagazin 3: 20–22.
GELBMANN, D., PRAECEPTOR, A., SALZBRUNN, W. und EDER, R. 1997. Quantitative Bestimmung flüchtiger Phenole in Rotweinen mittels Gaschromatographie-Massenspektroskopie. Mitt. Klosterneuburg 47: 95–103
GEßNER, M. Neue Erkenntnisse zur Bildung von Alterungsnoten im Wein. 5. Internationales Symposium: Innovationen in der Kellerwirtschaft. Stuttgart, 11.–12.5.1998.
GÖRTGES, S. und SCHNEIDER, F. 1979. Kristalle im Wein. Der Deutsche Weinbau 34 (2 und 3): 69–75 und 112–116.
GÖSSINGER, M. und STEIDL, R. 1997. Die Reduzierung des Silbergehaltes durch Schichtenfiltration bei mit Silberchlorid behandelten Weinen. Mitt. Klosterneuburg (6): 199–204
GÖSSINGER, M. und STEIDL, R. 1999. Einfluss der reduktiven Verarbeitung der Trauben auf die Böckserhäufigkeit bei Weißwein. Mitt. Klosterneuburg 3: 93–101
GÖSSINGER, M. und STEIDL, R. 1999. Untersuchung über den Einfluß verschiedener Produktionsparameter und Technologien auf die Böckserhäufigkeit bei österreichischen Weinen. Mitt. Klosterneuburg 4:
GRANDO, M.S., VERSINI, G., NICOLINI, G. AND MATTIVI, F. 1993. Selective use of wine yeast strains having different volatile phenols production. Vitis 32: 43–50.
GUIDICI, P. and KUNKEE, R. E. 1994. The effect of nitrogen deficiency and sulfur-containing amino acids on the reduction of sulfate to hydrogen sulfide by wine yeasts. Am. J. Enol. Vitic. 45: 107–112
HUPF, H. und JUGEL, H. (1992). Biogene Amine im Wein – Erfahrungen im Rahmen des Verbraucherschutzes. Deutsche Lebensmittel-Rundschau 88(12): 382–387
HOWLAND, P.R.; POLLNITZ,A. P.; LIACOPOULOS, D.; MCLEAN, H.H.; SEFTON, M.A. 1997. The location of 2,46-trichloroanisole in a batch of contaminated wine corks Australian J. Grape Wine Res. 33: 141–145
HUANG, P.-J.D., CASH, J.N. and SANTERRE, C. R. 1988. Influence of stems, petioles and leaves on the phenolic content of Concord and Aurora Blanc juice and wine. J. Food Sci. 53(1): 173–175.
JÄHRIG A. und SCHADE W. Mikrobiologie der Gärungs- und Getränkeindustrie – eine Einführung. 1. Auflage. CENA-Verlag Meckenheim, 1993

JUNG, R. und HAMATSCHEK, J. 1993. Thesen zur Problematik des Korkverschlusses. Deutsches Weinbau-Jahrbuch 44: 239–247

KLENK, E. Weinbeurteilung. Stuttgart: E. Ulmer, 1972.

KOCH, J. Getränkebeurteilung. Stuttgart: Eugen Ulmer, 1989

KÖHLER, H.J., CHRISTOPH, N., GEßNER, M. und BAUER-CHRISTOPH, C. 1995. Die „untypische Alterungsnote" im Wein. Teil III. Rebe & Wein. 48(12):424–429

LAMUELA-RAVENTOS, R.M., HUIX-BLANQUERA, M and WATERHOUSE, A.L. 2001. Treatment for pinking alteration in white wines. Am. J. Enol. Vitic. 52(2): 156–158.

LAY, H. und LIEB, W. 1988. Über das Vorkommen der Metalle Zink, Cadmium, Blei und Kupfer in Most, Wein und den bei der Weinbereitung anfallenden Nebenprodukten. Weinwissenschaft 43: 107–115.

LEE, T.H. and SIMPSON, R.F Microbiology and chemistry of cork taints in wine. In: FLEET, G. H. (ed.): Wine mocrobiology and biotechnology. p. 353–372, Camberwell: Harwood, 1994

MAURER, R. 1997. Geruchsfehler? – Oft hilft Impulsbegasung. Das Deutsche Weinmagazin 3: 22–25

MAXA, E. und BRANDES, W. 1992. HPLC-Methode zur routinemäßigen Quantifizierung von biogenen Aminen im Wein. Mitteilungen Klosterneuburg 42: 165-70

MILLET, V. and LONVAUD-FUNEL, A. 2000. the viable but non-culturable state of wine micro-organisms during storage. Letters in applied Microbiology 30: 136–141

MILLIES, K. und SCHWEGELE-VOLZ, C. 1987. Calcium-Aufnahme bei der Weinentsäuerung. Weinwirtschaft – Technik 11: 26–30.

MILLIES, K.D., SPONHOLZ, W.R., HAHN, U. 1989. Enzymatische Acetaldehydbestimmung. Weinwirtschaft-Technik 1259: 29–36

MOUTOUNET, M., RIGAUD, J., SOUQUET, J. M. ET CHEYNIER, V. 1996. Caractérisation structurale des tanins de la baie de raisins. Bull. O.I.V. 783–784: 433–443.

MÜLLER, T., SCHOLTEN, G. und FRIEDRICH, G. 1997. Gleichzeitige Weinstein- und Calciumtartrat-Stabilisierung von Weinen durch einen Kontaktprozeß mit Calciumtartrat. Mitt. Klosterneuburg 47: 74–84.

MÜLLER, T., WÜRDIG, G., SCHOLTEN, G. und FRIEDRICH,G. 1990. Bestimmung der Calciumtartrat-Sättigungstemperatur von Weinen ohne Leitfähigkeitsmessung. Mitt. Klosterneuburg 40: 158–168

NETZER, M., MÜLLER, E., und BANDION, F. 1992. Zur Bestimmung und Beurteilung des Eisengehaltes im Wein. Winzer 48(2): 9–11

NETZER, M., VALENTA, M., HEILI, K. und BANDION, F. 1992. Zur Bestimmugn und Beurteilung des Zinkgehaltes im Wein. Winzer 48(12): 10–11

PECHANEK, U., PFANNHAUSER, W. und WOIDICH, H. 1983. Untersuchung über den Gehalt biogener Amine in vier Gruppen von Lebensmitteln des österreichischen Marktes. Z. Lebensm.Unters.Forsch. 176: 335–340

RANKINE, B. C. 1963. Nature, origin and prevention of hydrogen sulfide aroma in wines. J. Sci. Fd. Agric. 14: 79–91

RAPP, A. 1994. Unerwünschte Aromanoten im Wein. Der Deutsche Weinbau 2: 18–23

RAPP, A. und VERSINI, G. 1995. Fehlaroma. Die untypische Alterungsnote. Der Deutsche Weinbau 18:18–22.

RAUHUT, D. und KÜRBEL, H. 1994. Die Entstehung von H_2S aus Netzschwefel-Rückständen während der Gärung und dessen Einfluss auf die Bildung von böckserverursachenden schwefelhaltigen Metaboliten in Wein. Wein-Wissenschaft 49: 27–36

RAUHUT, D.1996. Qualitätsmindernde schwefelhaltige Stoffe im Wein. Geisenheimer Berichte 24

REDL, H. 1992. Untersuchungen über allfällige pflanzenschutzmittelbedingte Anreicherungen von Kupfer in Most und Wein. Mitt. Klosterneuburg 42: 58–64

SALLER, W. 1952. Die gekühlte Gärung. Mitt. Klosterneuburg, Rebe und Wein, 223f.

SCHOLTEN, G. und FRIEDRICH, G. 1998. Biogene Amine in Wein. Vorkommen, Analytik und Beeinflussung. Deutsches Weinmagazin 19(9): 27–32.

SCHNEIDER, V.: Weinalterung. Weinwirtschaft-Technik 125(1989), 8, S. 14–18; 9, 36–39; 10, S. 23–27; 126(1990), 2, S. 10–14

SIMS, C. A., EASTRIDGE, J. S. AND BATES, R. P. 1995. Changes in phenols, color and sensory characterstics of Mucadine wines by pre- and post-fermentation additions of PVPP, casein and gelatin. Am. J. Enol. Vitic. 46(2): 155–158.

SOMERS, T.C., WESCOMBE, L.G. 1987. Evolution of red wines. II. An assessment of the role of acetaldehyde. Vitis 26: 27–36

SPONHOLZ, W.R., DITTRICH H.H., HAN, K. 1990. Die Beeinflussung der Gärung und der Essigsäureethylesterbildung durch Hanseniaspora uvarum. Wein-Wissenschaft 45: 65–72

SPONHOLZ, W.R. und MUNO, H. 1994. Der Korkton – ein mikrobiologisches Problem? Wein-Wissenschaften 49(1): 17–22

STEURER, R. Weinhandbuch. Wien: Ueberreuter, 1995.

THOMAS, C. S., BOULTON, R. B., SILLACCI, M. W. and GUBLER, W. D. 1993. The effect of elemental sulfur, yeast strain, and fermentation medium on hydrogen sulfide production during fermentation. Am. J. Enol. Vitic. 44: 211–216

TROOST, G. Technologie des Weines, 6. Auflage. 1988. Verlag Eugen Ulmer Stuttgart.

VOS, P.J.A. and GRAY, R.S. 1979. The origin and control of hydrogen sulfide during fermentation of grape must. Am. J. Enol. Vitic. 30: 187–197

WEISS, R.E. 1992. Kupferabschlußspritzung und Böckserbildung im Wein. Deutsches Weinbaujahrbuch (43): 169–172

WENZEL, K. und DIETRICH, H.H. 1978. Zur Beeinflussung der Schwefelwasserstoff-Bildung der Hefe durch Trub, Stickstoffgehalt, molekularen Schwefel und Kupfer bei der Vergärung von Traubenmost. Wein-Wissenschaft 33: 200–214

WENZEL, K., DITTRICH, H. H., SEYFFARDT, H. P. und BOHNERT, J. 1980. Schwefelrückstände auf Trauben und im Most und ihr Einfluss auf die H_2S-Bildung. Wein-Wissenschaft 35: 414–420

WIEDERKEHR. M. 1996. Die Gerbstoffschönung. Schweiz. Z. Obst-Weinbau 6:165–167.

WOHLFARTH, P. 1995. Untypische Alterungsnote: Erfahrungen aus den vergangenen drei Jahren. Der Badische Winzer. 8: 383–388.

WÜRDIG, G., MÜLLER, T. und FRIEDRICH, G. 1985. Untersuchungen zur Weinsteinstabilität 3. Mitteilung: Bestimmung der Weinsteinsättigungstemperatur durch verbesserte Leitfähigkeitsmessung. Die Weinwirtschaft-Technik 6: 188–191

WÜRDIG, G. und WOLLER, R.: Chemie des Weines. Verlag Eugen Ulmer: Stuttgart. 1989

Stichwortverzeichnis

Abstich 33, 233
Acetaldehyd 38 f., 55, 69, 70, 76, 108–114, 124 f., 134 f., 236, 252
2-Acetyl-tetra-hydropyridin 147
Acrolein 34, 126, 127
Adsorption 36, 55, 95, 140, 162, 215 f.
Aktivkohle 18, 23, 30, 34, 60, 63 f., 66, 141, 145, 148, 162, 220, 228 f., 231
Aldehydton 10, 108
Alkohole 38 f., 108, 124, 126, 133, 233, 235, 247
Allergiker 71, 236
Altersfirn 12, 74, 77
Alterung 9, 11, 74, 101, 102, 104, 106, 185
2-Aminoacetophenon 103, 105
Aminosäuren 43, 82, 91, 97, 124, 132, 134, 211, 215, 233, 236, 248 f., 251
animalisch 10, 149, 150, 152
Anthocyane 26, 34, 45 f., 234, 240, 246, 248, 251
Äpfelsäure 40, 51, 57, 122 f., 127, 130, 178 f., 251
Apiculatushefen 119
Aromafehler 173
Aromastoffe 21, 78, 105, 169, 186, 235
Ascorbinsäure 27, 33, 92, 105, 169, 170, 187, 238, 249
Ascosporen 200
Aspergillus 21, 28, 165
assimilierbarer Stickstoff (FAN) 81
Auffüllen, Topping 56, 118, 159
Bakterien 13, 21, 25, 34, 40, 42, 59, 69, 70, 83, 97, 116, 124 f., 129–133, 140, 142–146, 200–205, 207, 208, 210, 236, 239, 252
Barrique 49, 118, 159, 234, 240
Begrünung 82, 103, 105
Belüftung 92, 98, 144–146, 227, 229
Bentonit 22, 28, 33, 47, 55, 63 f., 82, 95, 98, 107, 141, 160, 170, 181, 193, 196, 215 f., 218 f., 221, 228, 230
biogene Amine 134–141, 236, 254
biologischer Säureabbau 49, 51, 53, 55, 84, 89, 98, 113, 119, 122, 136, 140, 235, 236, 239
Bittermandelton 162 f.
Bitterstoffe 17, 28, 34
Blausäure 163, 198
Blauschönung 18 f., 34, 86, 163, 186, 193–198, 255
Blei 185, 190

Böckser 74 f., 78–98, 105, 146, 151, 186, 223–225, 237
Bodenanalysen 237
Bodenbearbeitung 105, 255
Bodensatz 239
Bodenton 149
Botrytis cinerea 20, 45–47, 237
Braunstich 72 f., 76 f., 114
Braunton 21
Bräunungen 25, 52, 70, 185, 237
Brenztraubensäure 38, 108, 123–125
Brettanomyces 74, 119, 146 f., 149–161
Bronze 194
Bruch (weiß, braun, schwarz) 24, 27, 33, 72 f., 185–187, 238, 241
Buttersäureton 122
Calcium 175, 178–180, 215 f., 235
Calciumcarbonat (Kalk) 175
Calciummucat 177, 238
Calciumoxalat 178, 238
Calciumtartrat 174 f., 178, 182–184, 238 f.
Calciumuvat 179, 183, 238
Chinone 27, 32, 249
D,L-Weinsäure 123, 127, 174–183, 228–230, 238, 243, 246, 250 f., 255
Deckwein 56 f., 238 f.
Desinfektion 63, 120 f., 157 f., 205
Diacetyl 38 f., 72, 125–127, 133, 144
Diammoniumphosphat 107, 227, 231
Dieselgeschmack 62, 66
Direktträgerweine 101
Disulfide 79, 81, 86
Doppelsalzkristalle 178 f.
Edelfäule 20, 22, 29, 76, 137, 237
Edelfirne 101
Eiklar 25, 35, 55 f., 161
Eintauchtest 207
Eisen 27, 33 f., 83, 185–195, 210, 235, 238, 249
Eisentrübung 186–188
Eiweißgehalt 82, 212, 215
Entfärbung 56
Entsäuerung 55, 62, 77, 121 f., 131, 175, 177–179, 181 f., 189, 212, 228, 230, 236, 239
Entschleimung 42 f., 63, 93–95, 97–100, 144 f., 147, 193, 195, 202
Essigsäure 38–40, 109 f., 115, 117 f., 121, 124–127, 133, 150, 155, 239, 251
Essigsäurebakterien 21, 116–121, 147, 201
Essigstich 49, 54, 115, 119, 121, 125 f., 239, 251

Ester 38 f., 110, 119, 235
Ethylacetat 115, 147
4-Ethylguajakol 152–154
4-Ethylphenol 152–154
Fachlabor 37, 180
Fachlaboratorien 34
Farbfehler 70 f., 248
Farbmangel 240
Farbstabilisierung 51 f., 110, 240
Farbstoffe 22, 46–49, 52, 55–56, 73, 180, 234, 240, 248, 251, 254
Fassgeschmack 34, 240
Fäulnis 26, 47, 48, 63
Faulton 20, 22 f.
Fehltöne 23, 59, 63, 65, 74, 79, 84, 102, 133, 146, 162 f., 186, 225
Filtergeschmack 65, 67
Filtration 30, 33, 56, 65, 113, 121, 132, 147, 148, 154 f., 159, 161, 170, 182, 201, 204, 206 f., 220, 244, 249, 257
Firne 69, 74, 77, 101
Flotation 30
flüchtige Säure 21, 40, 115, 126, 239, 240
Foxton 101, 104, 241
Fremdgeschmack 64, 245
Füllung 56, 133, 170, 200 f., 204, 208 f., 249
Ganztraubenpressung 30
Gärgebinde 96, 99
Gärhemmung 38, 200
Gärung 23, 33, 38, 40–43, 49, 51, 69, 72, 76, 78–81, 83, 85, 89, 91 f., 96–98, 100 f., 106, 108 f., 111–113, 115–117, 122, 125, 127, 131 f., 134, 136, 140, 142, 165, 177, 193, 181, 194, 200, 202, 214, 234–236, 239, 241–244, 246, 251 f., 254 f., 258 f.
Gärungsnebenprodukte 38, 252
Gärverlauf 97, 219
Gärverzögerung 38, 43
Geiztriebtrauben 28
Geläger 83, 89, 97, 112, 132, 233, 241, 254
Gelatine 25, 35, 55, 64, 107, 141, 161 f., 171, 213
Generationszeit 202
Gerbstoffe 24, 26–29, 33, 36, 47, 49, 54 f., 169, 186, 210, 212, 214, 236, 238–240, 242, 248, 250
Glycerin 38 f., 124, 127, 242
Grauschimmel 20, 237
Großversuche 86, 178, 189, 195
Gummi arabicum 182, 198 f.
HACCP 209
Hagelschlag 90, 116, 165
Hausenblase 25, 35, 141, 162, 228, 230
Hefedepot 143
Hefemanagement 97

Hefenährsalz 82, 107
Heferindenpräparate 132 f.
Hefeschönung 148
Hefestamm 81, 120
Hefevermehrung 42 f., 51
Hefezersetzung 146
heterofermentativ 124–126, 144
Histamin 134–137, 139–141, 216, 236
Hochfärbigkeit 18, 24, 33, 69, 72, 76 f.
höherer Alkohol 247
Holzfass 34, 166
Holzgeschmack 24 f., 240
homofermentativ 124, 126
Hybridton 101, 241
Hygiene 133, 138, 165, 200, 204, 243
Indolessigsäure 104 f.
Infektion 28, 49, 124, 155–158, 236
Juchtenton 74
Jungwein 38, 47, 83, 85 f., 89, 97 f., 114, 124, 129, 132, 142, 144, 146, 182, 185, 193 f., 201 f., 227, 235, 241, 243, 246
Jungweinklärung 97–100
Kahmgeschmack 108, 110
Kahmhefen 110, 114, 118 f.
kahmig 108
Kaliumhexacyanoferrat 164, 193, 195, 198, 231
Kaliumhydrogentartrat 175, 243
Kaliummangel 14, 16, 244 f., 255
Kaliumpyrosulfit 70, 93, 167, 192, 227, 229 f., 252
Kaltmazeration 50, 244
(KPS) 93, 252
Kämme 21, 27, 242, 244, 246, 254
Kasein, Kaseinate 35 f., 77, 107, 162, 228, 230
Kater 39
Keimzahl 95, 97, 129, 131, 144 f., 204–209
Kellerhygiene 34 f., 59, 132, 140, 142
Kerne 27, 32, 242, 246, 254
Kieselgur 65, 193
Klärschlamm 190, 196
Klosterneuburger 234, 247
Mostwaage (KMW) 247
Kohlendioxid 42, 155, 169, 227, 229, 245, 251
Kohlensäure 38, 50, 229, 236, 241, 243 f.
Kolloide 182
Kopfschmerz 39, 71, 110, 135
Kork 62, 74, 172, 206, 211 f., 223–225, 245, 250
Korkgeschmack 172, 245, 254, 256
Korkverarbeitung 173
Korrosion 190 f.
Krankheitskeime 145
Kristalle 175, 178–180, 238, 243, 257

Kristallisationskeime 180
Kronenkork 83, 89
Kühlung 144, 183, 211, 241
Kunststoffgeschmack 62, 65
Kupfer 185–190, 192–195, 198, 210, 235, 258 f.
Kupfersulfat 79, 84, 86, 193–196, 198, 231
Kupfertrübung 86, 187 f., 198
Lactobacillus 34, 125, 129, 140, 146, 155, 236
Lagerung 27, 45, 49, 51 f., 55 f., 64–66, 74, 79, 106, 108, 112 f., 127, 133, 140, 156 f., 161–163, 171, 173, 181, 184, 189, 193, 204, 211, 239 f., 247, 250, 254, 256
Lederton 149
Leitsubstanz 103 f., 152, 254
Lesemaschine 24, 30, 49
Leuconostoc mesenteroides 34, 144
Lindton 126
Lösungsmittelton 39, 62 f.
Lüften 85 f., 245
Luftgeschmack 108
Luftzutritt 110, 118, 245
Maceration carbonique 49, 155 f.
Maderisierung 33, 44
Magnesiumüberschuss 16, 245
Maischeerhitzung 49 f., 246, 251
Maischegärung 40, 49–51, 54, 73, 77, 246
Maischeschwefelung 77, 98, 116, 145, 158, 169
Maischestandzeit 29, 31, 62, 93, 140, 169, 246, 253
Mangel 44, 73, 75, 82, 107, 168, 200, 202, 231, 234
Mannitstich 122, 126
Mäuseln 142, 146, 148–150, 155
Medizinalton 149
Medizinton 61 f.
Membranfiltration 33, 204, 206 f.
Merkaptan 79–81, 86, 237
Messing 194 f.
Metallgeschmack 185, 195
Metalltrübung 185 f., 188 f., 195, 210
Metaweinsäure 180, 182, 231, 246
Mikroklima 94
Mikroorganismen 94–96, 109, 116, 144, 154 f., 172, 200, 204 f., 209, 252
Milchsäure 38–40, 123–125, 130, 144, 236, 251
Milchsäurebakterien 34, 40, 59, 118 f., 122–125, 127, 129, 132, 144, 153, 155, 200 f., 205, 228, 232, 239, 251 f.
Milchsäurestich 51, 144, 236, 252
Mostbentonit 22, 33, 95, 98 f., 141
Mosterwärmung 132
Mostgelatine 106

Mostklärung 30–33, 41 f., 81, 93 f., 97 f., 193, 196
Nachttrübung 133, 186, 195, 198, 200–202, 204
Nährstoffe 103, 132, 202
Nasskonservierung 167
Netzschwefel 80, 90
Oenococcus oeni 125 f., 129, 131, 133, 140, 154, 201, 208, 236
Oidium 21
Öl-/Dieselgeschmack 66
Öligwerden 126
Oxidation 27, 33, 47, 49 f., 52, 55 f., 69 f., 74, 79, 105, 108, 110, 114, 132, 168 f., 187, 223–225, 234, 245, 247, 249, 251–253
Oxidationsschutz 73, 170 f.
oxidativ 39, 53, 97, 105, 108, 114, 186, 223–225, 247 f.
Papiergeschmack 62
para-Diphenol-Oxidase (Laccase) 27
Pediococcus damnosus 124–126, 143 f.
Peronospora 21
Pferdeton, Pferdeschweiß 72, 74, 119, 149–156, 242
Pflanzenschutzmittel 43, 106, 173, 190, 195, 219
Phenole 17, 24–28, 33–35, 45, 52, 73, 76, 83, 105, 127, 152 f., 157, 168 f., 186 f., 238, 240, 246, 248 f., 257
pH-Wert 14, 39, 43, 51, 55, 70, 81 f., 88, 91 f., 97, 123, 129, 130 f., 133, 138, 140, 144, 167, 178, 181, 198, 211–213, 215, 219, 237 f., 243
Pinking Effekt 168, 248
Prädikatswein 76, 112, 137, 177, 200, 221, 237, 246, 253 f.
Pressdruck 31, 214, 252
Presse 25, 27, 30
Proteine 25, 53, 211 f., 248 f.
Pumpen 25, 27, 30 f., 66, 145, 190, 194, 196, 207
PVPP 25, 34–36, 107, 141, 161, 170 f., 259
Qualitätsbeeinflussung 152
Qualitätssicherung 207
Qualitätsverminderungen 24, 161
Qualitätsweinprüfung 102, 222
raue Fülle 112
Rebler 25, 27, 30 f., 64, 190, 193
Redoxpotenzial 88, 91–98, 146, 187
Reduktion 59, 95, 97, 141, 154
Reife 14, 18, 28, 44, 46, 82, 144, 178, 214, 250
Reifung 49, 51, 62, 89, 133, 134, 251
Reinigung 65, 120 f., 133, 156–159, 204–206, 209
Reinzuchthefe 41 f., 93 f., 99, 109, 111, 120, 132, 140, 154, 243

Restteilmenge 179
Restzucker 79, 112 f., 119, 125, 129, 133, 146, 154, 233, 240, 242 f.
Rosafärbung 168, 170 f., 248
Rotguss 194 f.
Rotweinfarbe 44 f., 47, 52, 55–57, 241, 248, 251, 256
Rückprobe 18
Saccharomyces cerevisiae 54, 110, 119, 153, 201, 204, 241, 243
Sauerfäule 20 f., 29, 47, 237
Sauerkrautton 39
Sauerstoffgehalt 88, 116, 155
Säureabbau 14, 39, 49, 51, 53, 55, 69 f., 84, 89, 98, 113, 119, 122, 126 f., 129, 134, 136, 140, 142, 144, 158, 181, 201, 235 f., 239, 251 f.
Sauvignon blanc 168 f., 186, 224, 249
Scheitermost 32, 94, 252
Schimmelgeschmack 65, 165, 240
Schimmelpilze 21, 59, 144, 165 f., 172 f., 200–202, 205, 207 f., 252
Schläuche 60, 120, 133, 156, 158, 165 f.
Schleimbildner 143 f.
Schönung 18, 22 f., 25, 34 f., 55, 64, 76, 145, 170 f., 182, 189, 212, 218, 244, 252
Schönungsbedarf 37
Schönungsfehler 162
Schwefeldioxid 29, 156, 158, 227, 229 f., 251 f.
Schwefelwasserstoff 79, 83, 85, 237, 259
Schwellenwert 79, 80, 186, 189, 253
Schwund 118, 121
Seihmost 54, 96, 98, 248, 253
Sensibilisierung 189
Sherry 74, 108, 110, 245, 248
Silber 185, 189, 195, 235
Silberchlorid 84, 86, 189, 195, 197, 257
Skatol 104 f.
Sorbinsäure 59 f., 204 f., 228, 230
Sortenaroma 15, 79, 103, 185, 235
Sortierbänder 33, 48, 139, 253 f.
staatliche Prüfnummer 222
Stabilisierung 123, 157, 162, 183, 213, 220, 252, 258
Stahl-Emailtank 193, 196
Stahltank 132, 161, 167
Starttemperatur 40, 120
Sterilfiltration 121
Stickstoffmangel 43, 82, 105
Stielfäule 21
Stress 98, 105
Styrolgeschmack 62, 65, 67
Tannine 24, 26, 34, 53, 56, 105, 234, 240, 248 f.
Teerton 149

Temperatur 20, 34, 40, 42, 45, 49–51, 56, 63, 65, 81, 88, 91 f., 97, 117, 131–133, 143, 150, 165, 181–184, 188, 202, 204, 213, 216, 220, 241, 244, 255
Thioessigsäureester 79 f., 86
Toxizität 71, 135, 198, 254
Traubenselektion 254
Trockenheit 102 f., 202, 204
Trockenkonservierung 166
Trockenstress 105
Trubgehalt 82, 94–96
Trübungen 25, 27, 33, 127, 185, 187 f., 195, 200, 202 f., 206, 208, 210, 238, 240, 244
Tryptophan 104 f., 107
Überdosierung 43, 73
Überschönung 198
Umgären 148
Unreifetöne 27
Unterdosierung 72 f.
untypische Alterungsnote 101, 104, 256, 258 f.
Verschnitt 56–58, 68, 76 f., 96 f., 99, 114, 121, 144, 148, 158, 161, 181, 189, 195, 212, 254
Versieden 38, 42, 239, 255
Violettfärbung 29
Vitamin B1 72, 75, 82, 105, 132 f., 170, 235
Vorprobe 18, 68, 198
Vortest 67, 170, 216 f., 255
Vorversuche 37, 161, 164, 199, 216
Wassermangel 82, 105 f.
Weinbeurteilung 146, 258
Weingarten 28, 48, 52 f., 61–63, 90, 94, 105, 116, 244 f., 250, 254
Weinsäure 123, 127, 174 f., 177–182, 228–230, 238 f., 243, 246, 250 f., 255
Weinstein 83, 157, 165, 167, 174 f., 183 f., 231, 239, 241, 243, 250, 254
Weinsteinstabilisierung 181, 246
Weißwerden 118
Welkwerden 14, 16, 255
Wespenfraß 48, 119, 165
wilde Hefen 40, 54, 239, 243, 252
Wildverbiss 61
Zähwerden 51, 125, 133, 142–144, 252
Zentrifugation 30
Zink 83, 185 f., 190–192, 195, 198, 235, 258
Zitronensäure 38, 198 f., 212, 230, 251
Zucker 17, 38, 91, 124–126, 129, 143, 154, 200, 205, 233 f., 239, 241, 243, 246, 247, 254
Zweigeltkrankheit 255

KORK + GLAS Ges.m.b.H.
j. a. novak

PEPPINO MOLINAS
KORKE „Suberase" behandelt

KARL KNAUER
KARTONAGEN

1220 Wien, Moissigasse 14
Hotline: 01/263 38 31
Telefax: 01/263 38 30

AC® KORK

WEINFEHLER
Problemvorbeugung

◊ **durch** gezielte Maßnahmen bei der Maische- und Mostbehandlung

◊ **durch** Aromasteuerung und Stabilisierung bei der Weinbehandlung

Problembeherrschung

◊ **durch** hohen Kontrollaufwand

◊ **durch** Einsatz von gezielten Behandlungsmaßnahmen

◊ **durch** Veränderungen in der Kellereiwirtschaft

Your partner for success

(PALL) SeitzSchenk Filtertechnik

A - 2353 Guntramsdorf, Triester Straße 4a
Tel.+43(0)2236/53388-0,Fax:+43(0)2236/53289

Für Ihre schonende Traubenverarbeitung:

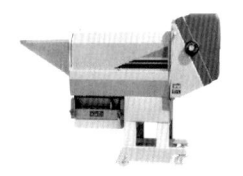

- Traubenübernahme
- Traubensortieranlagen
- Abbeermaschinen
- Pneum. Pressen
- Vertikal Pressen
- Mostklärung

VASLIN BUCHER

ZEHETNER Weinbau und Kellereitechnik
A 2020 Hollabrunn, Wienerstrasse 142, 02952 25 70 Fax 02952 25 70 10
http//:members.aon.at/zehetners.kellereitechnik